Uni-Taschenbücher 215

R5 25/N EC

UTB

Eine Arbeitsgemeinschaft der Verlage

Birkhäuser Verlag Basel und Stuttgart
Wilhelm Fink Verlag München
Gustav Fischer Verlag Stuttgart
Francke Verlag München
Paul Haupt Verlag Bern und Stuttgart
Dr. Alfred Hüthig Verlag Heidelberg
J. C. B. Mohr (Paul Siebeck) Tübingen
Quelle & Meyer Heidelberg
Ernst Reinhardt Verlag München und Basel
F. K. Schattauer Verlag Stuttgart-New York
Ferdinand Schöningh Verlag Paderborn
Dr. Dietrich Steinkopff Verlag Darmstadt
Eugen Ulmer Verlag Stuttgart
Vandenhoeck & Ruprecht in Göttingen und Zürich
Verlag Dokumentation München-Pullach
Westdeutscher Verlag/Leske Verlag Opladen

Manfred Jurgensen

Deutsche
Literaturtheorie
der Gegenwart

Georg Lukács – Hans Mayer

Emil Staiger – Fritz Strich

Francke Verlag München

Prof. Dr. Manfred Jurgensen studierte Germanistik, Anglistik und Politische Wissenschaften an den Universitäten Melbourne und Zürich, er promovierte über Goethes Ästhetik und lehrt seit 1968 an der Universität Queensland (Australien). Zur Zeit arbeitet er als Alexander-von-Humboldt-Stipendiat an der Technischen Universität Hannover.

ISBN 3-7720-1008-3

© A. Francke Verlag GmbH München 1973
Alle Rechte vorbehalten
Einbandgestaltung: A. Krugmann, Stuttgart

Inhalt

Vorwort
Gemeinsames Erbe – Getrennte Wege

Die vorliegende Arbeit erhebt weder den Anspruch, eine erschöpfende Darstellung der deutschen Literaturtheorie der Gegenwart zu sein, noch gibt sie vor, die hier untersuchten Kritiker auf sich allein gestellt oder im gegenseitigen Verhältnis zueinander ausführlich erfaßt zu haben. Vielmehr bezieht sich der Titel *Deutsche Literaturtheorie der Gegenwart* einerseits auf repräsentativ zeitgenössische Theorien der deutschen Literatur, auf kritisch-systematische Interpretationen der deutschen Literaturgeschichte also, andrerseits auf spezifisch deutsche (im Gegensatz etwa zu angelsächsischen) Theorien literarischer Entwicklung, auf eine «Vergegenwärtigung» mithin geistiger und geschichtlicher Werte in der deutschen Literatur. Das heißt: es geht in den folgenden Abhandlungen nicht nur um Theorien der (deutschen) Literatur, sondern zugleich auch um darin inbegriffene Theorien der (Literatur)Geschichte. Existentiell geht es also um das sich in der Literatur entfaltende Wesen von *Sein* und *Zeit*. Diese Polarität aber kann durchaus unterschiedlich interpretiert werden.

Emil Staiger deutet sie in enger Anlehnung an Martin Heideggers Ontologie als einen sich in der Ästhetik offenbarenden existentiellen Geist. Er entdeckt im dichterischen Kunstwerk eine ontologische Möglichkeit des Menschen. Die Literaturgeschichte unterrichtet ihn über bisher verwirklichte Möglichkeiten menschlicher Existenz. Das hat zur Folge, daß die Geschichte selber von ihm ontologisch gedeutet wird. Auch *Fritz Strich* setzt sich programmatisch mit zeitlichen und überzeitlichen Werten in der Literatur auseinander. Indem wir uns fragen, wie wir zu einem Dichter stehen, erkundigen wir uns zugleich nach dem Wesen seines Verhältnisses zu seiner Zeit und unserer Stellung zur eigenen Zeit. Für Strich entwickelt sich das literarhistorische Studium unumgänglich zur Erforschung eines überzeitlichen Geistes, der im sprachlichen Kunstwerk übergeschichtlichen Ausdruck gewinnt. Freilich: nur in «großer» Dichtung manifestiert sich das überzeitliche Wesen des Geistes. Strich vermeidet jedoch eine genaue Fest-

legung des Verhältnisses von literarischer Größe und geistesgeschichtlicher Verwirklichung «ewiger» Werte. Nach welchen
Kriterien wir bestimmen können, ob ein literaturgeschichtliches
Sein auch in unserer Zeit geistige Wirklichkeit geblieben ist, wird
von Strich nicht erwogen. Darin liegt die hervorstechendste
Schwäche der geistesgeschichtlichen Methode seiner Literaturwissenschaft.

Dagegen sieht *Georg Lukács* in der Polarität von Sein und Zeit
in erster Linie eine gesellschaftshistorische Dialektik, die sich in
der Literatur geistig darstellend widerspiegelt. Aber «Sein» bezieht Lukács bezeichnenderweise nicht wie Staiger auf eine individuelle Identität, auf ein eigenständig sprachliches Kunstwerk, sondern immer nur auf eine gesellschaftliche Existenz. Solchem
repräsentativem *Sein* stellt er ein sozialhistorisches Zeit-, also
«Fortschritts»*bewußtsein* gegenüber. Das bedeutet: die Literaturgeschichte wird zu einem Katalysator außerliterarischer Realitäten. Der eigentliche *Gegenstand* literarhistorischer Untersuchungen kann daher niemals die Literatur an sich sein, sondern allein
die sozial-geistige Etappe einer sich entwickelnden gesellschaftshistorischen Wirklichkeit.

Dagegen schreibt *Hans Mayer* eine bewußt gegenwartsbezogene Literaturgeschichte. Sie läßt sich am besten durch die von
ihm selber geprägte Wendung «geschichtlicher Augenblick der
Selbstdarstellung» charakterisieren. Mayers Geschichtskonzeption ist derjenigen des Historismus diametral entgegengesetzt. Er
sieht die historische Existenz des Kunstwerkes nie statisch, sondern
stets in Verbindung mit der eigenen geistigen Gegenwart. Die
Auseinandersetzung mit einem Dichter der Vergangenheit schließt
immer auch eine Analyse der eigenen Existenz und geistigen Position der Gegenwart ein. Vor allem aber impliziert Mayers
Geschichtsauffassung die Notwendigkeit *historischer* Werturteile.
Mayer ist sich darüber im klaren, daß seine eigene Kritik ihrerseits
geschichtlich bedingt und beschränkt bleiben muß. Er macht sein
historisches Bewußtsein am nachdrücklichsten und unvoreinge-
nommensten zum integralen Bestandteil seiner literaturkritischen
Schriften. Im Gegensatz zu Lukács bewertet Mayers gesellschaftshistorische Gegenwartsbezogenheit nicht ideologisch. Seine Kritik
nimmt – auch zur eigenen Gegenwart – historisch Stellung; Literatur und Geschichte werden «im Lichte unserer Erfahrung» gedeutet und beurteilt. Kein Zufall also, daß von den hier berücksichtig-

ten Kritikern Hans Mayer der einzige ist, der einen geschichtsbewußten Kontakt mit der deutschen Literatur der Gegenwart gefunden hat.

Trotz erheblicher Abweichungen haben die Literaturtheorien Emil Staigers, Fritz Strichs, Georg Lukács' und Hans Mayers ein gemeinsames geistiges Erbe. Sie alle stehen in der Tradition der deutschen Klassik. Ihre Ästhetik orientiert sich gleichermaßen an der Goetheschen und Hegelschen Kunstanschauung. Dabei gewinnt Goethes Dichtung die Bedeutung eines künstlerisch verwirklichten geistigen Seins, während Hegels Geschichtsphilosophie, die sich selbstredend auch in seiner Ästhetik kundgibt, als existentielle Deutung der Zeit verstanden wird. Goethes dichterische Gestaltung des «Augenblicks» ist hinreichend bekannt. Seine theoretischen Schriften unterstreichen die fundamentale Bedeutung, die er dem Wesen der Zeit in der Dichtung beimißt. Hegel erklärt in seiner Ästhetik: «Ich ist in der Zeit, und die Zeit ist das Sein des Subjekts selber[1].» Immer wieder setzt er sich sowohl historisch als auch ontologisch mit dem Wesen der Zeit im Bereich der Kunst auseinander. Besonders aufschlußreich sind seine Ausführungen über das zeitliche Maß in der Poesie[2]. Über die Bedeutung der Zeit in der Lyrik schreibt Hegel: «...der lyrische Erguß steht zu der *Zeit* aus äußerem Element der Mitteilung in einem viel naheren Verhaltnis als das epische Erzahlen, das die realen Erscheinungen in die Vergangenheit verlegt und in einer mehr räumlichen Ausbreitung nebeneinanderstellt oder verwebt – wogegen die Lyrik das augenblickliche Auftauchen der Empfindungen und Vorstellungen in dem zeitlichen Nacheinander ihres Entstehens und ihrer Ausbildung darstellt und deshalb die verschiedenartige zeitliche Bewegung selbst künstlerisch zu gestalten hat[3].» Es ist deutlich, daß Hegel hier nicht nur von der äußeren Form des Metrums spricht, sondern daß er – wie Emil Staiger – poetische Seinsformen als werkimmanente Zeitgestaltung versteht. Ganz entsprechend geht Goethe in dem gemeinsam mit Schiller verfaßten Aufsatz «Über epische und dramatische Dichtung» vor: auch dort bestimmt die zeitliche Orientierung das Wesen der poetischen Gattungsformen. Obgleich Hegel natürlich noch nicht die Heidegger-Staigersche Identifizierung von Sein und Zeit ontologisch vollzieht, erkennt er doch bereits in der zeitlichen Gestaltung die «Stellung, welche das dichtende Bewußtsein zu seinem Gegenstande einnimmt»[4]. Goethes Dichtung läßt an der ontologischen Bedeutung einer künstlerischen Synthese von Sein und Zeit nicht den geringsten Zweifel.

Indem Hegel von der Zeit als «Sein des Subjekts selber» sprechen kann, erweist sich auch eine enge Verbindung zu Hans Mayers «historischem Augenblick der Selbstdarstellung». Mayers kritisches «Ich ist in der Zeit» – nicht nur historisch, sondern auch als geistige Existenz.

Für Lukács ist «die tiefe Erfassung des Wesens der Wirklichkeit ... die Grundlage einer großen Poesie»[5]. Unter diesem Gesichtspunkt verleiht er seiner Aufsatzsammlung über Goethe, Schiller und Hölderlin den bezeichnenden Titel *Goethe und seine Zeit*. Für ihn ist «der Realismus des reifen Goethe...ein organisches Produkt seiner Auffassung ... dieser Zeit»[6]. Aber Lukács interpretiert Zeit allzu einseitig als gesellschaftshistorisches Entwicklungsstadium; freilich auch da noch Hegels Geschichtsphilosophie sozial-materialistisch umdeutend. So kann eine «fortschrittliche» Einstellung zur Zeit ihrerseits eine «progressive Epoche der Weltkultur»[7] werden. Eine ontologische Deutung der Zeit beziehungsweise der zeitlichen Manifestation des Geistes lehnt Lukács ab. Stattdessen sieht er in Goethe und Hegel gleichermaßen den Geist «der sich damals konkretisierenden historischen Dialektik»[8].

Fritz Strich folgt der Goetheschen Ästhetik, indem er die Urphänomene alles Existierenden im Urphänomen des Seins beheimatet. In seiner Studie *Der Dichter und die Zeit* bedeutet «die phänomenale Wirklichkeit» keineswegs «nur den matten, schattenhaften Abglanz einer Welt des wahren Seins, sondern die Welt ist symbolisch, das heißt, sie ist der Zusammenfall des Urphänomens und des Phänomens, der Wahrheit und der Wirklichkeit ...»[9]. Mit der Welt ist auch die Zeit «symbolisch»: in ihr entfaltet sich ein realimmanenter Geist. An die Stelle der annalischen Literaturgeschichte tritt damit für Strich eine geistesgeschichtliche Literaturwissenschaft. Das «Erlebnis der Dichtung» wird ihm «zur Wesenserkenntnis»[10]. Der Geist ordnet seine Eindrücke nach «Kategorien der Dauer und der Einheit zu einem Weltbild»[11]. Diese Weltanschauung tritt deshalb bei Strich immer stärker als das *Wesentliche* der Dichtkunst in den Vordergrund. Es geht Strich um die Erscheinungsweise des menschlichen Geistes: darin decken sich seine und Hegels Ästhetik durchaus. In der literarischen «Geschichte» erkennt er die Idee einer existentiellen Geistesgeschichte. Auch Strich sucht die Phänomenologie des Geistes in der Dichtung als vorbildlich gestaltete Erscheinung. Damit entspricht seine geistesgeschichtliche Deutung literarischer Kunstwerke sowohl der Goetheschen[12] als auch der Hegelschen Ästhetik.

Um es zu wiederholen: es soll in diesen Abhandlungen in erster Linie darum gehen, die trotz erheblicher Widersprüche gemeinsame geistige Tradition der vier größten deutschsprachigen Literaturtheoretiker um die Jahrhundertmitte aufzuzeigen.

Ich habe mich auf diese vier Vertreter beschränkt, weil sich in ihnen das gemeinsame Erbe der Goetheschen und Hegelschen Kunstanschauung am nachdrücklichsten verdeutlicht. Darüber hinaus besteht ein offensichtlicher Entwicklungszusammenhang zwischen Strich und Staiger einerseits und Lukács und Mayer andrerseits. Dabei genügt es offensichtlich nicht, die ersteren vereinfachend als Rechtshegelianer und die letzteren pauschal als Linkshegelianer zu charakterisieren. Dagegen scheinen beide Paare grundsätzliche Entwicklungsmöglichkeiten einer der deutschen Klassik verpflichteten Literaturtheorie zu veranschaulichen. Es muß auffallen, daß sowohl Strich als auch Staiger ausgiebig von anderen philosophischen Wissenschaften borgen. Wir beschränken uns hier auf Strichs Anleihen von Wölfflins Kunstanschauung und auf Staigers literaturwissenschaftliche Anwendung der Heideggerschen Ontologie. Auch Georg Lukács sucht seine Literaturtheorie philosophisch und wissenschaftlich zu untermauern, indem er sie auf eine marxistisch-leninistische Sozialgeschichte und Gesellschaftsideologie ausrichtet. Nur Hans Mayer scheint von einem derartig unmittelbaren «Einfluß» unberührt. Zwar finden sich hin und wieder Spuren einer marxistischen Geschichtsauffassung in seinen Werken, sie werden aber nie – wie bei Georg Lukács – zu einer ideologischen *tour de force*.

In der Einleitung seiner Anthologie *Deutsche Literaturkritik im zwanzigsten Jahrhundert* bezeichnet Hans Mayer die «Trennung des Kritikers vom Historiker; Trennung des Kritikers vom Schöpfer sogenannt ‹schöner Literatur›; Ersetzung großer kritischer Gesamtpublizistik durch Redaktionsressorts und ausgeprägtes Spezialistentum» als «typischen Vorgang der modernen Kritiker-Existenz»[13]. Die von uns berücksichtigten Literaturwissenschaftler fehlen in diesem Sammelband aus einer Vielzahl von Gründen. Ein wichtiges Auswahlkriterium seines Bandes möchte daran festhalten, «daß jeweils nur Zeitgenossen über Zeitgenossen das Wort ergreifen»[14]. Aus diesem Grunde bedauert Mayer, Georg Lukács nicht mit in seine Anthologie aufnehmen zu können. «Im ganzen Zeitraum zwischen 1900 und 1933», schreibt Mayer, «wird auch von akademischer Seite her *die Trennung zwischen Literaturtheorie und Literaturkritik* sehr nachdrücklich betont». Und er fügt hinzu: «Wo es zu Grenzüberschreitungen kommt, entbehren sie nicht der Komik[15].» Aus solcher Perspektive betrachtet wäre es problematisch, Fritz Strich einen Literaturhistoriker *oder* einen Literaturkritiker zu nennen. Seine geistesgeschichtliche Methode wird daher von uns eher als «Literaturtheorie» betrachtet, als eine Möglichkeit der systematischen Begegnung mit dem dichterischen Kunstwerk. Fraglich auch, ob Emil Staiger Literaturgeschichte im strengen Sinne schreibt. Noch fragwürdiger wäre es, ihn als einen Literaturkritiker zu bezeichnen. Bedeutungsvoll scheint die Strich und Staiger gemeinsame Schwäche, keinen Kontakt mit der Gegenwartsliteratur hergestellt zu haben. Beide entwickeln stattdessen eine Methodologie und Philosophie der deutschen Literaturgeschichte. Das trifft auch, obgleich in geringerem Maße, auf die literatursoziologischen Schriften Georg Lukács' zu. Zwar setzen sich alle drei Literaturwissenschaftler mit der Geschichte der deutschen Literatur in theoretischer Geschlossenheit auseinander, jedoch stets in einer solchen Weise, daß die Geschichte ihrerseits der systematischen Erfassung der Literatur unterworfen bleibt. Allein Hans Mayer ist es gelungen, eine harmonische Verbindung zwischen Literaturtheorie und Literaturkritik herzustellen. Er ist denn auch der einzige hier vertretene Germanist, den wir sowohl als Literaturhistoriker als auch als Literaturkritiker bezeichnen können. So kommt es, daß manche der Mayerschen Bemerkungen über die deutsche Literaturkritik im zwanzigsten Jahrhundert auch auf die hier von uns untersuchten Vertreter zutreffen. «Der neuesten Literatur gegenüber», berichtet Mayer, «fand sich die akademische Germanistik ebenso unbereit wie unvorbereitet»[16]. Daran hat sich, wie Strich und Staiger beweisen, grundsätzlich wenig geändert. Vor allem aber muß eine jede Betrachtung der gegenwärtigen deutschen Literaturtheorie die Richtigkeit der Mayerschen Beobachtung bestätigen, daß in der zweiten Nachkriegszeit das Nebeneinander einer «monologischen Kritik» immer deutlicher in Erscheinung trat[17]. Wie wir im Folgenden angedeutet zu haben hoffen, trifft das nicht nur auf nationalliterarischer Basis, sondern auch im Bereiche der internationalen Literaturwissenschaft zu[18]. Hier wie dort monologisiert man: man diskutiert nicht miteinander, man redet nebeneinander her. Zu einem Dialog der deutschen Literaturtheorie der Gegenwart ist es methodisch wie philosophisch weder von innen noch von außen her gekommen. Erwartungsgemäß nehmen auch Strich, Staiger, Lukács und Mayer nur selten aufeinander Bezug. Mayer nimmt zumindest indirekt zu Strich Stellung, wenn er erklärt: «Die Übernahme der kunstgeschichtlichen Grundbegriffe Heinrich Wölfflins, die seit Walzel immer wieder von Germanisten versucht wurde, blieb unfruchtbar[19].» Etwas direkter bezieht er sich in seinem Aufsatz «Fragen der Romantikforschung» auf Rudolf Haym «als Vorwegnahme gleichsam späterer Betrachtungen eines Fritz Strich», wobei er in der geistesgeschichtlichen Deutung von Klassik und Romantik in deutlicher Ablehnung gegenübersteht[20]. In seiner Goethe-Studie rügt Mayer Emil Staigers Widerwillen, sich in seiner Literaturwissenschaft mit gesellschaftspolitischen Faktoren auseinanderzusetzen. «Schillers Gedichte und die Traditionen deutscher Lyrik» nimmt auf Staigers *Grundbegriffe der Poetik* ausgiebigen Bezug[21]. Vorübergehend wird auf eine Staiger-Interpretation des Goethe-Gedichtes *Zueignung* verwiesen[22]. Dagegen finden sich in beiden hier berücksichtigten Werken Hans Mayers *(Von Lessing bis Thomas Mann* und *Zur deutschen Klassik und Romantik)* wiederholte Hinweise auf Georg Lukács, von dem er nach eigener Angabe[23] früh beeinflußt war. Aber, wie Mayer in einem Aufsatz in der *Times Literary Supplement* im Jahre 1963 hervorhob, «my methods have tended to become increasingly independent of Lukács'»[24]. Insbesondere distanziert er sich von den Lukács-Konzepten «Realismus», «Volkstümlichkeit» und «Parteilichkeit»[25]. In der Studie «Lessing, Mitwelt und Nachwelt» wird Lukács an entscheidender Stelle zitiert[26]. Auch die Abhandlung «Goethes Begriff der Realität» beruft sich wiederholte Male auf ihn[27]. Weitere Bezüge auf Lukács finden sich in den kritischen Essays «Der deutsche Roman im 19. Jahrhundert»[28], «Epische Spätzeit: Conrad Ferdinand Meyers ‹Jürg Jenatsch›»[29], «Goethe: ‹Italienische Reise›»[30], «Heinrich von Kleist: Der geschichtliche Augenblick»[31], «Jean Pauls Nachruhm»[32] und am ausführlichsten in dem großen Aufsatz «Fragen der Romantikforschung»[33]. Die Einzelheiten des kritischen Verhältnisses zwischen Georg Lukács und Hans Mayer darzustellen, liegt außerhalb des Rahmens der vorliegenden Betrachtung[34].

Lukács bezichtigt die deutschen Literaturhistoriker philosophischer Unkenntnis: die «ganze Geschichtskonzeption Heines ... und die ganze Heinesche Kunsttheorie ... sind durch Hegel bestimmt». Wir merken an, daß es auch in dieser Behauptung um das Verhältnis von Kunsttheorie und Geschichte geht. «Daß dies alles von der deutschen Literaturgeschichte ignoriert wird», ergänzt Lukács seine vorangegangene Erklärung, «beruht größtenteils auf der vollständigen Ignoranz der Literaturhistoriker im Bereich der Philosophie»[35]. Im allgemeinen bezieht sich Lukács – seiner Position gemäß – nur auf das Kollektiv der «bürgerlichen Literaturhistoriker»[36]. Sein polemischer Angriff auf Karl Viëtor («Der faschistisch verfälschte und der wirkliche Georg Büchner») bleibt doch eher eine Ausnahme. Sein einziger Hinweis auf Fritz Strich erkennt in ihm nurmehr einen typischen Vertreter der bürgerlichen Literaturgeschichte, die Aufklärung mit Sturm und Drang als sich ausschließende Gegensätze zu begreifen sucht. Lukács kommentiert diesbezüglich: «Es ist selbstverständlich, daß bürgerliche Literaturhistoriker der imperialistischen Periode, wie Gundolf, Korff, Strich usw. an dieser Legende begeistert weiterbauen»[37]. Auf Emil Staiger bezieht sich Georg Lukács nirgends; dagegen hat sich Staiger vorübergehend mit der Literatursoziologie Lukács auseinandergesetzt[38]. Seinem ihm untreu gewordenen Schüler Hans Mayer widmet er gelegentlich ein paar schulmeisterliche Bemerkungen[39]. Grundsätzlich aber richtet sich Lukács' Literaturtheorie wider eine spätbürgerlich-kapitalistische Literaturgeschichte ganz allgemein: seine seltenen Bezüge auf andere Kritiker dienen allein diesem ideologischen Kampfe. Zu einem echten Dialog läßt es auch Lukács nicht kommen.

Emil Staiger nimmt indirekt zu Fritz Strichs *Deutsche Klassik und Romantik oder Vollendung und Unendlichkeit* Stellung, wenn er in der *Zeit als Einbildungskraft des Dichters* erklärt: «Die begriffliche Einheit, die eine Typologie als solche erreichen kann, wird allzu teuer mit einem Verwischen feinerer Unterschiede bezahlt. Unter ‹Vollendung und Unendlichkeit› läßt sich manches unterbringen»[40]. Wo er selber eine «geistesgeschichtliche Einordnung» der Kellerschen Dichtung sucht, spricht Staiger absichtsvoll von «Vollendung und Ende»[41]. Aber in seinen eigenen kritischen Interpretationswerken bezieht sich Staiger auffällig selten auf andere Literaturhistoriker oder Literaturtheoretiker. Abgesehen von der bereits genannten Besprechung setzt er sich nicht wieder mit der Literatursoziologie Georg Lukács' auseinander. Über Hans Mayer äußert sich Staiger in den von uns berücksichtigten Werken überhaupt nicht.

Fritz Strich schließlich nimmt in seinen Werken ausdrücklich weder auf Staiger noch auf Mayer oder Lukács Bezug.

Man konzentriert sich also auf die eigene Literaturtheorie, ohne die konkrete Diskussion mit anderen Literaturhistorikern zu suchen. Der Grundgedanke eines «common pursuit» im Sinne der großen englischen Kritiker T. S. Eliot und F. R. Leavis bleibt den deutschen Literaturwissenschaftlern trotz romantischen Erbes fremd[42]. So kommt es auch, daß das Problem der literarischen Bewertung von ihnen nicht nur umgangen, sondern als *bereits gelöst* vorausgesetzt wird. Dichterische Rang- und Größenordnung sind in der deutschen Literaturgeschichte seit einiger Zeit mehr oder weniger genau festgelegt; vereinzelte Zweifelsfälle können daran kaum etwas ändern. Kritik impliziert Werturteil. Der Beweis wird jedoch in der deutschen Literaturgeschichte nur allzu selten erbracht. Bezeichnend scheint die Tatsache, daß die Mehrzahl deutscher Literaturwissenschaftler noch immer den Wesensbereich der Literaturkritik im Feuilleton beheimaten. Allein Hans Mayer ist es gelungen, wirkliche Literaturkritik mit Literaturgeschichte, Literaturtheorie und Literaturwissenschaft im weitesten Sinne zu vereinen.

Eine letzte Bemerkung sei gestattet: in wiederholten Vorträgen vor einer angelsächsischen Hörerschaft zu diesem Thema bin ich mir immer mehr der Hindernisse bewußt geworden, die einem Gedankenaustausch zwischen englisch-amerikanischer und deutscher Literaturtheorie und -kritik nach wie vor im Wege stehen. Hier ist der Ort nicht, auf Einzelheiten dieser Kommunikationsschwierigkeiten näher einzugehen. Es soll genügen festzustellen, daß das Wesen einer Literaturtheorie naturgemäß entscheidend vom Charakter einer Nationalliteratur abhängt. (Emil Staiger ist sich am deutlichsten dieser Tatsache bewußt[43].) Das aber unterstreicht die Bedeutung, die der philosophisch-kunstanschaulichen Tradition der deutschen Literaturtheorie der Gegenwart weiterhin zukommt.

Die folgenden Untersuchungen haben ihren Ursprung in einem im Sommersemester 1969 gehaltenen Vorlesungszyklus im Germanistischen Institut an der University of Queensland (Australien). Ich hoffe, daß der Leser dem hier vorliegenden Text die

Geduld und Nachsicht entgegenzubringen vermag, derer eine unmittelbar aus dem Unterricht übernommene Darstellung auf diesem Gebiete bedarf.

Brisbane – St. Lucia   Manfred Jurgensen
University of Queensland
November 1969

Nachtrag

Unvorhergesehene Umstände haben das endgültige Erscheinen dieser Arbeit auf über drei Jahre hinaus verzögert. Selbstverständlich hätte der Vergleich der hier besprochenen Literaturtheoretiker inzwischen noch erheblich erweitert werden können. Mit dem Tod Georg Lukács' wird die Bedeutung des Wortes «Gegenwart» im Titel dieser Arbeit noch stärker akzentuiert. Nicht um zeitgenössische Literaturtheorie sollte es gehen, sondern um literaturtheoretische Konzepte der Gegenwart. Daß auch eine solche Definition historisch bestimmt wird, verleiht der theoretischen Literaturgeschichte ihren besonderen Reiz. Lukács, Mayer, Staiger und Strich unterbreiten in ihrem Werk eine Philosophie der Literaturgeschichte. Was sie trotz krasser Widersprüche miteinander vereinigt, ist ihr gemeinsames Anliegen, den Prozeß einer geistigen Vergegenwärtigung nachzeichnend darzulegen. Verwirklichung der Geschichte und historische Verwirklichung werden gleichermaßen Wesen und Aufgabe der Literaturwissenschaft.

So soll es nach wie vor in dieser nunmehr in der UTB-Reihe erscheinenden Arbeit um die Fragen gehen: Wie verwirklicht sich die Geschichte in der Literatur? (Lukács, Mayer) und: Wie verwirklicht sich die Literatur in der Geschichte? (Staiger, Strich) Verfügt die Literatur über eine historisch unabhängige Gegenwart? (Staiger, Strich) und: Wie stellt sich eine historische Vergegenwärtigung des Geistes in der Literatur dar? (Lukács, Mayer) Solche Dialektik des Geistes entzündet sich an der Polarität von Sein und Zeit.

Das Manuskript wurde im Februar 1970 abgeschlossen.

Hannover, Juni 1972   M. J.

Georg Lukács:
Dichtung als Geschichte
des gesellschaftlichen Seins

Wenn ein so berufener Kritiker wie Hans Egon Holthusen in seinem im Dezember 1967 in Chicago gehaltenen Vortrag «Was ist kritisches Verstehen?» erklären kann: «Es gibt ... offenbar Formen der Literaturkritik, die das Prinzip des Verstehens ganz an den Nagel gehängt haben, die gar nicht mehr verstehen, sondern nur noch beweisen, mit ideologischen Argumenten dozieren wollen»[1], so deutet das offensichtlich auf einen grundlegenden Konflikt innerhalb der deutschsprachigen Literaturtheorie hin, der sich gerade auch im Werk ihrer vier hervorragendsten Vertreter der letzten Jahrzehnte unmißverständlich kundgibt. Holthusens Äußerung zielt insbesondere auf die literatursoziologische Kritik Georg Lukács'[2]. Über dessen Kleist-Aufsatz bemerkt er: «Die Unangemessenheit dieses Tons spricht für oder vielmehr gegen sich selbst. Eine solche Art und Weise mit einer doktrinären Kampfmaschine über einen großen Dichter herzufallen, ist literaturfremd, sie ist gegenstandsfeindlich, um nicht zu sagen gegenstandslos. Ich nenne das Flurschaden-Ästhetik und würde mich weigern, es als eine rechtmäßige Form von Literaturkritik anzuerkennen[3].» Deutlich polemisiert Holthusen nicht nur gegen den arroganten, besserwisserischen Stil Georg Lukács'[4], sondern darüber hinaus gegen die marxistisch-kommunistische Methodologie seiner Literaturwissenschaft. Es wäre zu einfach, wollte man darin nurmehr einen politischen Widerspruch erkennen. Lukács' Kritik, behauptet Holthusen, sei «literaturfremd» und «gegenstandsfeindlich». Für den westlichen, in der Tradition eines T. S. Eliot schreibenden Kritiker bedeutet der Lukács'sche Mangel an Textnähe zugleich auch ein Ausweichen vor dem eigentlichen «Gegenstand» einer eigenständigen Literatur, die sich der Kritiker zu «verstehen» bemüht. Für Holthusen ist die Literatur also der eigentliche Gegenstand, auf den sich der verantwortungsbewußte Kritiker zu beschränken hat.

«Die Geschichte der Literatur», betont Georg Lukács dagegen in seiner *Skizze einer Geschichte der neueren deutschen Literatur*, «ist nur ein Teil, ein freilich wichtiges Moment des Ganzen, aber doch nur ein Moment». Das «Ganze» aber, und damit der eigentliche «Gegenstand» einer kritischen Literaturgeschichte ist für Lukács der gesellschaftliche Bezug eines Volkes zueinander und untereinander. Weil für ihn trotz mancher Fehlentwicklung und «Selbstkritik» das Ziel einer proletarischen Gesellschaftsordnung zu keiner Zeit in Frage steht, orientiert sich die Lukács'sche Ästhetik zukunftsträchtig an dieser gleichermaßen klassenkämpferisch und künstlerisch gestaltend zu verwirklichenden Form «eines gesellschaftlichen Seins[5].» Im Rahmen unserer Betrachtung beschränken wir uns darauf, den von Goethe und Hegel gleichermaßen beeinflußten Weg Lukács' zur Theorie eines solchen sozialen und ästhetischen Seins nachzuzeichnen. Da sich dessen beiderseitige Verwirklichung sowohl als Prozeß als auch als Zustand historisch vollzieht, bewegt sich auch die Lukács'sche Literaturtheorie dialektisch zwischen Sein und Zeit. Erst ihre Gegenüberstellung verleiht ihm die kritischen Wertmaßstäbe seiner Literaturbetrachtung. Die gesellschaftshistorische Entwicklung zur proletarischen Demokratie wird zur *Grundidee*[6] der Literaturgeschichte erhoben. Im Gegensatz zu Holthusen gilt Lukács die Literatur allein also nicht als eigentlicher «Gegenstand», vielmehr sieht er in ihr die «Widerspiegelung»[7] sozialer Wirklichkeiten. Sie besitzt somit «eine außerordentliche Aktualität, die weit über das bloß Literarische oder Literarhistorische hinausgeht». (S. 11)

Aus der Perspektive einer solchen Gesellschafts- und Literaturkritik gewinnen bestimmte Konzepte besondere Bedeutung. Dazu gehört in erster Linie der Lukács'sche Begriff der *Realität* bzw. des *Realismus*. Da es ihm um die Verwirklichung eines gesellschaftlichen Seins geht, hängt seine Definition der Realität naturgemäß von den Grundlagen seiner Geschichtstheorie ab. Diese Geschichtskonzeption aber erweist sich im wesentlichen als ideologischer Idealismus. Daraus folgt, daß historische Epochen nicht nur als Ausdruck einer chronologischen Zeitenfolge, sondern darüber hinaus als gesellschaftliche Seinsstufen zu gelten haben. Damit aber verändert sich auch das Wesen und der Sinn des geschichtlichen Zeitlaufes: der historische Augenblick wird perspektiviert, die Gegenwart dialektisch historisiert. So kommt es, daß bei Lukács *Sein* den gesellschaftlichen Zustand einer geschichtlichen Wirklichkeit, *Bewußtsein* jedoch das gesellschaftliche Ziel einer historischen Entwicklung bedeutet. Ganz bezeichnend heißt es über die deutsche Klassik: «Die deutsche Weltanschauung in der großen Zeit der Literatur war vorwiegend idealistisch, vorwegnehmend, ja utopisch. Ihre Gedanken richten sich weniger auf das Sein als auf das Sollen; ihre Hauptabsicht war nicht, aus dem Sein verborgene Tendenzen herauszuarbeiten, sondern eine vorbildliche, erträumte Welt gedanklich vorwegzunehmen.» (18) Dieses «Sollen» entwickelt sich laut Lukács immer mehr aus einem idealistischen Utopismus in ein gesellschaftskritisches *Bewußtsein*, das sich dem historischen *Sein* einer Epoche dialektisch gegenüberstellt. So erkennt Lukács beispielsweise in Wilhelm Raabe einen kennzeichnenden «ironischen Kontrast zwischen Sein und Bewußtsein»[8]. Über Gottfried Kellers «echten Demokratismus» erklärt er: «er fühlt sich in diesem gesellschaftlichen Sein und Bewußtsein ... sicher»[9], weil sich bei dem Schweizer Dichter gesellschaftliches Sein und Sollen näher entsprechen als bei seinen deutschen Zeitgenossen. Keller gestaltet die «außerordentlich verwickelten inneren Wechselbeziehungen zwischen Sein und Bewußtsein»[10]. Die klassische Philosophie bis Hegel spricht «die allgemeinen Gesetze des Gegensatzes von Sein und Bewußtsein in tiefem, wenn auch oft verborgenem Zusammenhang mit der Entdeckung der Widersprüche der bürgerlichen Gesellschaft» aus[11]. Lukács' Sozialästhetik baut auf diese Einsichten auf, indem sie die historische Dialektik ihrer Widersprüche als gesellschaftliches Sollen entfaltet. Auch für Lukács gilt, was er über Heinrich Heine bemerkt: «Er ist ... nicht, wie Hegel, bei der Gegenwart stehengeblieben; er war bestrebt, die Hegelsche Dialektik der Geschichte als Mittel zu benutzen, um die in die Zukunft weisenden Entwicklungstendenzen zu erkennen[12].» Auf den Dichter angewandt kann er deshalb behaupten: «Aus dem gesellschaftlichen Sein, aus der Erkenntnis der großen gesellschaftlichen Tendenzen der Periode, ihrer Kämpfe und Widersprüche kann erst die Biographie des Schriftstellers, ebenso wie der Charakter seines Werkes, richtig begriffen werden[13].» *Literatur ist also der historisch-künstlerische Ausdruck des gesellschaftlichen Bezuges von Sein und Zeit.* Sie ist mithin nicht eigenständig und kann somit auch nicht der eigentliche «Gegenstand» ihrer kritischen Betrachtung bleiben. So sieht Lukács in Woyzeck «eine realgesellschaftliche Hilflosigkeit, die vom Sein aus gestaltet ist»[14]. Auch die Romantik interpretiert Lukács als Sehnsucht der Zeit nach einem sinnvollen Sein, «nach einem menschlich einfacheren und menschlich sinnvolleren Lebenszustand»[15]. Bei Eichendorff bricht «die Macht des wirklich vorhandenen Gegensatzes zwischen Sein und Bewußtsein ... ununterbrochen hervor»[16]. So hebt Lukács ausdrücklich die «Gemeinsamkeit der Seinsgrundlage von deutscher Klassik und Romantik» hervor[17]. Das deutsche «Denken und Gestalten stützt sich» zu keiner Zeit «auf ein breites und reiches soziales Sein»; auch den deutschen Klassikern fehlt «diese im objektiven entfalteten gesellschaftlichen Sein wurzelnde Zusammengehörigkeit»[18].

Aus der Sicht einer solchen Gesellschaftskritik ergibt sich ein entsprechender Wirklichkeitsbegriff oder, ins Ästhetische übersetzt, eine sozialhistorische Definition von Realismus. Es kann im Rahmen unserer Betrachtung nicht darum gehen, die gedankliche und biographische Entwicklung des Kritikers Georg Lukács aufzuzeigen. Die folgenden Ausführungen beziehen sich daher ausschließlich auf die drei auch zeitlich aufeinander folgenden Werke *Goethe und seine Zeit* (1947), *Deutsche Realisten des 19. Jahrhunderts* (1951) und *Skizze einer Geschichte der neueren deutschen Literatur* (1953)[19]. Es sind diejenigen Abhandlungen Lukács', die in nicht zu großen zeitlichen Abständen voneinander geschrieben wurden, grundsätzlich das gleiche Thema behandeln, für ein Verständnis der Lukács'schen Einstellung zur deutschen Literatur von grundlegender Bedeutung sind und sämtlich dem westlichen Leser ohne Schwierigkeiten zugänglich gemacht werden können. Wie gesagt, die drei Bücher behandeln im Grunde den gleichen Stoff, jedoch – und diesen Umstand möchten wir uns zunutze machen – unter zwei wenn nicht verschiedenen, so doch andersartig akzentuierten Betrachtungsmomenten. Die Titel bringen es bereits zum Ausdruck: in den beiden zusammengehörigen Bänden *Goethe und seine Zeit* und *Deutsche Realisten des 19. Jahrhunderts* geht es programmatisch um die literaturhistorische Dialektik von Sein und Zeit. In der *Skizze einer Geschichte der neueren deutschen Literatur* setzt sich Lukács mit gesteigerter Programmatik, die oft ans Polemische grenzt, mit der «Tendenz», der Entwicklungsrichtung repräsentativer Literaturperioden und Schriftsteller zur gesellschaftshistorischen Verwirklichung einer «volkstümlichen Demokratie» (140) auseinander. «Entwicklungstendenzen» sollen beide Abschnitte dieses Buches darstellen – ein, wie selbst Lukács gestehen muß, problematisches Unterfangen. Seine Methodologie jedoch bleibt grundsätzlich die gleiche: «Nur durch Aufdeckung aller Wechselbeziehungen zwischen Zeit

20

und Schriftsteller», erklärt er ausdrücklich, «ist diese Problematik aufhellbar». (144) Im Sinne einer derartigen Entwicklungstendenz kann Lukács dann auch mit dem formelhaften Begriffspaar «Fortschritt» und «Reaktion» historisch operieren. Ganz bezeichnend erklärt er über den thematischen Zusammenhang beider Teile seiner Skizze: «Der Kampf von Fortschritt und Reaktion ist nicht bloß der Titel eines Teils. Er ist auch der Leitgedanke des Ganzen. Und erst diese Grundidee berechtigt, diese kurze Skizze als einheitliches Buch herauszugeben ...». (13)

Erwartungsgemäß sind Goethe und Hegel die geistigen Paten des Essaybandes *Goethe und seine Zeit*. Bereits im Vorwort lesen wir: «Es ist kein Zufall, daß die Gesetzmäßigkeiten der dialektischen Methode gerade in Deutschland in der Periode von Lessing bis Heine bewußt werden, daß Goethe und Hegel diese Methode – innerhalb der Grenzen des bürgerlichen Denkens – auf die höchste erreichbare Stufe heben.» (12) Herders historische Universalität wird als «eine Vorläuferin der Hegelschen dialektischen Weltanschauung» betrachtet. (14) Selbstbewußt verkündet das Vorwort: «Die Leser werden hier konkrete Darlegungen über die Beziehung Goethes zu den großen gesellschaftlichen Fragen seiner Zeit finden.» (14–15) Die Studien betrachten «Goethe als große Figur der sich damals konkretisierenden historischen Dialektik, neben Hegel und parallel mit Hegel». (15) Bereits hier wird angedeutet, daß der Begriff eines gesellschaftshistorischen und ästhetischen Realismus untrennbar mit einem revolutionären *Bewußtsein* und dialektischen Geschichtsverständnis verbunden bleibt. Mit Bezug auf Goethes und Hegels Stellung zum «Ausbruch und Sieg der französischen Revolution» als «neue Epoche für die ganze Weltkultur» erklärt Lukács: «Der Realismus des reifen Goethe ist ... ein organisches Produkt seiner Auffassung der großen Ereignisse dieser Zeit». (ebd.) Dieses Abhängigkeitsverhältnis zwischen Revolution und Realismus wird erneut verdeutlicht, wenn Lukács von der «Goethezeit» als einer «progressiven Epoche der Weltkultur» spricht, die «die Grundsteine zum modernen dialektischen Denken gelegt» und eine Brücke zwischen dem großen Realismus des XVIII. und dem des XIX. Jahrhunderts» gebaut hat. (16) Dieser Feststellung schließt Lukács die Bemerkung an: «Denken und Kunst der Menschheit haben hier einen gewaltigen Schritt vorwärts getan». (ebd.) Damit sind die begrifflichen Pole dieser Literaturbetrachtung abgesteckt: Sein und Bewußtsein, Gegenwart und

Geschichte fließen dialektisch in der Revolution zusammen. Auf der Grundlage einer historischen Dialektik aber lassen sich progressive und reaktionäre Tendenzen in allen gesellschaftlichen Kulturbereichen unterscheiden. Realismus bedeutet dann Einsicht in objektive Widersprüche historischer und damit auch künstlerischer Daseins- und Erscheinungsformen. Fast könnte man sagen: aus gesellschaftshistorischer Weitsicht, Einsicht und Übersicht bejaht das geschichtsbedingte Individuum die eigene Beschränktheit, ja den Untergang des teilhaftigen Geistes seiner Epoche. In diesem Sinne erklärt Lukács: «So entsteht für Goethe wie für Hegel der unaufhaltsame Fortschritt der Menschengattung aus einer Kette von individuellen Tragödien; die Tragödien im Mikrokosmos des Individuums sind das Offenbarwerden des unaufhaltsamen Fortschritts im Makrokosmos der Gattung: dies ist das gemeinsame philosophische Moment im *Faust* und in der *Phänomenologie des Geistes.*» (147)

Wie sich eine solche soziologische Interpretation im Bereich der Ästhetik auswirkt, veranschaulicht folgende Bemerkung über *Faust*: «Aus der dichterischen Gestaltung einer solchen Wechselwirkung zwischen Individuum und Gattung entsteht die balladeske Phantastik als adäquat poetisches Ausdrucksmittel dieser widerspruchsvollen Einheit». (148) Die «balladeske Phantastik» wird also stilistischer Ausdruck einer gesellschaftsbezogenen Wirklichkeit. Lukács scheut sich daher nicht zu sagen: «Diese Phantastik hat gerade in Goethes Realismus ihre Wurzeln.» Unmißverständlich erklärt er: «Die Phantastik des Gattungsmäßigen, die auf dieser weltanschaulichen Grundlage entsteht, dient dazu, ein reales, aber von jeder naturalistischen Kleinlichkeit befreites Milieu zu schaffen...». (146) Realismus ist also keine ästhetische Konstante. Seine Definition ergibt sich vielmehr aus der geistig-historischen Stellung des Individuums zur Gesellschaft, des Bewußtseins zum Sein. Lukács bezeichnet trotz erheblichen Stilwandels sowohl *Faust I* als auch *Faust II* als «realistisch». Den ersten Teil beschreibt er als «eine ganz geschlossene historisch echte Welt der Wirklichkeit» – «eine realistische Darstellung des deutschen XVI. Jahrhunderts wie im *Götz*, nur aufgeregter, dramatischer, poetisch gehobener». Daran könne auch die gelegentlich hereinbrechende Phantastik wenig ändern. Über den zweiten Teil erklärt er: «Der Realismus Goethes erstrebt hier eine Darstellung, in der ein solches Milieu, das als gegeben und wirklich gestaltet wird, ein reales Gegenspiel zu den Handlungen des Individuums Faust ergeben kann ... es gibt keine Grenze mehr zwischen real und gespenstisch: es steht eine gespenstische Wirklichkeit vor uns». Als Grund für einen solchen Wandel gibt Lukács den Übergang vom Individuum zur Gattung an: «Diese Gestaltungsweise», betont er, «ist mit der Objektivität, mit dem Vorherrschen des Gattungsschicksals eng verknüpft». Dem läßt er die aufschlußreiche Bemerkung folgen: «Der naive Historismus des ersten Teils schlägt um in einen reflektierten, die unmittelbare Geschichte in eine erlebte Geschichtsphilosophie». (149) Das sind gewichtige Worte eines Literaturhistorikers und Soziologen, dessen Auseinandersetzung mit der Kunst ebenfalls in einer erlebten Geschichtsphilosophie wurzelt. Seine Äußerung über den stilistischen Wandel von *Faust I* zu *Faust II* kennzeichnet auch den Grundcharakter der Lukács'schen Literaturbetrachtung. Sowohl inhaltlich als auch methodologisch ist damit sein eigenes Werk ausgewiesen. Um so weniger wird der unvoreingenommene Leser der Versuchung widerstehen können, die derartig von Lukács gerechtfertigte «Gestaltungsweise» auf dessen eigene kritische Methodologie anzuwenden und ihm das Selbstzitat entgegenzuhalten: «Darum ist hier – bei aller *inhaltlichen* historischen Wahrheitstreue – *alles* von Phantastik durchtränkt...»[20].

Etwas «balladesk» entwickelt Lukács den Zusammenhang von Revolution und Realismus in den *Leiden des jungen Werther*. Als Thema des Romans erkennt er «das große Problem des bürgerlich-revolutionären Humanismus». (21) Von grundlegender Bedeutung ist Lukács' programmatische Erklärung: «... jede große gesellschaftlich-geschichtliche Umwälzung bringt einen *neuen Menschen* hervor. In den ideologischen Kämpfen handelt es sich also um den Kampf für diesen konkreten neuen Menschen ...». (19) Um ihn geht es. Ästhetisch bedeutet ein solcher Kampf gegen herkömmlich-übernommene Gesellschaftsformen künstlerisches Aufbegehren gegen die «Regeln». Lukács betont: «Werther und mit ihm der junge Goethe sind Feinde der ‹Regeln›.» Diese ästhetische Revolution führt allein zum befreienden Realismus. «Aber die ‹Regellosigkeit›», fährt Lukács fort, «bedeutet für Werther einen leidenschaftlichen großen Realismus ...». (22) Ästhetisch und historisch führt der Weg zum sozialen Realismus über die Revolution.

Gleichzeitig spricht Lukács von einer «Rebellion gegen die

Regeln der Ethik». (ebd.) Im *Werther* prallen die Widersprüche zwischen individueller Leidenschaft und gesellschaftlicher Gesetzlichkeit tragisch aufeinander. Es gibt keine allgemeingültigen Regeln menschlichen Handelns. «Die ethischen Probleme des *Werther*», erklärt Lukács, «spielen sich alle im Zeichen dieser Rebellion ab, einer Rebellion, in der sich zum erstenmal in der Weltliteratur die inneren Widersprüche des revolutionären bürgerlichen Humanismus in großer dichterischer Darstellung zeigen.» (23) Er sieht in Goethes Jugendroman eine ethische und ästhetische Revolution, in der sich das Bewußtwerden objektiver gesellschaftlicher Widersprüche manifestiert. Hier hat sich eine gedanklich nicht begriffene Dialektik poetisch entfaltet. Diese Dialektik aber kann nur aus den konkret historischen Zusammenhängen der herrschenden Gesellschaftsordnung erkannt werden, und so verkündet Lukács nicht nur: «Der Welterfolg des *Werther* ist ein literarischer Sieg der Linie der bürgerlichen Revolution», sondern fügt dem hinzu: «Die künstlerische Grundlage dieses Erfolges beruht darauf, daß der *Werther* eine künstlerische Vereinigung der großen realistischen Tendenzen des XVIII. Jahrhunderts bietet». Mit Realismus meint Lukács hier wieder ausdrücklich «die Umrisse des entstehenden neuen Menschen», die Widerspiegelung einer gesellschaftshistorischen Dialektik in der Literatur. Sowohl Ästhetik als auch Ethik orientieren sich am sozialen Sein beziehungsweise Sollen: in Kunst und Moral kann es nur einen sozialen Realismus geben. Auf solche Weise wird das subjektive, möglicherweise tragische Schicksal in einen objektiven Geschichtsprozeß verwandelt. So ist die Bemerkung zu verstehen, daß «alles, was in dieser Welt des *Werther* vorkommt, ... von Goethe mit einer unerhörten, an den großen Realisten geschulten Plastik und Einfachheit objektiviert» ist. Literaturgeschichtlich ist der Roman für Lukács «der erste große Vorläufer der großen realistischen Problemliteratur des XIX. Jahrhunderts». (26) Wir wiederholen: der Begriff Realismus ist auch in der Ästhetik nur aus der Perspektive einer historischen Dialektik bestimmbar, er selbst wird zur geschichtlichen Definition. Weil aber Lukács im Gegensatz zu Hegel die Geschichtsdialektik über die Gegenwart hinausführt, um sie auf ein postuliertes Gesellschaftsideal auszurichten, nimmt sein ethischer und ästhetischer Wirklichkeitsbegriff einen immer deutlicher hervortretenden dogmatisch-doktrinären Wesenszug an. Lukács hat sich wiederholt mit dem Thema Tendenz und Parteilichkeit beschäftigt[21]. Hier muß es genügen darauf hinzuweisen, daß für Lukács Poesie und Wirklichkeit gleichermaßen aus der Kenntnis gesellschaftshistorischer Kräfte geschaffen und gestaltet werden. «Die tiefe Erfassung des Wesens der Wirklichkeit», bestimmt er, «ist ja immer die Grundlage einer großen Poesie». (30)

Da es im Rahmen unseres Vergleiches weder darum gehen kann, eine Einführung in die umfassende Literatursoziologie Georg Lukács' zu geben[22] noch die historischen Entwicklungsstufen seiner Literaturtheorie und Gesellschaftserfassung nachzuzeichnen[23], greifen wir im folgenden den im Jahre 1939 entstandenen Gottfried-Keller-Aufsatz heraus, um anhand eines weiteren Beispieles (diesmal aus den *Deutschen Realisten des 19. Jahrhunderts*) die Lukács'sche Methodologie der Literaturbetrachtung so anschaulich und konkret wie möglich zu verdeutlichen. Trotz der unumgänglichen Einseitigkeit einer solchen Untersuchung erweist sich der Keller-Aufsatz für Lukács' praktische Auseinandersetzung mit einem großen Dichter von repräsentativer Bedeutung: die einzelnen Kriterien seiner kritischen Analyse kehren in allen seinen Arbeiten wieder.

Nach einer programmatischen, ja polemischen Einleitung wird Keller unter den folgenden Aspekten interpretiert:

I   Zeitlage
II   Demokratie
III Volkstümlichkeit
IV   Resignation
V   Novelle
VI   Roman
VII Humanismus

Wenn wir diese Einteilung in ihre Methodik übersetzen, ergibt sich daraus folgendes: im ersten Teil setzt sich Lukács sozialgeschichtlich mit dem geistigen Erbe und der historischen Gegenwart des Dichters auseinander. Dem schließt sich im zweiten Teil eine Darstellung der gesellschaftspolitischen Haltung dieses Dichters an; praktisch geht es dabei fast immer um die demokratische Gesellschaftsform. Der dritte Abschnitt bildet unter dem Titel «Volkstümlichkeit» eine erste Synthese aus «Zeitlage» (Geistesgeschichte) und «Demokratie» (Gesellschaftsform). In umfassenderer und konkreterer Weise als zuvor kann Lukács jetzt über das Abhängigkeitsverhältnis von geschichtlichem Stadium der gesellschaftspolitischen Entwicklung eines Volkes und seiner künstlerischen Gestaltung dieser Wirklichkeit sprechen: Volkstümlichkeit und Realismus, gesellschaftliches Sein und künstlerisches Bewußtsein gehen ineinander über. Gleichzeitig bereitet die Definition des Kellerschen Realismus den Übergang auf eine zweite Stufe der dialektischen Ästhetik Lukács' vor. Im vierten Teil «Resignation» stellt Lukács eine Verbindung zwischen der historischen Etappe einer geisteswissenschaftlichen Revolution und ihrer geschichtsgebundenen künstlerischen Manifestation her. Er betont, daß Kellers ästhetische und politische Resignation «keine private, sondern eine dichterisch-welthistorische ist». (183) Schon die Zusammenballung der Adjektiva zeigt, daß Lukács wie Hegel «die eingeborene Poesie des Seins» dem sich dialektisch bewußtwerdenden Weltgeist in paralleler Entwicklung gegenüberstellt: nicht nur jedes Kunstwerk entsteht und besteht aus jener Polarität von Sein und Zeit, sondern Kunst und Geschichte (wie Strich reduziert Lukács die Antithetik auf Kunst und Leben) entfalten sich in ontologischer Wechselwirkung und -beziehung. Nur so ist es zu verstehen, daß Lukács bei Keller von einem sich in der Zukunft nicht erfüllenden Realismus sprechen kann. Über des Dichters Auffassung von der Demokratie behauptet er: «Sie verfälscht nie die Wirklichkeit, aber jene wirklichen Tendenzen, die Keller vollendet gestaltet, haben in der Wirklichkeit nicht die Zukunft, die Keller erhofft.» (181) Aus solcher Perspektive wendet sich Lukács nunmehr der ästhetischen Form zu: im fünften Abschnitt gibt er, unter besonderem Bezug auf Keller, eine soziologische Ästhetik der Novelle, im sechsten Teil bietet er das entsprechende für den Roman. Das heißt: aus der Stellung des Künstlers zur Gesellschaft («Resignation») leitet Lukács die Praxis der angewandten Kunstform ab («Novelle», «Roman»). Die Studie gipfelt, aus der Diskussion der Gattungsformen, in eine Definition künstlerischen Humanismus'. Im siebten und letzten Teil seiner Abhandlung veranschaulicht Lukács unter dem Titel «Humanismus» einen Abschnitt der künstlerischen, geistigen und gesellschaftlichen Entwicklung von Goethe bis Keller. Kellers Realismus wird mit künstlerischem und gesellschaftlichem Humanismus gleichgesetzt, weil er «die reale gesellschaftlich-menschliche Existenz» als Vorbedingung eines «wirklich demokratischen Volkslebens» gestaltet. Damit aber hat sich auch die zweite Stufe seiner Dialektik verwirklicht: der «Humanismus» drückt sich bereits in künstlerischer Formgebung aus und ist selber, von hier aus betrachtet, sowohl ästhetisch als auch historisch. Geistes- und kunstgeschichtliche Etappen führen «zum befreiten Volk von heute». (147) Der gegenwärtige Humanismus ist also das Ergebnis einer kulturellen Tradition. Lukács zeichnet in fast allen seinen Arbeiten die Tradition einer «fortschrittlichen» Entwicklung der deutschen Literatur, die im sozialistischen Realismus, sowohl auf ästhetischem als auch auf gesellschaftshistorischem Gebiet, eine harmonische Stellung des Individuums zur demokratischen Gemeinschaft ganz allgemein und des Künstlers zur gesellschaftlichen Wirklichkeit insbesondere erkennt. So führt diese Doppeldialektik in der Methode der Lukács'schen Literaturwissenschaft einerseits von der Auseinandersetzung mit einer historischen Epoche und ihrer entgegengehaltenen Gesellschaftsform zur postulierten Harmonie von Leben und Kunst im ästhetischen Bekenntnis zum Realismus, andrerseits führen die Widersprüche oder gar Resignationen, die sich aus einer solchen künstlerischen Auseinandersetzung mit diesen Kräften ergeben, über den Weg einer historisch-objektiv notwendigen Kunstform zurück zur Stellung des Individuums innerhalb einer Gesellschaftsform, zur Verwirklichung des Sozialismus auf geistig individueller und kollektiver Basis. Trotz schärfster Gegensätze sind sich Staiger und Lukács doch in dieser Hinsicht einig: daß «Form» und «Stil» nicht nur ästhetische Kriterien und Eigenschaften bedeuten, sondern letztlich jeden Einzelnen im Rahmen seiner historisch konkreten und traditionsgebundenen Gesellschaft kennzeichnen. Aus dem Bewußtsein des Seins entwickeln sich Form und Stil, aus der Dialektik von Sein und Zeit manifestiert sich ein gestalteter Wille.

In seinem Keller-Aufsatz legt Lukács dankbar davon Zeugnis ab, daß «die klassische Philosophie ... die allgemeinen Gesetze des Gegensatzes von Sein und Bewußtsein in tiefem, wenn auch oft verborgenem Zusammenhang mit der Entdeckung der Widersprüche der bürgerlichen Gesellschaft auf hohem wissenschaftlichem Niveau ausspricht». (149) Hier liegt auch das geistige Erbe der Lukács'schen Dialektik. Die Möglichkeiten und Formen eines künstlerischen Realismus bleiben für ihn historisch bedingt: so spricht er auch immer wieder ausdrücklich vom «Realismus dieser Zeit» (150 etc.). Ohne eine gesellschaftshistorische Auseinandersetzung scheint ihm der Versuch einer ästhetischen Formbestimmung sinnlos. Es gibt für ihn keine «rein künstlerische» Frage. (151) Im Gegensatz zu Strich und Staiger aber bedeutet jede zeitliche Entfaltung für Lukács eine gesellschaftshistorische Entwicklung. Die aber kann entweder «fortschrittlich» oder «reaktionär», d. h. rückgängig bzw. stagnatisch sein. In seiner Skizze *Neuere Deutsche Literatur* schreibt Lukács: «Nur durch Aufdeckung aller Wechselbeziehungen zwischen Zeit und Schriftsteller» seien literarische «Entwicklungstendenzen» aufhellbar. (143–144) *Fortschritt und Reaktion in der deutschen Literatur* ist nicht nur der Teil eines Lukács-Werkes, es ist das Grundprinzip seiner literaturgeschichtlichen Betrachtungsweise. Beide Konzepte sind dem Lukács'schen Begriff der *Tendenzen* einverleibt. Im Jahre 1932 versucht Lukács, dessen vieldeutige Auslegungsmöglichkeiten radikal zu beschränken. Dabei orientiert er sich erwartungsgemäß an der «Objektivität in der Wiedergabe und Gestaltung der Wirklichkeit»[24]. Wobei hinzugesetzt werden muß, daß die «wahre» Objektivität für ihn dialektisch ist. Lukács möchte den Terminus «Tendenz» durch «Parteilichkeit» ersetzen: «Parteilichkeit für jene Klasse, die Trägerin des geschichtlichen Fortschritts in unserer Periode ist[25].» Hier wird Tendenz unmißverständlich im historisch-progressiven Sinne verstanden. Lukács unterscheidet zwischen einer (im Marxschen Gefolge) vom Dichter «nur bewußt gemachten Tendenz der gesellschaftlichen Entwicklung selbst»[26] – sodaß das Bewußtsein bzw. Bewußtmachen eines Kunstwerkes an sich bereits «progressiv» oder «reaktionär» bezeichnet werden muß – und einer subjektiv gewollten, postulierten Tendenz. Die erstere Sinngebung von Tendenz nun soll durch den Begriff «Parteilichkeit» ersetzt werden. Damit jedoch ersetzt Lukács nicht nur einen politisch und historisch fragwürdig und vieldeutig definierbaren Terminus mit einem – sicherlich bewußten – propagandistischen Werbeslogan, der in peinlichster Weise an nationalsozialistische Kulturprogrammatik erinnert, sondern beschwört darüber hinaus eine heillose Begriffsverwirrung herauf, weil er selber in seinen eigenen Schriften eine parteiliche Identifizierung eher zu implizieren scheint und mit der Formel «Parteilichkeit» nur selten operiert, und weil er «Tendenz» gleichzeitig «im berechtigten Marx'schen Sinne des Wortes»[27] beibehalten möchte und auch tatsächlich in seinen Arbeiten immer wieder in solchem Sinne anwendet. Auf die Darstellung der Wirklichkeit bezogen, erklärt Lukács über den proletarisch-revolutionären Schriftsteller: «Er braucht die Wirklichkeit nicht zu entstellen, nicht zurechtzurükken, nicht ‹tendenziös› umzufärben, denn seine Darstellung – wenn sie eine richtige, dialektische ist – ist gerade auf die Erkenntnis jener Tendenzen *(im berechtigten Marx'schen Sinne des Wortes)* aufgebaut, die sich in der objektiven Entwicklung durchsetzen[28].»

Man sieht, wie eng die Konzepte «Fortschritt» und «Reaktion» mit dem gesellschaftsästhetischen Begriff des Realismus in Zusammenhang stehen. Die «objektive Wirklichkeit» bedeutet Lukács ein gesellschaftshistorischer Prozeß, der künstlerisch und historisch gesetzmäßig zu erfassen ist[29]. Natürlich sind die Begriffe Fortschritt und Reaktion dem Konzept der Parteilichkeit schon deshalb vorzuziehen (wenn überhaupt mit solchen fragwürdigen Termini gearbeitet werden muß), weil sie eine Dynamik und Geschichtsbezogenheit auch für den ausdrücken, der nicht unbedingt an die Flexibilität und gesellschaftspolitische Entwicklungsfähigkeit der Partei zu glauben vermag. Objektiv ist einzusehen, daß dabei Fortschritt und Revolution einander entsprechen, daß Reaktion und Restauration ein paralleles Begriffspaar bilden. Lukács beklagt sich nun, daß die deutsche Literatur allzu selten versucht hat, «aus dem Sein verborgene Tendenzen herauszuarbeiten», also einem «fortschrittlichen», «revolutionären» parteilichen Realismus zu gestalten. (18) Konkret auf die deutsche Literatur bezogen, erklärt Lukács seine Terminologie wie folgt: «Leitend bei unserer Darstellung ist ... der Gedanke, daß fortschrittlich der Kampf gegen das deutsche Elend ist; als reaktionär bezeichnen wir jedes Bestreben, die Misere in irgendeiner Form zu verewigen». (21) Hier wird deutlich, warum die deutschsprachigen Literaturtheoretiker es im allgemeinen ablehnen, sich wie ihre angelsächsischen Kollegen Literaturkritiker zu bezeichnen: es geht ihnen allen um mehr als «bloße» Literatur, es geht ihnen um Literaturgeschichte, um Geistesgeschichte und Stilgeschichte (Strich, Staiger), um Gesellschaftsgeschichte und Klassengeschichte (Mayer, Lukács) – um die ontologische, ästhetische, soziologische und politische Polarität von Sein und Zeit.

Die Dialektik der historischen Entwicklung einer gesellschaftlichen und literarischen Gestaltung veranschaulicht Lukács, wenn er darauf hinweist: «Oft geht die objektive Gestaltung Wege, die der subjektiven Absicht entgegenlaufen – und beide können historisch wichtig sein.» (21–22) Aus dieser Einsicht zieht Lukács für seine Literaturgeschichte die folgende Konsequenz. Es kann nicht genügen, die individuelle Absicht eines Dichters oder einer Dichtung für sich allein zu betrachten und von hier aus zu bewerten. Jedes Kunstwerk und jeder Künstler repräsentiert – bewußt oder unbewußt – eine literarische und eine soziale «Tendenz». Das ästhetische und das gesellschaftliche Sein bzw. Bewußtsein existiert in einem historischen Kräftefeld und ist selber ein Element in dieser Spannung. Das Verhältnis des sprachlichen Kunstwerkes zum historischen Augenblick kann entweder aus harmonischem Einklang bestehen oder einer polyphonischen Widersprüchlichkeit, einer kontrapunktischen Dialektik Ausdruck verleihen. An der Notwendigkeit, ja Unabänderlichkeit einer geschichtlich-zeitlichen Harmonie jedoch kann es letztlich keinen Zweifel geben. Wo sich historische und ästhetische Tendenz in geschichtlichem Einklang treffen, spricht auch Hans Mayer vom «geschichtlichen Augenblick der Selbstdarstellung». Andrerseits muß Georg Lukács auch über «unsere bisher beste Literatur» zugeben, daß ihr der «Durchbruch zur Parteilichkeit» noch nicht gelungen ist. «Unsere Literatur», erklärt er in *Tendenz oder Parteilichkeit?*, «auch in ihren besten Produkten, ist noch voll von ‹Tendenz›»[30]. «Parteilichkeit» heißt also soviel wie: im Einklang mit der sozialhistorischen Tendenz sein. Keineswegs zufällig spricht Lukács denn auch im gleichen Aufsatz vom Schriftsteller «als Vertreter der großen welthistorischen Interessen der Arbeiterklasse»[31]. Hegel selbst wird als ein Vertreter der «historischen Verteidigung des Fortschritts» bezeichnet. (36) Wenn Lukács' *Neuere Deutsche Literatur* also nur von Fortschritt und Reaktion in der deutschen Literatur spricht, so soll damit nicht zuletzt gerade auch zum Ausdruck gebracht werden, daß sämtliche historischen *Tendenzen* dereinst in die Verwirklichung einer ästhetischen und vor allem gesellschaftlichen *Parteilichkeit* zusammenfließen mögen. Das ist gemeint, wenn Lukács abschließend die Mahnung von sich gibt: «Ein hartes Umlernen muß in der fortschrittlichen deutschen Literatur vor sich gehen.» (226) Welch' verantwortungsvolle Sendung Lukács der Literatur in seiner soziologischen Kulturphilosophie zugedacht hat, offenbart sich am deutlichsten in seinem Appell, die deutsche Literatur möge «ihr Volk zur Wiedergeburt ... erwekken», damit auch sie «wieder zur alten Größe (!) erweckt werden kann». (226–227)

Der Weg führt zurück zur *Wirklichkeit* und *Form*, zum «Realismus». Lukács bezeichnet es als zentrale Schwäche der deutschen

Literatur, daß sie einen organischen Zusammenhang «von gesell-schaftlichen und individuellen Momenten in der Menschendarstel-lung und Handlungsführung» entbehrt, daß sie «an ihrer abstrak-ten ‹Zeitlosigkeit›» festhält, ohne daß «die Grundlage der falschen Formgebung, die Frage nach dem sozialen Gehalt, ernsthaft kri-tisch» untersucht wird. (207) Allzu häufig versucht die moderne Literatur, «die Wirklichkeit nur in einzelnen privatmoralischen, psychologischen Beobachtungen» darzustellen. (ebd.) Noch im-mer herrscht das uralte Dilemma: «Wünsche und Hoffnungen der Schriftsteller werden in die Wirklichkeit hineinprojiziert», statt die Epochen einer objektiven sozialhistorischen Entwicklung rea-listisch darzustellen. (206) Wie Lukács in seinem Keller-Aufsatz angedeutet hat, kann die Resignation über den status quo durch einen dynamischen, fortschrittsgläubigen Formalismus überwun-den werden. Dramen und Epen sind nicht in jeder Gesellschafts-epoche mögliche Formen des Realismus. Es gilt, «eine grundfal-sche, abstrakte Auffassung des historischen Optimismus» zu entlarven. Derjenige Dichter aber, der die Wirklichkeit verändern möchte, schreibt notgedrungen in jeder ästhetischen Form eines ehrlichen Realismus' «kämpferische Literatur». (219) Wir wie-derholen: für Lukács ist der moralisch aufrichtige, «parteiliche» Realismus ohne Revolution nicht möglich. So ist der Titel seiner Sammlung *Deutsche Realisten des 19. Jahrhunderts* zu verstehen, der inhaltlich und formal so unterschiedliche Dichter wie Kleist, Eichendorff, Büchner, Heine, Keller, Raabe und Fontane unter solchem Leitgedanken vereinigt. Freilich: mit der Moralisierung des kunsttheoretischen Begriffes Realismus bedient sich Lukács eines Vokabulars, das uns politisch wie ethisch an allzu peinlich rhetorische Wendungen erinnert. «Jede kämpferische Literatur», verkündet er, «muß unerschütterlich an den Endsieg ihrer Sache glauben, will sie gestalterisch durchschlagskräftig sein.» (ebd.) Hier wird also die Fähigkeit eines formalen Ausdrucks gesell-schaftspolitischen Engagements mit dem «Endsieg» einer gemein-samen «Sache» gleichgesetzt.

Aber Lukács ist sich darüber im klaren, daß auch der «Endsieg» nur stufenweise erlangt werden kann, wobei das einzelne Stadium einer Epoche durchaus mehr nach Niederlage aussehen kann. «Wenn jedoch der unerschütterliche Glaube an die Unvermeid-lichkeit des Endsieges dahin führt, daß der notwendige Triumph des Guten über das Böse, des Fortschritts über die Reaktion auf jeder einzelnen Etappe aufgezeigt werden muß, so führt dies zu einer vollständigen Verzerrung der inneren und äußeren Kräfteproportionen, zu einer Verfälschung der Wirklichkeit und damit zu einer Vernichtung der kämpferisch aufrüttelnden Wirkung.» (ebd.) Mit anderen Worten: die konkrete Wirklichkeit, das gesellschaftliche Sein befindet sich in einem fortdauernden Zustand der Revolution. Darin sind sich Mao Tse-tung und Georg Lukács also durchaus einig.

Aber hinter diesem Satz steht mehr. Literatur ist – wie alle Kunst – im wesentlichen *Wirkung*. Diese Wirkung will und soll «aufrütteln», freilich nicht als emotioneller Luxus, sondern zur Erfassung und Erschaffung einer historisch-gesellschaftlich-moralischen *Wirklichkeit*. In diesem Sinne sieht Lukács Schiller als revolutionären Schriftsteller und Realisten der deutschen Klassik. Es gilt, «das dichterische Gleichgewicht zwischen Unvermeidlichkeit des Endsieges und notwendigen (individuellen) Niederlagen in Einzelgefechten genau zu halten». (ebd.) Es gibt also für Lukács *per definitionem* nur einen fortschrittlichen Realismus, ja aus der Perspektive seiner historischen Dialektik letztlich gar nur eine fortschrittliche Wirklichkeit. *Sein und Zeit sind für ihn Parallelen, die im Endlichen zusammentreffen*. Nämlich im Bewußtsein der Identität von historischer Entwicklung und gesellschaftlichem Sein. Dagegen trägt der Schriftsteller die Verantwortung, mit seinem Werk entweder eine fortschrittliche oder aber eine reaktionäre Wirkung zu beabsichtigen oder zu erzielen. Historisch gesehen, bedeutet das nichts geringeres, als daß der Dichter an der dialektischen Entfaltung eines sich verwirklichenden Gesellschaftsbildes schöpferisch teilhat – freilich, ohne den gesetzmäßigen Prozeß aufhalten zu können. Es kann in der Literatur nur «widerstreitende Tendenzen» geben. Die gesellschaftshistorische Wirklichkeit aber entscheidet, ob ein «objektiver» oder ein «subjektiver» Realismus gestaltet werden kann. Es liegt im Wesen der Vielschichtigkeit gesellschaftsgeschichtlicher Entwicklungen, daß ein «objektiver Realismus» oft Ausdruck eines «objektiv zurückgebliebenen» sozialen Seins bedeutet. (98) Die «Totalität des Lebens» läßt sich in der literarischen Kunst allein durch die formal vielseitige Treue einem «totalen» Realismus gegenüber darstellerisch wiedergeben. Auch die individuelle Resignation kann in der historischen Dialektik einer sowohl objektiven als auch kollektiven Wirklichkeitsgestaltung zu fortschrittlicher Wirkung führen. Man sieht: das Kompositum Literaturgeschichte hat auch bei Lukács eine bewußt wörtliche Bedeutung. Lukács übt eine literar- und sozialhistorische Kritik. Kein Wunder also, daß er der werkimmanenten Interpretation ablehnend gegenübersteht. Wo er sich selber an eine textliche Analyse heranwagt, dient auch sie dem sozialhistorischen Bewußtsein einer zu verwirklichenden «Totalität des Lebens».

Bezeichnend für Lukács' Einstellung zur Literatur scheint uns die folgende Bemerkung aus seinem Aufsatz «Der Briefwechsel zwischen Schiller und Goethe» *(Goethe und seine Zeit*, 1934, S. 48–77). Dort heißt es: «... die hohe philosophische Kultur, die die gedankliche Grundlage dieser Bestrebungen[32] Goethes und Schillers bildet, macht eine historische und kritische Durcharbeitung dieses ihres Erbes notwendig.» (49–50) Dieser Aufsatz steht ganz im Zeichen einer gleichermaßen historischen und systematisch-ästhetischen Kritik – wir werden im abschließenden Kapitel «Sein und Zeit in der deutschen Literaturtheorie der Gegenwart» darauf zurückkommen[33] – und veranschaulicht vielleicht am deutlichsten, daß es Lukács in seiner Literaturkritik in erster Linie nicht um den werkimmanenten Wert, um Inhalt und Aussage eines sprachlichen Kunstwerkes geht, sondern um den «weltanschaulichen» Gehalt, um die «philosophische Kultur», die sich darin kundgibt. *Seine Ästhetik bleibt somit wesensgemäß ideologische Geschichtsphilosophie*. Damit aber steht Lukács trotz aller Widersprüchlichkeit zur bürgerlichen Literaturtheorie dennoch innerhalb der deutsch-germanistischen Tradition einer weltanschaulich-geistesgeschichtlichen Interpretation der Literaturgeschichte. Er spricht beispielsweise vom «künstlerischen Realismus der Aufklärung» als «der Entwicklungsperiode der Bourgeoisie vor der französischen Revolution». (50) Die Literatur wird zum Teilausdruck einer in historischer Dialektik verstandenen Kulturepoche. Wenn Lukács von künstlerischer *Form* spricht, so meint er stets den ästhetischen Ausdruck einer geschichtsphilosophischen Epoche. «Geschichtsphilosophisch» aber impliziert erneut unser zentrales Thema: Zeit und Sein, historisches Selbstverständnis der menschlich-gesellschaftlichen Existenz. Insofern gehört Lukács grundthematisch durchaus in den literar-historischen Bereich von Fritz Strich, Emil Staiger und Hans Mayer. Die methodologische Auseinandersetzung mit diesem zentralen Verhältnis mag sich radikal verändern, die ästhetisch-ontologischen Gegenüberstellungen, die literaturkritische Polarität und das kunsttheoretisch-geschichtliche Spannungsfeld bleiben essentiell gleich. Wir werden sehen, daß sich bei Staiger das historisch-ontologische Selbstbewußtsein des Menschen werkimmanent, «von innen her» interpretieren läßt, daß die Dichtung nicht nur Veranschaulichung einer gesellschaftshistorischen Philosophie bedeutet, sondern über ihre eigene «philosophische Kultur« verfügen kann. Alle vier Kritiker und Theoretiker aber sind sich darin einig, daß sie, jeder auf seine Weise und dennoch letztlich gemeinsam, die geschichtlichen Möglichkeiten eines existentiellen Seins in der Literatur ästhetisch und ontologisch, historisch und kritisch zu erfassen suchen.

So wie Staiger über einen allumfassenden Lebensstil sprechen kann, so bezieht sich Lukács in seiner Auseinandersetzung mit dem Gattungsproblem ständig auf die «entstehenden neuen Lebensformen». (60) An Goethe und Schiller beklagt er, daß sie nicht imstande gewesen sind, «das Problem der künstlerischen Form als ein – freilich nicht mechanisches – Produkt der gesellschaftlichen Entwicklung aufzufassen.» (62) Auch in dieser Diskussion einer Gegenüberstellung von *Lebensform* und *Kunstform* unterstreicht Lukács den Konflikt zwischen «gesellschaftlichem Sein» und «künstlerischem Bewußtsein». (62–63) Bei Hegel hat die Form noch eine ontologisch-anthropologische Bedeutung. Lukács hält es für eine Illusion, die Problematik der modernen Kunst von der Formseite her überwinden zu können. Erwartungsgemäß wird an dieser Stelle Marx zitiert: «Marx fordert, daß die spezifischen Bedingungen, aus denen heraus Stoff und Form einer bestimmten Kunstperiode auf der Grundlage ihres gesellschaftlichen Seins entstehen, genau und konkret untersucht werden, daß also klar erkannt wird, welche Formen für eine bestimmte Periode der Kunstentwicklung angewendet und wie sie angewendet werden können.» (63) Mit dieser Marxschen Forderung, die so selbstsicher von Lukács zitiert wird, rütteln wir jedoch an den Grundfesten der Marxschen bzw. Lukács'schen Literatursoziologie. Denn abgesehen von der faszinierenden Fragestellung, abgesehen von der Behauptung eines unmittelbaren Zusammenhanges zwischen Gesellschaftsform und künstlerischer Form hat Lukács auf diesem Gebiet bisher kein konkretes und zwingendes Argument unterbreiten können. Vom «klaren Erkennen» eines solchen Wechselverhältnisses kann nirgends die Rede sein. Peter Ludz erklärt dazu: «... schon die Frage: wie und in welcher Weise die literarischen

Formen, die Lukács als allgemeinere Formen dieser[34] Widersprüche auffaßt, von der sozialökonomischen Arbeitsteilung abhängen, wie etwa Aufbau, Komposition und Strukturprinzip des modernen Romans einen konkreten sozialökonomischen Konflikt nun tatsächlich widerspiegeln, wie ferner ‹dramaturgische Diskussionen unmittelbar aus den Klassenkämpfen entspringen›[35] – eben dies kann die Ästhetik des Historischen Materialismus Lukács'scher Provenienz nicht beantworten[36].» *Historisch* kann eine derartige Korrelation zuweilen nachgewiesen oder doch zumindest angedeutet werden, *systematische* Einsicht in dieses Abhängigkeitsverhältnis hat Lukács hingegen nicht gewonnen. «Die naive Begeisterung», schreibt er beispielsweise, «mit der die großen Realisten des XVII. Jahrhunderts das bürgerliche Alltagsleben für die Dichtung erobert, mit der sie, ohne viel über die Form nachzudenken, den Typus des modernen Romans geschaffen haben, hört auf, und gibt einem erzwungenen Nachdenken über die Problematik dieses Seins und der ihm adäquaten künstlerischen Form Platz.» (63) Das ist eine historische Bestandsaufnahme, bzw. Perspektive des Verhältnisses von Gesellschaftsform und Zeit. Ludz bemerkt dazu: «Abgesehen davon, daß seine Theorie des Genres das bekannte, schon in ‹Zur Soziologie des modernen Dramas› entworfene Programm enthält, ‹Lebensformen› mit ‹Kunstformen› zu relationieren, müßten gerade diese gesetzmäßig wiederkehrenden Tatsachen nun von Lukács spezifiziert und mit den stets neu aus dem Schoße der Gesellschaft hervorgehenden ‹Lebenstatsachen› korreliert werden ... Seine Historisierungen schreiten niemals bis zu dem Grad fort, wo sie zum individuellen, positiv zu bestimmenden Fundament eines abgrenzbaren sozialökonomischen Bereichs werden. Lukács bleibt im Banne Hegels...[37].» In Goethe und Schiller erkennt Lukács «die Überwindung der *gesellschaftlich-inhaltlichen Problematik der bürgerlichen Gegenwart* mit Hilfe der schöpferisch erneuerten antiken Form». (64) Seine eigene ideologisch gefärbte, «parteiliche» Formtheorie sucht den Widerspruch des spätbürgerlichen Kapitalismus durch eine künstlerisch noch nicht verwirklichte Gesellschaftsform zu überwinden. Lukács interessiert sich für Goethes und Schillers Gattungstheorien, weil ihr Gedankenaustausch «nur scheinbar ein bloßes Suchen der Form» bedeutet. «Der Formbegriff, mit dem Goethe und Schiller arbeiten, ist aufs allerengste mit den entscheidenden Problemen des Inhalts verknüpft. Mag die Formulierung des dialektischen

Wechselverhältnisses zwischen Form und Inhalt bei Goethe und Schiller oft noch so mangelhaft oder idealistisch verzerrt sein, ihre Grundtendenz geht dahin, das dialektische Wechselverhältnis zwischen Form und Inhalt zu bestimmen.» (68) Es geht also im Postulat des sozialistischen Realismus gleichfalls um mehr als ein bloßes Suchen der Form. Woher aber stammt der zu verwirklichende Inhalt? Es ist richtig, daß sich Goethe und Schiller hier ihre idealistische Wirklichkeit erschaffen haben und dennoch – laut Lukács – Zeit ihres Lebens große Realisten gewesen sind. (vgl. 66) Lukács ist sich der Paradoxie seiner marxistischen Literaturtheorie durchaus bewußt: selbst ein sich in stufenförmiger Dialektik entwickelnder Realismus bedarf einer «parteilichen» Bewußtseinsorientierung, ohne jedoch dem gesellschaftlichen Sein kritisch bewertend gegenüberzustehen, weil dieses soziale Sein (wir bedienen uns durchaus der Lukács'schen Terminologie) seinerseits «parteilich» unantastbar, ideologisch dogmatisiert betrachtet wird. Dadurch wird die Rolle und Funktion der Literatur im Entwicklungsprozeß einer sozialistischen Lebensgemeinschaft, einer gesellschaftsbezogenen Wirklichkeit trotz gegenteiliger Beteuerungen praktisch auf ein Minimum beschränkt, da sich in der Geschichtsauffassung des dialektischen Materialismus keine schöpferisch bzw. kritisch neue Gesetzmäßigkeiten bestimmen lassen. Das macht die literarische Kunst des sozialistischen Realismus so zweitrangig, so unbefriedigend und letztlich so unaufrichtig. (Selbst Schriftsteller wie Anna Seghers kennzeichnen sich durch solchen Mangel an schöpferisch-gestalterischer Freiheit und Integrität.) Um noch einmal auf Peter Ludz zurückzukommen: «Darüber hinaus», erklärt er vorsichtig und dennoch mit unüberhörbarer Schärfe, «berücksichtigt diese Ästhetik nicht, daß die Prozesse der bürgerlich-kapitalistischen Gesellschaft weitergehen und keineswegs zum Modell erstarrt sind. Diese Prozesse bringen neue Verschiebungen in den Verhaltensweisen der Menschen (wir nennen nur diese, auch im Sinne des Marxismus wichtige, ökonomische Kategorie) hervor, so daß eine wirklich historisch vorgehende Theorie der Widerspiegelung diese Dynamik, die sich durchaus nicht nur reproduziert, korrigierend in den eigenen theoretischen Ansatz stets mit hineinnehmen muß[38].» Das scheint uns eine entscheidende Einsicht zu sein, gibt doch Lukács allzu häufig den Eindruck, als ob sich allein die marxistisch-kommunistische Gesellschaftsform in historischer Dialektik entfaltet.

So kommt es, daß Lukács auch in *Goethe und seine Zeit* die grundlegende Frage, ob der Poesie eine ontologische Bedeutung zukommt oder nicht (mehr), nicht beantwortet. Wir greifen folgenden Satz aus dem *Briefwechsel*-Aufsatz heraus: «Der Rhythmus leistet bei einer dramatischen Produktion noch dieses Große und Bedeutende», zitiert Lukács mit offensichtlichem Einverständnis Schiller, «daß er, indem er alle Charaktere und alle Situationen, nach Einem Gesetz behandelt, und sie, trotz ihres inneren Unterschiedes, in Einer Form ausführt ...». (74) Der «Rhythmus» des Poetischen (des Dramas) hebt also für Schiller die historische Zeit in philosophisches Sein auf. Als «Grundtendenz» einer solchen Kunsttheorie erkennt Lukács, daß «Goethe und Schiller doch die Häßlichkeit und den unkünstlerischen Charakter des modernen Lebens auf dem Wege des Kampfes mit dem als unausweichlich hingenommenen Stoffe, auf dem Wege der künstlerischen Überwindung des unkünstlerischen Charakters des Stoffes versucht haben». Aus diesem Grunde spricht er dann auch von der «Aktualität im großen historischen Sinne» der Schillerschen Theorie eines Gattungsrhythmus'. Hier hat, so scheint es, Staiger tiefer gesehen[39]. Lukács fordert in seinem Aufsatz eine «kritische, historisch-systematische Bearbeitung» traditioneller Kunsttheorien. Weil sich aber sozialer Widerspruch und ästhetischer Realismus allzu oft in Form und Inhalt ähneln oder entsprechen, ist eine literaturkritische und literarhistorische Auseinandersetzung mit Georg Lukács gerade dort am schwierigsten, wo er mit seiner ideologischen Systematik überredet statt zu überzeugen. Wir denken an Max Frisch, der nach seinen Gesprächen mit dem Freund Bertolt Brecht im *Tagebuch* notierte: «Meinerseits habe ich dort, wo Brecht mit seiner Dialektik mattsetzt, am wenigsten von unserem Gespräch; man ist geschlagen, aber nicht überzeugt. Auf dem nächtlichen Heimweg, seine Glossen überdenkend, verliere ich mich nicht selten in einen unwilligen Monolog: Das stimmt ja alles nicht![40]»

Trotz kulturpolitischer und soziologischer Auseinandersetzungen mit Georg Lukács ist es bisher kaum zu einem beiderseitig fruchtbaren Dialog mit bürgerlichen Literaturkritikern gekommen. Hans Egon Holthusen beschreibt die Lukács'sche Kritik rundheraus als «ideologisches Argumentieren». Das ist bedauerlich; nicht, weil Holthusen unrecht hätte, sondern weil das Wesen der Literaturkritik ein grundsätzlich kollektives Unterfangen bedeuten sollte. Solche Literaturkritik wäre keine dogmatische (an sich bereits ein Widerspruch!) Wissenschaft, sondern eine Kette komplementärer Experimente, Annäherungsversuche aus verschiedenen Richtungen auf das eine zentrale Ziel: die Gestaltung des Menschen.

Seit der deutschen Klassik schreiben die großen Kritiker der deutschen Literatur in der künstlerisch-philosophischen «Tradition» (im Sinne T. S. Eliots) von Goethe und Hegel. Lukács' *Faust*-Studien in *Goethe und seine Zeit*, unter den hier berücksichtigten Schriften diejenigen Arbeiten, die einer textlichen Analyse am nächsten kommen, veranschaulichen dieses Erbe sowohl inhaltlich als auch methodologisch am nachdrücklichsten. Dabei ist es von besonderem Interesse, daß Lukács hier auch Wesen und Stufen menschlicher Erlebnistiefe in künstlerischer Gestaltung hegelianisch begreift. Darin, daß die Liebe Fausts zu Gretchen «nicht von vornherein als jene hohe und entscheidende menschliche Beziehung, zu der sie im Lauf der Handlung wird» beginnt, entdeckt er einen «sehr tiefen, ‹phänomenologischen› Zug». (169) An anderer Stelle heißt es, daß der Goethesche Gedankengang grundlegend «parallel mit dem Hegels» verlaufe: «im menschlichen Handeln entsteht objektiv immer wieder etwas anderes, als die Menschen in ihrer Leidenschaft gewollt haben; die Bewegung, die Entwicklung der menschlichen Gesellschaft geht von den Leidenschaften der Individuen aus, ihre Resultate gehen jedoch über die Individuen hinaus und machen den handelnden Menschen von den Konsequenzen seiner eigenen Taten abhängig». (165–166) Hier wird philosophisch nichts «hineingelesen», weil es sich um eine grundsätzlich gleiche Aussage in geistig-schöpferisch unterschiedlichen Medien handelt. Hier wäre auch der Ansatz zu einem echten Dialog zwischen werkimmanenter, geistesgeschichtlicher, soziologischer und literarhistorischer Interpretationsmethodik gegeben. In keinem anderen Lukács-Aufsatz wirkt die folgende Erklärung so unanstößig und undogmatisch wie in dieser relativ textnahen Deutung: «Goethe steht zu den Problemen der kapitalistischen Entwicklung so, wie Hegel ...». (175) Darüber ließe sich diskutieren, weil eine solche Behauptung unter direktem Bezug auf eine konkrete dichterische Gestaltung erhoben wird. «Goethes dichterische Größe besteht darin», erklärt Lukács, daß er objektive gesellschaftliche, letztlich aber auch existentielle Widersprüche als unlösbar dargestellt hat, «sie in ihrer durch nichts gemilder-

ten Unlösbarkeit hingestellt zu haben. Darin ist er wahr wie ...
Hegel». (176) Auch darüber ließe sich reden. Denn hier wird nicht,
wie Holthusen beklagt, «mit einer doktrinären Kampfmaschine
über einen großen Dichter hergefallen»[41]; vielmehr bemüht man
sich noch, diese Maschine, zwar nach angelegten Plänen, allmäh-
lich logisch zusammenzufügen. Lukács' wiederholte Bezüge auf
einen «Moment dieser Totalität» wendet ebenfalls nur Hegelsche
Terminologie auf Goethes eigene Theorie und – was wichtiger
ist – dichterische Praxis einer künstlerischen Darstellung der
Ewigkeit im erfüllten Augenblick an. Lukács mißt auch bewußt
das Goethesche Kunstwerk an der Hegelschen Kunstphilosophie:
«In diesem Sinne entspricht der *Faust*», bemerkt er einmal, «auch
der späteren Bestimmung der Hegelschen Ästhetik, die in diesem
plastischen Aufsichgestelltsein, in dieser plastischen Abrundung
der Figuren und Situationen ein Wesenszeichen der dramatischen
Gestaltung erblickt». (191) Eine solche Anwendung der Hegelschen Definition von «dramatisch» sollte einem Dialog mit Emil
Staigers Begriffsbestimmung des Dramatischen nicht im Wege stehen. Wenn Lukács Goethe selber zitiert: «Was man Motive nennt,
sind also eigentlich Phänomene des Menschengeistes, die sich wiederholt haben und wiederholt werden, und die der Dichter nur
als historische nachweist», so wird darin nicht allein Hegelsches
Gedankengut nachgewiesen, sondern die kritisch-ästhetischen
Theorien der vier größten modernen deutschsprachigen Literaturwissenschaftler werden von einem ihrer gemeinsamen geistigen
Erben gleichermaßen präzis und umfassend dargestellt.

Aus räumlichen Gründen war es unmöglich, hier auf die Vielfalt
des dargestellten Wechselbezuges zwischen Goethe und Hegel in
Lukács' *Faust*-Studium auch nur annähernd erschöpfend einzugehen. Fest steht jedoch, daß diese Abhandlung, wie Hans Mayers
Aufsatz «Goethe und Hegel», von programmatisch-zentraler
Bedeutung ist. Lukács erinnert seine Leser, daß «das Individuum
bei Goethe noch mehr als bei Hegel der unmittelbar sichtbare
Träger des dargestellten Prozesses» (des menschlichen Dramas)
ist. Dem fügt er jedoch sogleich hinzu: «Für Hegel ist das individuelle Bewußtsein ein verkürztes Abbild der Entwicklung des
Geschlechts; darum verkörpern sich bei ihm die einzelnen Etappen
des Entwicklungswegs in gedanklich prägnant, individuell charak-
terisierten ‹Gestalten des Bewußtseins›.» (144) Hier wird das Verhältnis zwischen Goethe und Hegel im besonderen und zwischen

39

Dichtung und Philosophie im allgemeinen durch Gegenüberstellungen von «Gestalten des Sein» und «Gestalten des Bewußtseins» gekennzeichnet. In diesem Sinne kann Lukács dann erklären: «So ist auch die Komposition des *Faust* aufgebaut». (145) Dieses Zusammenfallen der Entwicklungsprobleme von Individuum und Gattung, die Lukács hier ästhetisch wie soziologisch, literaturgeschichtlich wie philosophisch betrachtet, sollte auch das Zusammenbringen aller jener Literaturhistoriker und -theoretiker herbeiführen, die wie Lukács den Geist der Dichtung in der lebendigen Tradition des größten deutschen Dichters und des größten deutschen Denkers zu erfassen und kritisch zu bewerten suchen.

Hans Mayer:
Der geschichtliche Augenblick
der Selbstdarstellung

Von Lessing bis Thomas Mann (1959)

Es genügt, sich die einzelnen Überschriften anzusehen. Bereits beim bloßen Durchlesen der Titel seiner Einzelstudien verdeutlicht uns Mayer, worum es ihm geht und wie er sich mit dem gestellten Thema auseinandersetzen wird. Da fällt zunächst auf, daß sich vorwiegend koordinierte Substantiva gegenüberstehen: Außenwelt und Innenwelt, die alte und die neue epische Form, Mitwelt und Nachwelt, Aufklärer und Plebejer, Goethe und Hegel, Gerhart Hauptmann und die Mitte, das «Märchen» bei Goethe und Gerhart Hauptmann, Roman einer Endzeit und Endzeit des Romans. Das sind nicht bloße Zufälligkeiten; in diesem üppigen Gebrauch der Konjunktionen versteckt sich ein literaturtheoretisches, sozialpolitisches und geschichtsphilosophisches Programm. Sämtliche Beispiele lassen sich in deutlich umrissene Einzelgebiete aufteilen.

Ein zentrales Thema dieses Buches ist Mayers sowohl kunsttheoretische als auch gesellschaftspolitische Auseinandersetzung mit dem Begriff der Realität. Darunter fallen insbesondere die Antithesen Außenwelt und Innenwelt. Rein thematisch gelangt es am unmittelbarsten in den Titeln «Goethes Begriff der Realität» und «Die Wirklichkeit E. T. A. Hoffmanns» zum Ausdruck. Der Aufsatz «Lessing, Mitwelt und Nachwelt» veranschaulicht die geschichtsbezogene Methodologie der Mayerschen Literaturkritik: hier geht es um die «Wirkungsgeschichte» und den «Nachruhm» eines Autors. Inhalt und Betrachtungsweise sind in dieser Studie so innig verschmolzen, daß sie sich nicht voneinander trennen lassen. «Die alte und die neue epische Form» legt vom Titel her das Hauptgewicht auf ästhetische Verwirklichung einer gesellschaftshistorischen Wirklichkeit. «Aufklärer und Plebejer» akzentuiert den gesellschaftlichen Bezug der Literatur noch stärker. Entsprechendes gilt für die Studie «Gerhart Hauptmann und die Mitte». Mehr der Theorie künstlerischer Ausdrucksform zugewandt scheint zunächst «Das ‹Märchen› bei Goethe und Gerhart

Hauptmann». Die Abhandlung «Der deutsche Roman im 19. Jahrhundert» entwickelt eine sowohl historische als auch ästhetische Doppel(be)deutung der Geschichte, ein Abhängigkeitsverhältnis, das Mayer in seinem letzten Beitrag mit dem austauschbaren Begriffspaar «Roman einer Endzeit und Endzeit des Romans» erneut zum Ausdruck bringt. Aber im Grunde handelt es sich bei dem scheinbaren Wechsel der Perspektiven um eine bloße Akzentverschiebung des einen allumfassenden Anliegens: den Nachweis eines gültigen, verbindlichen Verhältnisses zwischen Kunst, Gesellschaft und Geschichte so konkret und anschaulich wie möglich zu erbringen.

Wir werden später darzulegen versuchen, wie sich dieser Bezug in Mayers immer wiederkehrender, geradezu formelhafter Wendung «geschichtlicher Augenblick der Selbstdarstellung» am prägnantesten kundgibt. Auf die Dialektik, die dieser Prägung offensichtlich innewohnt, wird dann ebenfalls näher eingegangen werden. Sie spiegelt sich jedoch bereits in den hier erwähnten Überschriften wider. So heißt es beispielsweise: «Grundpositionen: Außenwelt und Innenwelt», «Die alte und die neue epische Form: Johann Gottfried Schnabels Romane», «Lessing: Mitwelt und Nachwelt», «Aufklärer und Plebejer: Ulrich Bräker, Der Arme Mann im Tockenburg», «Epische Spätzeit: Conrad Ferdinand Meyers *Jürg Jenatsch*», «Vergebliche Renaissance: Das ‹Märchen› bei Goethe und Gerhart Hauptmann» und «Thomas Manns *Doktor Faustus*: Roman einer Endzeit und Endzeit des Romans». Ausdrücklich wird das Ergebnis oder die Synthese antithetischer Positionen mit in den Titel aufgenommen. Dabei ist deutlich festzustellen, daß Mayer auf die Darstellung eines historischen *Prozesses* Wert legt. Der Doppelpunkt signalisiert die dialektische Entwicklung eines literatur-geschichtlichen Phänomens. So geht es Mayer um die historische Antithetik einer alten und einer neuen epischen Form, die sich in den Romanen Johann Gottfried Schnabels manifestiert. Er interessiert sich grundsätzlich für die geschichtliche Entfaltung des Aufklärers und Plebejers, die er in Ulrich Bräkers Romanen zu erkennen glaubt, für die literarhistorischen Bedingungen einer epischen Spätzeit, die C. F. Meyers *Jürg Jenatsch* veranschaulicht, für das Ergebnis einer «vergeblichen Renaissance», das die Form des Märchens bei Goethe und Hauptmann gleichermaßen, jedoch unter verschiedenen historischen Umständen, belegt. Darin ist Mayer durchaus Hegelianer. Dichter und Dichtung, Autor und Werk werden in geschichtlicher Dialektik phänomenologisch systematisiert. Freilich wird sich zeigen, daß Mayers materialistische Geschichtsauffassung die Grenzen der Hegelschen Dialektik sprengt[1].

In «Grundpositionen: Außenwelt und Innenwelt» liefert Mayer nichts geringeres als eine Perspektivübersicht über die gesamte neuzeitliche deutsche Literatur. In einem solchen Unterfangen unterscheidet sich diese Arbeit grundsätzlich nur wenig von Georg Lukács' *Fortschritt und Reaktion in der deutschen Literatur*; nur, daß Mayer keine politisch-determinierten Vorurteile bzw. Werturteile als Kriterium seiner Betrachtungsweise voraussetzt. Programmatisch spricht er gleich zu Beginn über die «Beziehung der deutschen Literatur zur deutschen Wirklichkeit». (9–10) Es erweist sich, daß Mayer diese Wirklichkeit als «Besonderheiten der gesellschaftlichen Entwicklung in Deutschland» betrachtet. (11) Auf eine philosophische Auseinandersetzung mit dem Begriff der Realität läßt er sich nicht ein. Mayers historische Wirklichkeit bleibt sozialpolitisch bestimmt.

Wesentlich ist ihm die Erkenntnis, daß «auch die Beziehungen zwischen Schriftsteller und Leser ... durch die besondere deutsche Sozialstruktur bestimmt» sind. (ebd.) Das veranschaulicht Mayer durch eine gezielte Gegenüberstellung mit den gesellschaftlichen Verhältnissen in Frankreich, Spanien und England. Solche Vergleiche verleihen dieser Arbeit eine an Lukács gemahnende gesellschaftshistorische Perspektive. Nicht ganz widerspruchslos kann Mayer einerseits davor warnen, die «gesellschaftliche Basis» der Literatur «keineswegs» zu «überschätzen», (12) andrerseits aber die gesamte neuere deutsche Literatur von der Überzeugung aus betrachten: «An den deutschen typischen Schicksalen läßt sich diese Besonderheit einer unentwickelten bürgerlichen Gesellschaft erkennen.» (13) Seine folgende Schnabel-Studie antizipierend, erkennt er an der *Insel Felsenburg* ein erstes Beispiel literarischer «Weltflucht» (ebd.). Schnabels Robinsonade vereinigt Außenwelt und Innenwelt, aber als «innerliches Leben in einer utopischen, inselhaften Isolierung». So kommentiert Mayer denn: «Doppelte Form also der Wirklichkeitsflucht bereits in einem Frühstadium bürgerlicher Literatur in Deutschland.» (14) Von hier aus zieht er einen direkten Vergleich mit der Literatur nach 1848, in der er abermals «eine doppelte Introvertierung» zu erkennen glaubt. (ebd.) Weder der englische Empirismus noch der französische Materialismus hat sich auf die deutsche Literatur ausgewirkt. Das bürgerlich unentwickelte Deutschland kann hier nicht mithalten, es bleibt im Rahmen der europäischen Literatur Außenseiter und Ausnahme. «Die Antithesen Materie und Geist, Wirklichkeit und Idee, Außenwelt und Innenwelt erweisen sich bis in die Gattungswahl und Themenstellung hinein als Grundpositionen der bürgerlichen Literatur in Deutschland.» (17) So sieht Mayer den unaufgelösten Zwiespalt der deutschen Literatur, der ihr von Anfang an anheimgegeben ist. Daran schiene uns nichtsdestoweniger bemerkenswert, daß sich paradoxerweise ohne eine solche spezifisch «deutsche» Antithetik auch die systematische Philosophie des marxistischen Sozialismus und des dialektischen Materialismus kaum entfaltet hätte. In Philosophie und Literatur führt das Leiden an der (gesellschaftspolitischen) deutschen Wirklichkeit zur «Idee», die sich historisch nicht verwirklicht.

Im Einklang mit seiner großen Studie über die Romantikforschung, auf die wir noch näher eingehen werden[2], unterscheidet Mayer bereits hier zwischen einer «natürlichen Welt» des Bürgertums und einer «romanesken Fabulierkunst» des adligen Rittertums, die er gemeinsam in die deutsche Romantik eingehen sieht. Eigenartig mutet es dann jedoch an, wenn er im folgenden vorbehaltlos von der objektiven Außenwelt» sprechen kann, die er gegen die – von Mayer in Anführungszeichen gesetzte – «innere Anschauung» des Künstlers und Denkers ausspielt. Schließlich hatte er gerade darzulegen versucht, daß die sogenannte natürliche Welt die historische Welt des Bürgertums gewesen war! Seine «Außenwelt» bleibt also stets die gesellschaftshistorische Verwirklichung einer «inneren Anschauung». «Objektiv» dürfte da für Hans Mayer eine allzu unqualifizierte, eindimensionale Bezeichnungsweise sein. (19)

Über den deutschen Sturm und Drang schreibt er nur wenig später: «Die vom Individuum wahrgenommene und verarbeitete Realität, nicht eine für sich allein gültige Außenwelt, hatte den Ausschlag zu geben. Nichts sei so ‹Natur› wie Shakespeare, erklärte – als Herders Schüler – der junge Goethe.» (21) Dem hätte Mayer jedoch billigerweise die Einsicht des reifen Goethe folgen lassen sollen. Es war der «klassische» Goethe, der sagen konnte, daß der Künstler «dankbar gegen die Natur, die auch ihn hervorbrachte, ihr eine zweite Natur, aber eine gefühlte, eine gedachte, eine menschlich vollendete zurück» gibt. Und es war der reife

Goethe, der die Behauptung aufstellte: «Jedes gute und schlechte Kunstwerk, sobald es entstanden ist, gehört zur Natur. Die Antike gehört zur Natur, und zwar, wenn sie anspricht, zur natürlichsten Natur ...». Bei Goethe haben wir ein gleichgewichtiges Gegenüber von Mensch und Natur, von Innenwelt und Außenwelt. «Der Primat der Außenwelt», erklärt Mayer dagegen etwas einseitig, «ist für Goethe niemals fragwürdig geworden.» (23) Für ihn gestaltet Goethe eine verstandene, allseitig gedeutete Wirklichkeit. Bezeichnenderweise sieht er deshalb Goethes Spätwerk als einen Höhepunkt des *bürgerlichen* Realismus, einer gesellschaftsorientierten Wirklichkeitsauffassung mithin. Freilich vermag dieser Goethesche Realismus für Mayer trotz allem keinen Zusammenhang zwischen «Kunstschaffen und Lebensform» herzustellen. Das wesentlich ästhetische Zurückgeben der Natur an die Wirklichkeit ist ihm nicht genug.

Es erweist sich also, daß Mayers Literaturkritik geschichtliche Gesellschaftskritik ist. Wenn Lessing und Goethe in der deutschen Literaturentwicklung «folgenlos geblieben» sind (24) – übrigens in dieser Schärfe eine der anfechtbarsten Behauptungen des Buches –, so liegt das nach Mayers eigener Darstellung vornehmlich an den gesellschaftspolitischen Verhältnissen, die er für den mangelhaften Wirklichkeitsgehalt der Dichtung verantwortlich zeichnet. Ein weiteres Mal zeigt es sich, welche zentrale Bedeutung die kritischen Konzepte «Wirkungsgeschichte» und «Nachruhm» in Mayers Literaturwissenschaft innehaben. In der Kritik Mayers geht es immer auch um das Verhältnis der Gesellschaft zur Literatur, – die Aufnahme und Wirkung eines Werkes ist ihm mindestens ebenso wichtig wie der immanente Gehalt einer Dichtung. In diesem Bezug äußert sich für den Dichter, den Literarhistoriker und den kritischen Leser ein geschichtliches und sozialpolitisches Bekenntnis. Problematisch daran wäre höchstens die Tatsache, daß es keineswegs immer leicht ist, hier Ursache und Wirkung deutlich voneinander zu trennen. (Vgl. Max Frischs wiederholten Hinweis auf die Gefahr, eine Literaturgeschichte zu leben.) In vergangenen Zeiten wurden die Dichter als weise Lehrer verehrt; Hans Mayer sieht in ihnen in erster Linie das künstlerisch dargestellte gesellschaftliche Gewissen.

Bereits in diesen Essays übt Mayer schonungslose Kritik am Historismus, hier jedoch noch weniger auf Literarhistoriker als vor allem auf die Autoren selber angewandt. So heißt es beispielsweise über Conrad Ferdinand Meyer, daß ihm «alles Geschehene und Vergangene ... gleich wert und unwichtig» erscheine. Nachdrücklich warnt Mayer: «Der Historismus ist ein schlechtes Auswahlprinzip, eigentlich überhaupt keins.» (29) Entsprechend äußert er sich über den Determinismus Taines, die Statischen Gedichte Gottfried Benns, den Weltinnenraum Rilkes. Das mündet in eine Kritik der Raabe-Gestalt Leonhard Hagebucher, der Brecht-Gestalt Andreas Kragler und der Borchert-Gestalt Beckmann, die alle «die gleiche Wendung zur Innenwelt» vollziehen. (33–34)

Daß es Mayer in seinen Essays nicht allein um einen individuellen Autor geht, zeigt sich auch immer wieder in den Formulierungen grundsätzlicher Einsichten in das Wesen literarischer Gattungen. Mayer entwickelt eine Sozialpoetik, in der das Verhältnis zwischen Gesellschaft und Schriftsteller determinierend in den Vordergrund tritt. «Drama und Roman», schreibt er beispielsweise, «verlangen zu ihrer Entfaltung eine im wesentlichen ausgebildete Sozialstruktur mit fest umrissenen Gesellschaftstypen, mit genauer Kenntnis sozialer Regeln und Ausnahmen, der Abgrenzungen vor allem zwischen individueller und überindividueller Sphäre.» (38) Daran scheint die Tatsache, daß dieser Satz einer Studie über Johann Gottfried Schnabels Romane entnommen wurde, von kaum ausschlaggebender Bedeutung. Mayer geht unmißverständlich von der gesellschaftshistorischen Wirklichkeit aus, die für ihn das Wesen der Dichtung entscheidend bestimmt, und führt die Literatur ausnahmslos zu dieser sozialgeschichtlichen Realität zurück. Dieses historische Abhängigkeitsverhältnis wird zum eigentlichen Kern seiner Poetik. Wenn er sie auf Schnabels «geschichtlichen Augenblick» anwendet, kann er infolgedessen interpretieren: «In einer Gesellschaftsstruktur solcher Art ... kann der realistische Roman nicht recht gedeihen. Die Wirklichkeit gewährt ihm nicht genügend Anschauungsmaterial.» (39) Jeder historische Widerspruch der Poetik läßt auf eine sozialgeschichtlich widersprüchige Wirklichkeitsauffassung schließen. Die Problematik einer gesellschaftshistorischen Umdeutung der Poetik veranschaulicht Mayer besonders deutlich an der Entwicklung des deutschen Romans. Er hebt hervor, «daß weit ins 18. Jahrhundert hinein der Begriff des Romans und des Romanhaften im unrealistischen Verstande von ‹romanesque› aufgefaßt wird. Darum auch konnte es am Ausgang dieses Jahrhunderts den Friedrich Schlegel

und Novalis so leicht werden, ihren Begriff des ‹Romantischen›
mit dem Traditionsbegriff des Romanhaften zu verbinden ...» (40).
In Frankreich und England dagegen hatte der «bürgerliche
Romantyp» solche Elemente des «Romanesken» längst abge-
streift. Hier wird der Begriff «Realität» mit einer spezifischen
Gesellschaftsform identifiziert. Dabei zeigt sich wieder, daß
Mayers Poetik ein gesellschaftspolitisches Postulat in sich birgt.

An Mayers Abhandlung über die Romane Johann Gottfried
Schnabels fällt auf, wieviel Raum dem «Nachruhm» und der «Wirkungsgeschichte» dieser Literatur gegeben wird. (44–58) Darin
kennzeichnet sich ein weiteres Mal die gesellschaftsbezogene Literaturgeschichte Hans Mayers. Auf solche Weise spricht der Kritiker nicht nur über das Werk einer bestimmten Periode, sondern
stets über den historischen Bezug dieser Dichtung zur politischen
und literarischen Gegenwart. Indem Mayer beispielsweise über
Tiecks Aufnahme der *Insel Felsenburg* berichtet, spricht er zugleich über die Haltung der Romantik nicht allein zu diesem
Roman, sondern zur Poetik des Romans schlechthin. Solche zu-
sammenhängenden Bezüge ermöglichen es ihm denn auch, stilistische Verbindungen mit modernen deutschen Romanen zu
knüpfen. Wo sich Mayer zunächst nur in konkretem Bezug über
die *Insel Felsenburg* zu äußern scheint, führt das unmittelbar in
die literarische Gegenwart. «Der Roman beginnt mit dem Tode
des eigentlichen Erzählers», bemerkt er und benutzt diese Feststellung, um eine skizzenhaft pointierte Geschichte eines solchen
gattungsbeschränkten Kompositionsprinzips folgen zu lassen:
«einem Motiv also, das, zusammen mit der Figur des ‹Herausge-
bers› hinterlassener Schriften, später aus der Romantechnik Jean
Pauls, der Romantiker, Hauffs, Immermanns nicht mehr wegzudenken ist – und seine Auswirkungen in gewissem Sinne selbst
noch im kompositorischen Aufbau des *Glasperlenspiels* und des
Doktor Faustus besitzt.» (60–61) So schafft und erhält Mayer sich
auch in seinen Einzelstudien eine historisch gegenwartsbezogene
Perspektive. Seine geschichtliche Kritik wächst aus einer bewußten
Stellungnahme zu aktuellen Zeitproblemen, aus der Verantwortung der eigenen Zeit, der eigenen Gesellschaft gegenüber.

Mayers Literaturgeschichte hat mit den Idealen des Historismus
nichts gemein. Er ist in dieser Hinsicht durchaus «engagiert». Seine
Poetik erweist sich als unmittelbarer Ausdruck einer gesellschaftspolitisch orientierten Geschichtsästhetik. Mayer lehnt eine unhi-

storisch werkimmanente Interpretation der Dichtung kategorisch ab. Seine Literaturtheorie bezieht sich nicht auf eine Kunst, die sich selbst genügt. Sie setzt sich ausschließlich mit einer Literatur auseinander, die in einem historisch konkreten Verhältnis zur gesellschaftlichen Wirklichkeit steht. So muß die umfassendere Bedeutung der folgenden Erklärung aus Mayers Schnabel-Studie verstanden werden: «Allein es gibt eine Fiktion mit dem Charakter der Wirklichkeitstreue – und eine andere, die offensichtlich einer gründlich davon verschiedenen literarischen Tradition angehört.» (64) Hierin liegen Größe und Grenze der Mayerschen Literaturgeschichte: ihre Wirklichkeitsinterpretation bleibt ausschließlich sozial orientiert. Eine «existentielle Kunst», die – wie das Leben – «ist» und deren Wesen mehr zu umfassen vermag als die Wiedergabe einer gesellschaftspolitischen Wirklichkeit, kann und will Mayer nicht zugeben. Sowohl das natürliche Leben als auch die literarische Schöpfung bedarf der wissenschaftlichen Interpretation. Nur wäre es möglich, daß die Sinndeutung des Lebens und der Kunst gleichermaßen eingeengt wird, wenn man sich dabei auf das Gesellschaftliche beschränkt. So gerechtfertigt Mayers Kritik an der geistesgeschichtlichen Methode der Literaturwissenschaft von seinem Standpunkt aus erscheint, so symptomatisch bleibt doch die Abkehr vom geistigen Gehalt der Dichtung, in dem sich nicht unmittelbar sozialhistorische «Wirklichkeiten» offenbaren. Fritz Strich betont dagegen seinerseits etwas einseitig den sogenannten «Ewigkeitswert» jenes Geistes, der sich in der Kunst entfaltet. Ein späterer Vergleich von Hans Mayers Sammlung *Zur Deutschen Klassik und Romantik* und Fritz Strichs Studie *Deutsche Klassik und Romantik* wird uns Gelegenheit geben, auf die Einseitigkeit einer bloß sozialkritischen oder nur geistesgeschichtlichen Methode ausführlicher einzugehen.

Bezeichnend bleibt, daß Mayer in Schnabels *Insel Felsenburg* «bis in die Gesamtkomposition hinein eine höchst interessante Widerspiegelung der gesellschaftlichen Übergangsverhältnisse in Deutschland – und nicht zuletzt jener Stolberger Umwelt des Romanschreibers» erkennt. (65) Nicht minder bezeichnend scheint die Wahl der Autoren und ihrer Werke, die Mayer in seinem Essayband untersucht. So behandelt er Schillers Vorreden zu den *Räubern*, den «Aufklärer und Plebejer» Ulrich Bräker und die «Ausnahme Heinrich Heine», um eine künstlerische Verwirklichung des sozialen Bewußtseins unter Beweis zu stellen und benutzt Textvorlagen wie Conrad Ferdinand Meyers *Jürg Jenatsch* oder Gerhart Hauptmanns *Märchen*, um eine Flucht vor der gesellschaftspolitischen Realität zu veranschaulichen. Wichtiger als die autobiographischen Elemente in Schnabels Lebensgeschichte des *Wundarztes Kramer* ist für Hans Mayer «der kulturhistorische Gesamthintergrund». (68) Gemeint sind wiederum die gesellschaftlichen Verhältnisse. Kulturgeschichte und Sozialkritik bleiben untrennbar miteinander verbunden – auch hier wieder auf Kosten eines Geistes, den Mayer in der Kultur nicht als eigenständig anerkennt. Natürlich kann es nicht darum gehen, Mayers gesellschaftsgeschichtlichen Deutungen zu widersprechen. Vielmehr soll daran erinnert werden, daß sich unter sozialhistorischen Bedingungen etwas entfalten kann, das über seine eigene Existenz verfügt. Eine Blume ist nicht nur Erde. Ein existentieller Geist, dessen unmittelbarster Ausdruck die Kunst selbst ist, wird in Mayers Literaturtheorie nicht berücksichtigt. Auch seine Auffassung von Moral bleibt in Kunst und Leben gesellschaftsorientiert. Über Schnabel erklärt er: «Er nimmt immer zugleich ein Sozialinventar auf und ein moralisches Inventar.» (69) Eine solche Identität deckt sich grundsätzlich mit Mayers eigener Überzeugung.

In dem Aufsatz «Lessing, Mitwelt und Nachwelt» setzt sich Mayer ein weiteres Mal mit dem «Nachruhm» und der «Wirkungsgeschichte» eines Autors auseinander. Er beginnt mit Friedrich Schlegels Würdigung *Über Lessing*, von der Mayer behauptet, sie habe «ungeheuer nachgewirkt». Die Lessing-Deutung Schlegels wird hier in direkter Weise mit dem gegenwärtigen Verständnis Lessings in Verbindung gebracht: «im wesentlichen trug sie dazu bei, das Lessing-Bild des deutschen bürgerlichen 19. Jahrhunderts zu beeinflussen. Schaut man genau hin, so kann man auch heute noch in der modernen Lessing-Literatur gewissen Ausstrahlungen der Schlegel-Konzeption begegnen.» (80) Nun, das wird niemanden verwundern; ging es in dem Schlegel-Aufsatz doch im Grunde um eine Frage der geschichtlichen Ästhetik. Wenn er Lessing nicht als Dichter vollauf zu akzeptieren geneigt ist, so haben wir es dabei mit einem Versuch zu tun, die Frage «Was ist Dichtung?» aus romantischer Bewußtseinserfahrung zu beantworten. Jede Ästhetik ist eine historische Vergegenwärtigung des Geistes und bleibt somit stets historisch-geistige Selbstdarstellung. Ein auf sie gebautes kritisches Urteil wird deshalb zwangsläufig geschichtsbezogen bleiben. Da sich aber die Geschichte als ein zusammenhängender

Prozeß entfaltet, bewahrt sie eine geistige Kontinuität, die wir gewöhnlich als «Tradition» bezeichnen. Die Geschichte der Ästhetik und die Literaturgeschichte sind da keine Ausnahmen. So wie Mayer konkret-beispielhaft auf die Verbindung eines Günter Grass mit Jean Paul aufmerksam macht, so herrscht in der «traditionellen» Ästhetik eine kontinuierliche Auseinandersetzung mit dem Wesen der Literatur. Das macht sich selbst an einer so «revolutionären» Literaturtheorie wie derjenigen Bertolt Brechts deutlich. Auch Brecht gehört einer spezifisch deutschen Tradition der Literaturgeschichte an. Hans Mayer hat sich mit diesem Thema ausführlich in seiner Studie *Bertolt Brecht und die Tradition* beschäftigt. Daß Friedrich Schlegels Lessing-Analyse bis auf den heutigen Tag ihre Nachwirkung auf die Lessing-Forschung ausübt, ist daher von der literarischen Tradition Deutschlands untrennbar. Mayer will jedoch an dieser Tradition selbst korrigieren, weil sich seiner Meinung nach die gesamte geistige Tradition Deutschlands in gesellschaftspolitischer Wirklichkeit als fragwürdig und unverbindlich erwiesen hat. In diesem Sinne ruft er auf, die «Konfrontierung des ‹eigentlichen› Lessing, interpretiert nach seinen eigenen Absichten, und der zahllosen Lessing-Legenden von neuem zu versuchen». (81) Das heißt, Mayer will ein gegenwartsbezogenes Geschichtsbild Lessings.

Die Entfremdung zwischen Lessing und den großen deutschen Dichtern des ausgehenden 18. Jahrhunderts erklärt Mayer bezeichnenderweise wie folgt: «Um was also ging es? *Im Grunde um Lessings Konzeption der Literatur.* Sie war in entscheidenden Dingen anders als diejenige der Stürmer und Dränger, erst recht als der Romantiker...» (85). Wieder einmal sind wir bei der historischen Ästhetik angelangt. In der Konzeption der Literatur spiegelt sich für Mayer nicht zuletzt auch die Haltung zu Staat und Gesellschaft. So schreibt er über Lessing so kennzeichnend: «Er bedeutet etwas qualitativ durchaus Neues in der deutschen Geschichte, nicht bloß in der Literaturgeschichte.» (ebd.) Mayers Ästhetik, die sich direkt oder indirekt in allen seinen Essays widerspiegelt, muß als literaturgeschichtliches Bekenntnis einer gesellschaftlichen Verpflichtung und sozialistischen Wirklichkeitsdeutung aufgefaßt werden. Bei Lessing, hebt Mayer hervor, gibt es keine «dichterische Selbstaussage». Darin liege der Hauptgrund, warum «Lessings Literaturauffassung grundverschieden ist von jener der Stürmer und Dränger, der Klassiker wie der Romantiker.» (90)

Mayer findet es symptomatisch, daß in der deutschen Literatur des 19. Jahrhunderts «der große, naturgemäß über den Erlebnischarakter hinausstrebende Gesellschaftsroman» fehlt. «Und», fügt er hinzu, «es fehlt das glückhafte deutsche gesellschaftskritische Lustspiel. Diese beiden Gattungen nämlich, so will es uns scheinen, sind nur erreichbar einer Literaturauffassung, der es nicht vor allem anderen um dichterische Selbstaussage geht, sondern um talentvolles, handwerklich meisterhaftes Weiterwirken am Werk der Überlieferung. In dieser Weise aber verstand Lessing die Dichtung und Literatur...» (91) Hier wird ganz deutlich, daß Mayer an den Grundfesten der deutschliterarischen Tradition rüttelt. «Meisterhaftes Weiterwirken am Werk der Überlieferung»: so definiert Mayer literaturgeschichtliche Tradition. Für ihn ist Tradition per definitionem mit gesellschaftlichem Bewußtsein untrennbar verbunden. Kein Zufall auch, daß in dieser Definition das *Wirken* der Literatur in den Vordergrund gestellt wird. Von hier aus wird Literaturgeschichte Wirkungsgeschichte des dichterischen Kunstwerkes.

So erwartet man die Erklärung der besonderen Stellung Lessings in der deutschen Literatur, die für Mayer «vor Mitwelt und Nachwelt eng zusammenhängt mit der gesellschaftlichen Funktion derjenigen sozialen Schicht, die Lessing im höchsten Maße als Mensch, Bildner und Denker repräsentiert hat: des deutschen Bürgertums». (93) Terminologisch verallgemeinernd mag die Behauptung anmuten, daß es bei der Lessingschen Dramaturgie «um das *Gesamtthema* der deutschen Aufklärung und ihrer gesellschaftlichen Grundlagen» ging. (ebd.) Mayer zeigt eine Schwäche für Komposita, die in großen charakteristischen Zügen ein umfassendes literarisches Phänomen kennzeichnen sollen. So bezog er sich schon vordem auf «den Gesamtbereich von Lessings literarischer Tätigkeit» und «die Gesamtbewertung Lessings». (80) Auch in seinem Aufsatz «Fragen der Romantikforschung» spricht Mayer immer wieder von der «Gesamtdarstellung» (266) oder vom «künstlerischen Gesamtphänomen» (267), was schließlich in der Auseinandersetzung mit der Wagnerschen Ästhetik eines «Gesamtkunstwerkes» zur Deutung einer spezifisch übernommenen Terminologie führt. Mayers Romantik-Studien finden in drei Aufsätzen über die Musikdramen Richard Wagners ihren Höhepunkt und Abschluß. Unter dem Titel «Richard Wagner und der Ausklang der deutschen Romantik» faßt er seine Versuche zusam-

men, die im Romantikforschung-Aufsatz entwickelten ästhetischen Konzepte, insbesondere die Gegenüberstellung einer «natürlichen Poesie» und einer «Poesie der künstlichen Paradiese»[3],
auch auf die romantische Musik anzuwenden. So finden wir auch
dort immer wieder Hinweise auf eine «Gesamthandlung» oder
eine «musikalische Gesamtdarstellung». (330) Eine perspektivische Literaturgeschichte muß sich solcher Begriffe bedienen, weil
Mayer nicht nur Einsicht, sondern in erster Linie Übersicht auf
dem Gebiet der deutschen Literatur vermitteln möchte. Wer eine
geschichtliche Dichtung oder Ästhetik als gesellschaftliches
«Gesamtthema» betrachtet, tut das natürlich immer auf Kosten
einer konkret-ausführlicheren Einzelinterpretation. Mayer setzt
eine solche detaillierte Kenntnis bei seinem Leser voraus. Dadurch
erschwert er allerdings jede ausführliche, eingehende Diskussion
seiner historisch-kritischen Übersicht.

Bestechend bleibt nichtsdestoweniger die literaturtheoretische
Rechtfertigung der Mayerschen Ästhetik. Im Lessing-Aufsatz gelangt sie in der folgenden Erklärung am nachdrücklichsten zum
Ausdruck: «Was Gottsched niemals verstanden hatte, war bei Lessing von vornherein als Hauptaufgabe gestellt: daß die Frage nach
den Vorbildern für ein zu schaffendes deutsches Nationaltheater ...
weit über den Rahmen einer Literaturdebatte hinausreichte. Daß
eine nationale und soziale Auseinandersetzung dabei durchkämpft
werden müsse...». (94) Dem entsprechend glaubt Mayer, daß auch
die eigene Literaturgeschichte «weit über den Rahmen einer Literaturdebatte hinausreicht», so daß Thema und ästhetisch-kritisches Anliegen seines Aufsatzes über Lessing einander entsprechen.

Es liegt nicht in der Absicht unserer vergleichenden Betrachtung
zeitgenössischer deutscher Literaturtheorie, eine erschöpfende
Untersuchung einzelner Werke oder Kapitel durchzuführen. Es
geht uns im wesentlichen darum, das Hauptgedankengut eines
Literarhistorikers vor Augen zu führen, die besondere Behand-
lungsweise seiner Themen zu veranschaulichen und die charakteristischen Züge seiner Literaturtheorie zu kennzeichnen. Aus diesem Grunde beschränken wir uns im folgenden auf Ausführungen
und Darlegungen Mayers, die in seinem kritischen Werk von zentraler Bedeutung sind.

Ganz bezeichnend und im Einklang mit dem allumfassenden
Thema des Buches ist Mayers Charakterisierung Ulrich Bräkers,

den er einen «genauen und überaus sorgsam beobachtenden Kenner der Wirklichkeit» nennt. (110) Auch hier herrscht kein Zweifel darüber, daß damit eine gesellschaftspolitische Realität gemeint ist. Daraus ergibt sich Mayers bewertende Zusammenfassung, die sich ausschließlich mit Bräkers sozialkritischem Beitrag zur deutschen Literatur beschäftigt: «Die gewaltige gesellschaftskritische Bedeutung, und damit überhaupt Bräkers einzigartige Stellung in der deutschen Literatur», schreibt Mayer, «entspringt nicht seinem subjektiven Wollen, sondern der Unerbittlichkeit und Unbestechlichkeit seiner *realistischen* Lebensbeschreibungen und Zustandsschilderungen.» (Unsere Betonung, 115) Er sieht in Ulrich Bräker einen «bedeutenden Realist» (128), desen «Schärfe der Beobachtung» seine Schriften «zu einem der wichtigsten poetischen und kulturhistorischen Dokumente der damaligen Zeit» werden ließ. (129) Mayer zeigt, daß auch Shakespeare für Bräker kein Kunsterlebnis, «sondern ein Wirklichkeitserlebnis» wurde. (130) Leider geht Mayer an dieser so wichtigen Gegenüberstellung zweier Wirklichkeitsdefinitionen achtlos vorbei, was um so bedauerlicher ist, als der Begriff der literarischen Realität das eigentliche Thema seiner Sammlung ist. Er beschränkt sich darauf, auch das Shakespearebüchlein des Armen Mannes im Tockenburg als eine «kulturhistorisch wichtige Arbeit» hinzustellen. Noch eigenartiger mutet es an, wenn Mayer seine Abhandlung damit beendet, daß er «das Porträt des Armen Mannes im Tockenburg» an einem «Ehrenplatz im Bildersaal» aufstellen möchte.

Eines der wichtigsten Kapitel dieser Essaysammlung ist ohne Frage der Aufsatz «Schillers Vorreden zu den *Räubern.*» Die Studie beginnt mit einer erneuten Infragestellung des Historismus, insbesondere in seiner literaturgeschichtlichen Anwendung. Diese Auseinandersetzung, die sich leitmotivartig durch das gesamte kritische Werk Mayers hindurchzieht, führt unmittelbar zur Besinnung auf das eigene Anliegen. Die Ausführungen sind von einer so fundamentalen Bedeutung für das Verständnis der Mayerschen Literaturgeschichte, daß wir ihren Gedankengang hier ungekürzt wiedergeben. «Bekanntlich entsteht dort gerade der Historismus», beginnt Mayer; «wo es an einer *wirklichen* Geschichtsdeutung fehlt. Historismus: das sind die Teile in der Hand. Ohne die Bemühung aber, den Geschichtsablauf als einen gesetzlichen zu verstehen, kann auch der Literaturhistoriker nicht auskommen: denn immer wieder stößt er in seiner Sphäre auf die Beziehungen zum materiellen Seinsbereich.» (135) An dieser Erklärung fällt sofort der Hinweis auf eine «wirkliche» Geschichtsdeutung auf, freilich ohne daß auch hier näher auf eine Wirklichkeitsdeutung eingegangen wird. Nicht minder charakteristisch erweist sich Mayers Vorwurf, der Historismus könne nur «Teil»wissen vermitteln. In seiner Literaturtheorie geht es ja gerade um eine perspektivische Übersicht, um eine gegenwartsbezogene literarische Gesellschaftsgeschichte. Für Mayer ist die Literaturgeschichte «Bestandteil, höchst selbständiger und in vielem eigengesetzlicher Bestandteil der Geschichtswissenschaft». Aus diesem Grunde fühlt sich Mayer auch verpflichtet, den Historismus als Literarhistoriker immer wieder anzugreifen. Denn für Mayer muß der Historiker «nicht nur fragen, ‹wie es eigentlich gewesen ist›, er muß auch deuten und werten». Damit stellt er eine deutliche Verbindung zwischen Geschichts- und Literaturwissenschaft her. Programmatisch wendet er sich gegen eine «verwirrende Quantität literaturhistorischer Fakten, ohne daß dabei das Spezifische der literarischen Gestalten und Werke sichtbar würde». (ebd.) Seinen eigenen Arbeiten nach zu urteilen, meint Mayer damit offensichtlich das *historisch* Spezifische der Dichtung und ihres Autors. Aus diesem Grunde wendet er sich nachdrücklich gegen eine sogenannte Dichtungswissenschaft, weil auch sie die geschichtliche Perspektive verliert. Mayer spricht diesbezüglich von einer «bedenklichen Verengung des eigentlichen Forschungsbereichs». (136) Mit seinem Schiller-Aufsatz leistet Mayer das, was er in seinem späteren Band *Zur Deutschen Klassik und Romantik* für die gesamte Romantikforschung unternimmt: er schreibt die Wirkungsgeschichte einer besonderen Dichtungsform. Wie in seiner späteren Studie gelingt es ihm bereits hier, das unmittelbare Abhängigkeitsverhältnis zwischen historischer Einsicht und kritischer Wertung zu veranschaulichen. Das ist die eigentliche These seines forschungsgeschichtlichen Berichtes. Sie bleibt untrennbar mit einer aktuellen, lebendigen und gegenwartsbezogenen Geschichtsauffassung verbunden.

In seiner Schiller-Studie erklärt Mayer ausdrücklich: «Betrachtet man ... ‹Klassik› nicht bloß als einen historischen, sondern auch als einen normativen Begriff ..., so wird man genötigt sein, die geschichtlich entstandenen und formulierten ästhetischen Kategorien ... nicht bloß nach ihrer historischen Aussagekraft zu befragen, sondern auch nach ihrer allgemeiner gehaltenen, um nicht zu sagen überhistorischen Gesetzeskraft.» (137) In dem historisch entfalteten Kunst- und Wirklichkeitsbegriff wirkt auch für Mayer eine zeitlose Norm. Darin inbegriffen liegt aber zugleich die Überzeugung, daß sich dem Menschen die Wahrheit überhaupt nur geschichtlich erfassen läßt. Ob sich mit einer solchen Theorie das Wesen der Dichtung erschöpfen läßt, muß allerdings fraglich bleiben. In einer Hinsicht zumindest scheint die Kunst selbst unmittelbarster Ausdruck eines existentiellen Geistes, nicht bloß historische Widerspiegelung eines begrenzten Zeitgeistes. Der australische Lyriker James McAuley schreibt in seinem Gedicht *Against the Dark:*

> For what we are can only be imagined;
> The story never lies.

Dieses «überhistorisch» gesetzmäßige Sichwiederfinden in einer dichterischen Identität sieht Mayer etwas anders. Für ihn bleibt auch die normative Einbildungskraft historisch orientiert. Damit aber reduziert er Phantasie und Dichtung zum zeitgebundenen Ausdruck eines Hegelschen Weltgeistes. Daß das sprachliche Kunstwerk mit diesem Geist wesenseins sein könnte, weigert sich Mayer zuzugeben. Ganz bezeichnend werden Schillers Vorreden zu den *Räubern* als Veranschaulichung der «Beziehung von Kunstwahrheit und Lebenswahrheit» behandelt. (144) Damit steht auch diese Studie unter dem zentralen Thema des Buches: der literaturhistorischen Untersuchung des deutschen Wirklichkeitsbegriffes.

Über die endgültige Fassung der Vorrede erklärt Mayer: «Auf die Naturwahrheit des Geschehens kommt ... alles an ... Schiller verbindet sogleich die ästhetische mit der ethischen Aufgabenstellung. Naturwahrheit auf der Bühne kann nur durch gemischte Charaktere erzielt werden, da man auch im Leben wohl kaum anderen als Mischungen aus Gut und Böse begegne.» (147) Hier bezieht sich Mayer also auf eine ästhetisch-ethische Wirklichkeitstreue. Wenn er dem Historismus vorwirft, keiner «wirklichen Geschichtsdeutung» fähig zu sein (vgl. 135), so ist das im Zusammenhang seiner Literaturgeschichte sicherlich auch als ethischer Vorwurf zu deuten. So wie Schiller vom Ästhetischen her begründen kann, warum eine wirklichkeitsgetreue Darstellung «auch im Interesse sittlicher Wirkung notwendig sei» (151), so kann sich Mayer in seiner Kritik eine moralische Wirkung seines literar-historischen Realitätsbegriffes erhoffen. Mayer sieht einen inneren

Zusammenhang zwischen den beiden Grundüberzeugungen Schillers: der «ästhetischen Unergiebigkeit der Schwarzweißmalerei» und der «Notwendigkeit der Lebenswahrheit». (152–153) So kann Mayer bedingungslos erklären: «Der ästhetische Realismus des jungen Schiller ist ... über allen Zweifel erhaben.» (153) Auf seine eigene Literaturgeschichte angewandt, wird man dementsprechend sagen dürfen: der kritisch-historische Realismus Hans Mayers ist über allen (moralischen) Zweifel erhaben.

Friedrich Schlegel sah die Kritik bekanntlich als höhere Einheit aus Philosophie und Geschichte. Da Mayer sich, wie bereits hervorgehoben, auf eine philosophische Definition seines Realitätsbegriffes nicht einlassen will, nimmt bei ihm die gesellschaftspolitische Wirklichkeit die Position der Schlegelschen Philosophie ein. Kritik bedeutet Mayer historische Wahrheit. Allein die Kenntnis der geschichtlichen Wirklichkeit ermöglicht uns das Verstehen einer zeitorientierten ästhetischen Realität. In der Kunst manifestiert sich die geistige Wirklichkeit eines gesellschaftlichen Zeitalters. Es gehört zur Größe dieses Kritikers und Literaturhistorikers, daß er eine eigenständige Tradition solcher Realitätsgestaltung nachweist. So erkennt er beispielsweise in Georg Büchners Brief vom 28. Juli 1835 an die Eltern eine ganz entsprechende Darstellung des Verhältnisses von «Lebenswahrheit und Geschichtswahrheit», die Mayer als «ein Bekenntnis zur realistischen Literatur» bezeichnet, «das sich, bis in die Wortprägung hinein, schon in Schillers *Räuber*-Vorrede fand». (ebd.) So kann es denn auch kaum verwundern, daß für Mayer solche «geistigen Querverbindungen ... weit mehr offenbaren als eine bloß geistesgeschichtliche Verwandtschaft». (153) Stattdessen will er in dem Bezugsverhältnis zwischen Lebenswahrheit und Geschichtswahrheit einen Wirklichkeitsbegriff wiedererkennen, dessen «ästhetische Gesetzlichkeit» und ethische Verbindlichkeit er zum eigentlichen Gegenstand der deutschen Literaturgeschichte erhebt. Es ist also vor allem der «reale Schiller» (153), den Mayer in seiner Studie behandelt. Der junge Schiller entfaltet in seinen *Vorreden* eine wirklichkeitsbezogene Ästhetik, die im wesentlichen sozial orientiert ist. Sie dienen Hans Mayer als traditioneller Beleg einer Kunstanschauung des sozialen Realismus. Daß Mayers literaturgeschichtlicher Realitätsbegriff keine absoluten Werte relativiert, veranschaulicht seine Auseinandersetzung mit Goethe und Hegel.

Die beiden wichtigsten Studien der Sammlung sind zweifelsohne die Essays «Goethes Begriff der Realität» und «Goethe und Hegel». Beide Aufsätze bilden einen Höhepunkt im literaturkritischen Schaffen Hans Mayers.

Die erste Abhandlung stützt sich im wesentlichen auf ein Gespräch Goethes mit Eckermann aus dem Jahre 1825, in dessen Verlauf der greise Dichter erklärt: «Es gibt indes wenige Menschen, die eine Phantasie für die Wahrheit des Realen besitzen ...» Mayer fasziniert daran die offensichtliche Dialektik des Verhältnisses zwischen Phantasie, Realität und Wahrheit. Er notiert: «Es gibt also das Reale – und es gibt die ‹Wahrheit des Realen› für Goethe. Eine Wahrheit zudem, die entdeckt, aufgespürt werden muß, die sich also nicht ohne weiteres erschließt; die vielmehr mit Hilfe von ‹Phantasie› zu entdecken bleibt. Mehr noch: die im Realen und in seiner ‹Wahrheit› bloß von der Einbildungskraft entdeckt werden kann.» (157) Nun bezog sich Goethes Äußerung konkret auf das 1796 entstandene Gedicht *Alexis und Dora*. Mayer möchte aus diesem Grunde andere, etwa gleichzeitig entstandene Werke des Dichters mit in seine Diskussion einschließen. Zunächst versucht er, die Dialektik der Goetheschen Ästhetik auch auf das im Sommer 1795 entstandene *Märchen* anzuwenden. Etwas verkrampft argumentiert Mayer: «Auch hier ... gibt es nicht bloß die Phantasie, sondern auch eine Wahrheit, die der menschlichen Wirklichkeit entnommen wird.» (159) Diese Erklärung stützt sich auf das Vermögen des einfühlsamen Lesers, ohne Forderung genießen *und* das «Sinnbildhafte in der Bilderfülle» aufspüren zu können. Eine solche Fähigkeit setzt Mayer nach wie vor beim Leser voraus, obgleich er unmittelbar zuvor die Unauflösbarkeit der Bildersprache halb spöttisch herablassend, halb kritisch-bedauernd zur Kenntnis genommen hat. «... am Ufer des Flusses, über den sich die Schlange als Brücke wölbte», bemerkt er bissig, «bleichen die Knochen so manches Auslegers ...» (ebd.) Ein solches Eingeständnis erfordert dann aber eine umfassendere Wirklichkeitsdeutung, als Hans Mayer bisher unterbreitet hat. Er sucht sich durch einen Bezug auf Leibniz vorübergehend aus diesem Dilemma zu befreien; allein, worauf es ihm in seinem Realitätsbegriff auch hier ankommt, ist die «unüberhörbare (?) historisch-politische Aussage des Dichters, die nicht zufällig 1795 entstand ...». (160) Mayer will eine höchste Wirklichkeit, die auch die Wahrheit des Realen in sich schließt, mit seinem Konzept einer sozialpolitischen Realität in Einklang bringen. Er impliziert, daß die von der Einbildungskraft entdeckte Wirklichkeit nur eine erneute Widerspiegelung der sozialpolitischen Verhältnisse sein kann. Ungeklärt bleibt einstweilen in seiner Diskussion der genauere Bezug zwischen Wesen und Form einer künstlerisch dargestellten historischen Wirklichkeit.

Stattdessen erweitert Mayer erneut seine Untersuchung, indem er nun auch die ungefähr zu gleicher Zeit entstandenen «Bekenntnisse einer schönen Seele» aus den *Wanderjahren* berücksichtigt. Auch hier sieht Mayer «unsere Begriffstriade ‹Wahrheit, Phantasie und Realität› ... in seltsam veränderter Weise miteinander verknüpft.» (ebd.) Die «schöne Seele» trennt Wahrheit und Phantasie; ihr werden Wahrheit und Realität eins. Das gibt Mayer die Möglichkeit, seine Untersuchung noch einmal nachdrücklich unter das Gesamtthema des Buches zu stellen: er sieht diese Wirklichkeit der Wahrheit hier als «religiöses Erlebnis, dessen Realität nur noch Innenwelt bedeutet, nicht mehr Außenwelt.» (160–161) Auch eine gefühlsmäßig erfahrene Wirklichkeit verfügt über ihre eigene Wahrheit. Mayer sieht in ihr jedoch eine «antithetische Position zu Goethes eigentlichem Begriff der Realität» und erklärt das folgendermaßen: «Im Bereich reiner Innenwelt ist es unmöglich, ‹Phantasie für die Wahrheit des Realen› aufzubringen, da alles Reale zum Gefühlsrealen entartet, da alle objektive Wirklichkeit durch subjektive Aufrichtigkeit ersetzt worden war.» (161) Damit nennt Mayer nun eine nur gefühlsmäßig erlebte und geschaffene Dichtung unwirkliche, «entartete» Kunst. Wieder operiert er mit dem gesellschaftsbezogenen Begriff einer «objektiven Wirklichkeit». Doch Mayers eigentliches Anliegen ist es, Goethes Gefühlsbegriff mit seiner ästhetischen Wirklichkeitsdeutung in Einklang zu bringen. Erwartungsgemäß wird das *Vermächtnis*-Gedicht zitiert:

> Denn edlen Seelen vorzufühlen,
> Ist wünschenswertester Beruf.

Auf den Beleg des in diesem Zusammenhang vielleicht doch komplementären «Vorgefühls» im *Faust* verzichtet Mayer unverständlicherweise.

> Im Vorgefühl von solchem hohen Glück
> Genieß ich jetzt den höchsten Augenblick.

Die zentrale Bedeutung, die der «erfüllte Augenblick» in Goethes Ästhetik besitzt, braucht an dieser Stelle nicht noch einmal besonders hervorgehoben werden. Dabei scheint jedoch bislang viel zu wenig beachtet worden zu sein, daß der «erfüllte», der «höchste» Augenblick nicht nur superlativ anderen, «edlen Seelen» vorgefühlt wird, sondern dem gefühlsmäßig Erfahrenden selber das «Vorgefühl» eines «hohen Glückes» vermittelt. Erst aus einer solchen Einsicht jedoch wird Hans Mayers Interpretation recht verständlich. «Gefühl», erklärt er, «... ist für Goethe der umfassendere Begriff; ‹Gefühl› haben für die ‹Wahrheit des Realen› – so scheint mir Goethes Grundanschauung noch treffender gefaßt zu sein als durch das Wort ‹Phantasie›, das nur einen Teilbereich des Gesamtbereichs ‹Gefühl› zu beherrschen vermag. Gefühl, Wahrheit, Wirklichkeit: aus ihrer Zusammenordnung erwächst Goethes ‹Begriff der Realität›, den man wohl besser als ‹Anschauen› der Realität bezeichnen würde.» (162–163)

Das Faszinierende an dieser Studie ist der offensichtliche Einfluß, den Goethes Ästhetik auf Mayers eigene Kunstanschauung ausübt. Wir werden noch ausführlicher Gelegenheit haben, auf die geradezu formelhafte Bedeutung der Mayerschen Wendung «geschichtlicher Augenblick der Selbstdarstellung» einzugehen. Bereits in der Hervorhebung eines sinnerfüllten «Augenblicks» entspricht die Mayersche Literaturtheorie weitgehend der Goetheschen Ästhetik. Und es ist keineswegs zufällig, daß Mayer seinen Bezug auf das Weihnachtsgespräch aus dem Jahre 1825 mit Eckermann wie folgt ergänzt: «Das Gedicht *Alexis und Dora* – man erinnert sich – schildert (aus der Rückschau des Liebenden) einen erfüllten Augenblick ...». (155) Zumindest teilweise ließe sich an dieser Bemerkung Hans Mayers eigene Theorie der Literaturgeschichte ablesen. Doch scheinbar herrscht ein entscheidender Unterschied zwischen seiner und der Goetheschen Kunstanschauung: ihm geht es um die Dialektik von Geschichte, Augenblick und Selbstdarstellung, Goethe um das dialektische Verhältnis von Phantasie, Wahrheit und Realität. Mayers leitet seinen Wirklichkeitsbegriff erst aus solcher Gegenüberstellung ab. Bei Goethe ist die Realität gegeben und selber Teil einer dialektischen Ästhetik; bei Mayer wird die eigene Theorie der Kunstanschauung zur Wirklichkeit erhoben. Diese Methode offenbart sich selbst dort, wo Mayer Goethes Wirklichkeitserfahrung «im individuellen wie im geschichtlichen Werden» darzustellen sucht. (163) Auch in solcher Absicht spiegelt sich die eigene ästhetische Grundformel eines «geschichtlichen Augenblicks der Selbstdarstellung» dynamisch wider.

Kein Wunder also, daß Mayer Goethes Wirklichkeitsanschauung historisiert und sozialisiert. Über den Stürmer und Dränger schreibt er: «Der Realitätsbegriff des jungen Goethe ist ... vom Begriff des Selbsthelfertums nicht zu trennen.» (167) Und über die neue Daseinserfahrung in Italien heißt es: «Die neue Seinserfahrung verband sich sogleich und eng mit gesellschaftlicher Erfahrung. Schon das Erlebnis selbst ließ sich vom Gesellschaftlichen nicht lösen ...». (179) Dieser gesellschaftsbezogene Wirklichkeitsbegriff drückt sich bei Goethe jedoch symbolisch aus. Die «Wahrheit des Realen» ist in der Kunst «wesensgleich mit dem *Symbolcharakter* des höchsten Kunstwerks». (172) Auf solche Weise interpretiert Mayer Goethes Auffassung und Gestaltung des Sinnbildes als künstlerisch wahrheitsgetreue Wirklichkeit. Daß dabei jedem Hinweis auf die Idee aus dem Wege gegangen wird (immerhin das ästhetische Konzept, das die kunst- und weltanschaulichen Diskussionen Goethes und Schillers zum Ausbruch brachte), beeinflußt zweifellos Hans Mayers vereinfachende Deutung der klassischen Ästhetik. Die Kunst «muß im Realen, nämlich dem Geschichtlich-Konkreten, das Überzeitliche, für Goethe: das Humane sichtbar machen». Diese auf Goethes Darlegung des urphänomenalen Symbolcharakters der Kunst beruhende Einsicht läßt Mayer erklären: «So will es von nun an der Realitätsbegriff der deutschen Klassik.» (ebd.) Daß die antithetische Wirklichkeitsauffassung Schillers ein ebenso wichtiger Bestandteil der klassischen Ästhetik darstellt, fällt hierbei nicht ins Gewicht. Denn worum es Mayer im Grunde geht, ist die «überzeitliche Wahrheit des Realen» als historisch verpflichtendes Menschenbild.

Im Bekenntnis zum «Humanen» treffen sich die scheinbar widersprüchigen Realitätsbegriffe Schillerscher und Goethescher Kunsttheorie. Um es noch einmal zu wiederholen: auf eine abstrakt philosophische Definition des Realen läßt sich Mayer nicht ein. In solchem Sinne ist dann nicht etwa nur die *Iphigenie* «verteufelt human», sondern der Symbolcharakter der Kunst wird überhaupt zu einer menschlich-sozialen Verpflichtung. Ganz eindeutig sieht Mayer die dichterische Berufung als Bekenntnis, Bewahrung und Gestaltung menschlicher Werte. Von hier aus gesehen erfährt auch sein kunsttheoretischer Begriff der «Selbstdarstellung» vertiefte Bedeutung. Die dialektischen Komponenten seiner ästhetischen Grundformel, «Geschichte» und «Augenblick», entsprechen letztlich dem «dialektischen Charakter» der Goetheschen «Wirklichkeitsauffassung». (176) Fausts «erfüllter Augenblick» ist die wahre Realität seiner menschlichen Erfüllung. Ihr messen sowohl Goethe als auch Mayer Ewigkeitswert zu. «Ewigkeit bietet», schreibt Hans Mayer, «nur der erfüllte Augenblick, der mehr als bloßes Reales enthält, indem er die Grundstruktur der Welt, die ‹Wahrheit des Realen›, im Moment des Vergehens offenbart.» (177) Auch Mayer kennt diesen «geschichtlichen Augenblick», die Erfüllung im «Moment des Vergehens». Die Darstellung des eigenen Selbst muß eine menschlich, mithin sozial bezogene Bewußtseinsrealität zum Ausdruck bringen. Die Dichtung ist nicht nur individuell ein «geschichtlicher Augenblick der Selbstdarstellung».

In durchaus Hegelschem Sinne deutet Mayer die Literatur als eine «Folge von konsequenten Augenblicken», als höchste Erfahrung einer «Wahrheit des Realen», wie sie Goethe bekanntlich dem Musiker zugestanden hat. Daß wir uns dabei immer mehr des Goetheschen Vokabulars bedienen, gleichzeitig aber die Beziehung zu Hegel in den Vordergrund stellen, deutet bereits unmißverständlich auf das klassische Erbe der Mayerschen Literaturgeschichte. Es wäre allzu billig zu sagen, Mayer habe das Wesen der Literatur von Goethe, das Wesen der Geschichte aber von Hegel gelernt. Denn in seiner anderen großen Studie zeigt Mayer die wesensmäßige Verwandtschaft der beiden geistigen Ahnen. Auch der Aufsatz «Goethe und Hegel» muß als ästhetisch-kritisches Bekenntnis verstanden werden, auch dieser Beitrag Hans Mayers ist ein «geschichtlicher Augenblick der Selbstdarstellung».

Die vorliegende Arbeit möchte versuchen, das lebendige Wirken Goethes und Hegels in der zeitgenössischen deutschen Literaturgeschichte und -kritik zumindest anzudeuten. Bei den hier berücksichtigten hervorragendsten Vertretern moderner deutscher Literaturtheorie ist das geistige Erbe Goethes und Hegels einfach nicht wegzudenken. Akzente verschieben sich, Interpretationen widersprechen sich, Wertmaßstäbe unterscheiden sich: die lebendige Tradition der klassischen Ästhetik aber bleibt allgegenwärtig. Nirgends wird das Gleichgewicht zwischen Goethe und Hegel so harmonisch aufrechterhalten wie in der Literaturtheorie Hans Mayers[4]. Daran kann auch seine allenfalls zu gesellschaftsbetonte

Kunstanschauung wenig ändern. (Mayer betont den «gesellschaftlichen», den «deutschen Zwiespalt in Goethes Begriff der Realität» und zieht – im Gefolge Georg Lukács' – direkte Verbindungen
vom *Wilhelm Meister* zu «gewissen Gedanken des utopischen
Sozialismus». –179) Seine Studie endet aber in einer geschlossenen «Einheit aus Goethe und Hegel», in ihnen erkennt er «Philosophie und Dichtung auf der höchsten Stufe der Wirklichkeitsord-
nung.» (ebd.) In seiner eigenen Literaturtheorie jedoch erhebt
er den Goetheschen «Augenblick» und die Hegelsche
«Geschichte» in eine neue dialektische Grundformel: «der historische Augenblick der Selbstdarstellung» umfaßt Dichtung,
Geschichtsphilosophie (daher Mayers regelmäßigen Angriffe auf
den Historismus!) und Kritik.

In seinem kennzeichnenden Aufsatz, «Goethe und Hegel», wird
das Thema selbst zur literaturgeschichtlichen Methode. Obgleich
diese Studie über dreizehn Jahre früher entstanden ist, knüpft sie
in ihrer jetzigen Form und Stellung unmittelbar an den vorangegangenen Essay «Goethes Begriff der Realität» an. Wieder bezieht
sich Mayer auf Goethes Abschiedsbrief an Zelter, erneut nimmt
die Analyse ihren Ausgang von der Goetheschen Ästhetik einer
Dauer im Wechsel, einer Ewigkeit des erfüllten Augenblicks.
«Höchst tiefsinnig und überraschend», bemerkt Mayer, «ist solche
Weltanschauung Goethes ... mit einer *Deutung der Musik* und der
Hegelschen Philosophie verknüpft.» (181) Dem greisen Goethe
ist die Dichtung zur Erinnerung geworden. Er scheint nicht länger
vorzufühlen, sondern nachzuempfinden. Damit ist Goethe gleichsam zum Kritiker geworden, jedenfalls aber dem Interpreten und
Literaturhistoriker wesensverwandt. Mayer sieht das nicht. Um
so aufschlußreicher wirkt seine Erklärung: «Allein der schöpferische Dichter vermag alle Erinnerung seines eigenen Lebens, dazu
alles Empfinden seiner Mitmenschen, zu aktualisieren, als Sonder-
fall eines Menschen, der auszusagen weiß, was er erlebte, der
Erlebnis und Einnerung zur stellvertretenden Schöpfung zu machen vermag.» (ebd.) Hier wird die Erinnerung dem Akt der
künstlerischen Gestaltung an die Seite gestellt: die literarhistorische Erinnerung wird zur «stellvertretenden Schöpfung». Sie ist
damit aber nicht im herkömmlich poetischen Sinne stellvertre-
tende, nachgeahmte Natur, sondern repräsentativer Ausdruck
menschlicher Realität. Auch hier bezieht sich Mayer deutlich auf
eine soziale Wirklichkeit. Dem Musikfreund gesteht Goethe

«höchste Erfüllung oder Durchführung des Augenblicks» zu. (182) Der in die Vergangenheit versunkene Dichter vermag auf seine Weise, «sich selbst historisch zu werden». Was aber heißt diese Goethesche Wendung? Sie bedeutet, den geschichtlichen Augenblick der Selbstdarstellung *noch einmal* zu erfüllen und er-fühlen. Womit die Realität des Gestalteten unter Beweis gestellt wird. Es zeigt sich aber zugleich, daß der Leser, Kritiker und Lite-raturhistoriker gleichfalls eine «Phantasie für die Wahrheit des Realen» besitzen muß. Dieses Vermögen gewinnt er jedoch nicht aus der Literatur, sondern aus der «Erinnerung seines eigenen Lebens», aus der Wahrheit menschlicher Erfahrung. Mayers so abgeleiteter Realismus bezieht sich also keineswegs ausschließlich auf eine literarische Ästhetik, sondern bedeutet ein umfassendes gesellschaftliches Humanitätsbekenntnis. Diese erfahrene Wirk-lichkeit des gemeinsamen Menschseins wird zum Wertmaßstab der Dichtung erhoben. In Anlehnung an Goethes «geprägte Form, die lebend sich entwickelt», sieht Mayer das dichterische Weltbild sich «auch mit jener lebendig wirkenden geprägten Form, mit jener Einheit aus Augenblick und Ewigkeit» verbinden, «wie sie der Musiker, nach Goethes Wort, zu schaffen vermag». (183) Damit unterstreicht er nicht nur seine eigene Dichtungstheorie, sondern auch die Praxis seiner geschichtlichen Literaturkritik. Denn der «historische Augenblick der Selbstdarstellung» läßt sich ja erst dann aktualisieren, wenn er in dichterischer Gestalt eine lebendig fortwirkende geprägte Form bedeutet. Und gerade das veran-schaulicht Hans Mayers kritische Literaturgeschichte so nach-drücklich und überzeugend. Daß der historische Leser selber an dieser fortwirkenden Dichtung teilhaben kann, daß das literarische Kunstwerk überhaupt zur gegenwärtigen Wirklichkeit gehört, das wird Hans Mayer nicht müde, immer wieder in Theorie und Praxis beispielhaft zu demonstrieren. Ihm ist es in hohem Maße zu ver-danken, daß in der deutschen Literaturtheorie der Gegenwart ein tieferes Verständnis für das Verhältnis von dichterischer Wirkung und sozialpolitischer Wirklichkeit herrscht. Aus diesem Grunde sind bei Hans Mayer Literaturgeschichte und Wirkungsgeschichte nahezu synonyme Begriffe geworden. «Wie hat eine Dichtung bis-her gewirkt und wie wirkt sie auf uns?» ist die immer wiederkeh-rende Frage seiner literarischen Essays. Damit fragt Mayer aber im Grunde: «Welche Wirklichkeit hat auf uns gewirkt und wie wirken wir in dieser Wirklichkeit?» Das aber nennen wir, zunächst im weitesten Sinne, geistiges Bewußtsein und geistige Tätigkeit. Goethe bekennt sich in seinem Abschiedsbrief an Zelter zum Hegelschen «Geist – insofern ich ihn verstehe». Das heißt, das künstlerische Fortwirken eines historisch erfüllten Augenblicks der Selbstdarstellung verwandelt die «Bruchstücke einer großen Konfession» in ein kollektives Bekenntnis menschlicher Wahrheit, moralischen Bewußtseins, geistiger Gemeinschaft. Auf Grund einer solchen Einsicht, die sich im wesentlichen durchaus mit der Hegelschen Ästhetik deckt, kann sich Goethes Kunst- und Weltanschauung, Ethik und Ästhetik mit dem Geist des Philosophen eng verwandt fühlen. Hans Mayer schreibt denn auch: «Die Berufung auf Hegel hat in diesem Augenblick, am 11. März 1832, für Goethe entschieden den Charakter einer Selbstdarstellung...». (ebd.) Und ganz bezeichnend beschreibt Mayer nun seine eigene Stellung zu dem «größten Dichter und dem größten Denker unserer klassischen deutschen Philosophie», indem er auf die geistige Einheit des Konzeptes «geprägte Form, die lebend sich entwickelt», zurückgreift und erklärt, daß sowohl Hegel als auch Goethe «in allen Veränderungen nachfolgender Entwicklung, geprägte Form darstellten, die weiter und weithin wirken sollte...». (184) Hans Mayers kritische Literaturgeschichte ist in diesem Sinne fortdauernde Wirkungsgeschichte deutschen Geistes, an der sie selber teilhat.

Erwartungsgemäß hat Mayer keine Schwierigkeit, das dialektische Denken in Goethes Weltbild nachzuweisen. So zögert er auch nicht, den Dichter im Hegelschen Sinne als «konkrete Totalität» zu bezeichnen. (189) Mayer zitiert aus der dreizehnten Elegie der *Römischen Elegien*:

Lebe glücklich, und so lebe die Vorzeit in Dir!

Darin sieht er aber selber nur eine «Einheit von Natur und Kunst». Wir meinen auch darin wieder Mayers eigene ästhetische Grundformel eines «historischen Augenblickes der Selbstdarstellung» wiederzuerkennen. Von hier aus wird dann auch seine historische Dialektik verständlicher. Sie ist selber, wenn man so sagen darf, eine Dialektik der urphänomenalen Begriffstriade Goethes, die von der «Phantasie für die Wahrheit des Realen» spricht, und des Absoluten einer geistigen Widerspruchsform, wie sie Georg Wilhelm Friedrich Hegel in seiner Philosophie verkündet. Auf solche Weise lebt in Mayers Literaturgeschichte «die Vorzeit». Sein

Traditionsbegriff schließt eine dialektische Geschichts- und Wirklichkeitsauffassung in sich ein.

Der Kreis unserer Betrachtung schließt sich, wenn Mayer endlich erklärt: «Ist damit Goethes Ästhetik durchaus dialektisch aufgebaut in einer Weise, die Hegel ungemein vertraut anmuten mußte und auch angemutet hat, so ist doch der Ausgangspunkt beider zugleich auch wesentlich verschieden.» (191) Er hebt den wesentlichen Unterschied zwischen der Goetheschen und Hegelschen Dialektik hervor, bei dem sich die objektive Natur und der begriffliche Logos als Ausgangspunkt gegenüberstehen. Hegel propagiert also eine höchste Identität des Geistes mit sich selbst, Goethe bekennt sich zu einem natürlichen Geist. Das erinnert an unsere frühere Bemerkung: «Bei Goethe ist die Realität gegeben und selber Teil einer dialektischen Ästhetik; bei Mayer wird die eigene ästhetische Methode zur Wirklichkeit erhoben[5]». Wir haben inzwischen zu zeigen gehofft, daß sich Goethes und Mayers Wirklichkeitsauffassung nichtsdestoweniger auf einer gemeinsamen Stufe treffen: im Bekenntnis zum Menschen. Auch das meint Goethe mit natürlichem Geist. Der Unterschied ihrer dialektischen Ästhetik besteht also wohl im wesentlichen darin, daß Goethe gestaltender Sprachschöpfer und imaginativer Geschichtsschreiber, Mayer dagegen kritischer Literaturhistoriker und Interpret ist. Ihrem unterschiedlichen Wesen entspricht ein akzentmäßig verändertes Bezugsverhältnis zum Sein. Letztlich aber trifft sich die Bildung des Dichters mit der Bildung des Kritikers. Mayers Weg zum Goetheschen Verständnis führt nicht ausschließlich über Goethe. Zwischen der objektiven Natur Goethes und dem begrifflichen Logos Hegels entfaltet sich die Mayersche Perspektive einer nachzeichnend selbstdarstellerischen historischen Wesensdeutung des Geistes. Weder Geistesgeschichte noch Dichtungswissenschaft vermag den Charakter der Mayerschen Literaturtheorie zu umfassen. In der dichterischen Gestaltung des Teufels kann Goethe «die Dialektik des Widerspruchs als schöpferisches Prinzip der Veränderung durch den Menschen, als Einheit aus Erkennen und Wirken» zum Ausdruck bringen. (197) Hegel dagegen als geistesgeschichtlich-phänomenologischer Philosoph des Schönen kann den Teufel nur «eine schlechte, ästhetisch unbrauchbare Figur» bezeichnen. (vgl. 195) Das ermöglicht Mayer, nun auch die durch das geistige Medium, durch den schöpferischen Wirkungskreis wesentlich beschränkte Identität der Goetheschen

und Hegelschen Geschichts- und Wirklichkeitsauffassung hervorzuheben. «Der *Dichter* Goethe nämlich besaß noch eine andere,
vielleicht tiefere Einsicht in die geschichtlichen Zusammenhänge
als der Historiker Goethe. Abermals wäre dabei zu zeigen, daß
Goethes starkes Verhältnis zur Realität der Außenwelt ihn auch
über Hegel hinauszuführen vermochte.» (194) Und abschließend
wiederholt Mayer: «Darum ist im letzten sogar Goethes
Geschichtserkenntnis tiefer und dialektischer als jene Hegels ...».
(197) Seine künstlerische Ausdruckskraft gibt Goethe im Gegensatz zum Determinismus des phänomenologischen Philosophen die
Möglichkeit, eine geprägte Form lebendig zu entwickeln. Erst auf
Grund solcher imaginativen Verwirklichung kann auch der historische Kritiker und geschichtliche Interpret an der Wirkung dieser
geistigen Wirklichkeit teilnehmen, sie fördern und bewahren. Daß
Hans Mayer die Goethesche Realität anders darstellt oder als Literarhistoriker aus dem Verhältnis von Dichtung und Erfahrung
seine eigene kritisch-historische Wirklichkeitsauffassung entwikkelt, ist weder ein Privileg noch eine unumgängliche Beschränkung, sondern seine wesentliche Aufgabe und Leistung.

Zur deutschen Klassik und Romantik (1963)

Hans Mayers literarische Geschichtskonzeption kommt am deutlichsten in seiner Auseinandersetzung mit Goethe zum Ausdruck.
Goethes Autobiographie *Dichtung und Wahrheit* erklärt Mayer
«das größte historische Werk ihres Verfassers» (93). *Dichtung*
wird als «synthetisches Prinzip» bezeichnet, das zwischen
Geschichtsphilosophie und Naturwissenschaft vermittelt[6]: Sie bedeutet also nicht bloße *Poesie.* Vielmehr deutet sie Mayer als «das
große geschichtliche Gesamtprinzip» (120), das durch sein viel-
schichtiges Erfassen von Individualität und Gesellschaftlichkeit
der geistigen *Wahrheit* einer Zeit am vollkommensten entspricht.
«Wahrscheinlich deuten wir Goethes Dichtungsbegriff dann richtig», meint Mayer, «wenn wir ihn als umfassenden Ausdruck des
kulturellen Lebens betrachten». (ebd.) So sieht er denn auch in
Goethes *Dichtung und Wahrheit* grundsätzlich «ein großes Werk
der *Kulturgeschichte*». (ebd.) Damit räumt Mayer aber nicht nur
mit der weitverbreiteten antithetischen Deutung des Goetheschen

Begriffspaares «Dichtung und Wahrheit» auf, sondern legt darüber hinaus ein grundlegendes Bekenntnis seiner eigenen Literaturgeschichte ab. Wenn er beispielsweise über Goethes Autobiographie schreibt: «Wirtschaftliches, Politisches, Überlieferung und Gegenwart werden hier behandelt» (ebd.), so kennzeichnet er damit auch die eigene literaturwissenschaftliche Methode. Die Sätze: «Alles erscheint in geschichtlicher Wechselwirkung. Eine Welt im Werden breitet sich aus» (121) lassen sich programmatisch auf Hans Mayers literaturkritische Arbeiten beziehen. Auch für Mayer bedeutet *Dichtung* eine geschichtliche Gesamtanschauung, die er freilich als Kritiker und Historiker ihrerseits in eine umfassende Geschichtsperspektive einzureihen sucht. Für ihn geht es um die Gesetzlichkeit des Verhältnisses zwischen historischer und dichterischer Wirklichkeit. Mayers geistige Synthese aus Literatur und Geschichte ist *die Kritik als neue Stufe eines historischen Bewußtseins.*

Aus solcher Sicht betrachtet stehen also das geschichtliche Ereignis und seine geistige Umgestaltung in eine dichterische *Geschichte* in einem dialektischen Abhängigkeitsverhältnis. Übrigens kommt diese Doppelbedeutung des Wortes «Geschichte» auch in der englischen Literatur sehr deutlich zum Ausdruck: man denke nur etwa an Shakespeares *The Chronicle History of Henry the Fifth* oder an Marlowes *The Tragical History of Doctor Faustus,* wo sich der Sprachgebrauch noch durchaus mit dem Deutschen deckt. Im Gegensatz zur Dichtung aber, die ja historische Begebenheiten (und seien es auch die der eigenen Imagination) umfassend zu *gestalten* sucht, verlangt die Literaturgeschichte historische *Interpretation.* Mit anderen Worten: die «geschichtliche Gesamtanschauung» der Dichtung wird in der Mayerschen Literaturkritik ihrerseits historisch perspektiviert.

Angesichts der Vielschichtigkeit einer solchen literarischen Geschichtskonzeption wird die scharfe, ja programmatische Kritik Mayers an Friedrich Meineckes Goethekapitel in *Die Entstehung des Historismus* verständlich. Meinecke sieht in *Dichtung und Wahrheit* die biographischen Möglichkeiten des kommenden Historismus in erster entscheidender Urform. Mayer erklärt: «Das Gegenteil ist richtig.» (117) Er wirft Meinecke vor, geschichtliches Denken mit Historismus zu verwechseln. «Der Historismus», behauptet Mayer, «bedeutet ein spätes Verfallstadium geschichtlichen Denkens in der bürgerlichen Gesellschaft. Er verzichtet auf

Erkenntnis historischer Gesetzlichkeiten, um ins Antiquarische und bloß Interessante zu entweichen. Allein Voltaire und Montesquieu, Herder und Goethe waren alles andere als Historisten dieses Sinnes.» (118)

Diese Äußerung unterstreicht noch einmal die Tatsache, daß für Hans Mayer *Geschichte* notwendigerweise *Gesellschaftsgeschichte* bedeutet, schon deshalb, weil jede Gesellschaftsform ihre eigene Geschichtsschreibung verfolgt. Aber er geht noch weiter: auch die *Dichtung* als «geschichtliche Gesamtanschauung» bleibt in ihrer künstlerischen Gestaltung historischer Wirklichkeit Ausdruck einer bestimmten Gesellschaftsform. Hans Mayers Literaturkritik ist somit ihrerseits als Synthese aus Geistes- und Gesellschaftsgeschichte zu verstehen.

Die Literaturgeschichte erhebt, so verstanden, auf *ihre* Weise den Anspruch einer «geschichtlichen Gesamtanschauung». In Hegelschem Sinne darf die Dichtung als gestaltete, imaginativ verwirklichte Geistes- *und* Gesellschaftsgeschichte gelten: *history* wird zur *story*. Die kritische Literaturgeschichte dagegen gestaltet nicht, sondern reflektiert; sie interpretiert Geistes- und Gesellschaftsgeschichte, wie sie sich in der Dichtkunst offenbart: die *story* wird erneut zur *history*.

Der wahre Kritiker wird sich also «geschichtlichen Denkens» fähig erweisen. Er wird sich nicht wie der akademische Forscher auf das «Antiquarische» oder «bloß Interessante» des Historismus beschränken. Mayers Literaturgeschichte ist die historisch-kritische Deutung einer sich in dichterischer Gestaltung schöpferisch entfaltenden Geistesgeschichte. Hans Mayer hat das unterschiedliche Verhältnis des Dichters Goethe und des Philosophen Hegel zur «geschichtlichen Gesamtanschauung» nachdrücklich festgehalten. Goethes Geschichtskonzeption «unterscheidet sich sehr wesentlich von *Hegel*, der die Geschichte weitgehend als Geschichte der Philosophie, diese aber wiederum als Geschichtsphilosophie verstand, so daß für ihn im Werk geschichtsphilosophischer Selbsterkenntnis, die als geschichtlicher Prozeß verstanden wurde, zugleich das Wesen der Geschichte selbst offenbar wurde. So hoch dachte Goethe nicht von der Philosophie und ihren Möglichkeiten.» (119–120) Der Grund, weshalb Goethe der Philosophie keine geschichtliche Gesamtanschauung zutraut, ist zunächst ganz offensichtlich, daß er selber ein *Dichter* ist. Der Literaturhistoriker aber, der weder Philosoph noch Dichter ist, wird die

Dichtungsgeschichte als Geistesgeschichte verstehen, in deren Entfaltungsprozeß er Wesen und Gesetzmäßigkeit des Verhältnisses zwischen Literatur *und* Geschichte zu erfassen glaubt. Er wird sicherlich nicht den Anspruch erheben, damit das Wesen der Geschichte umfassend erschöpft zu haben. Nichtsdestoweniger glaubt er, einen gültigen *Bezug* zwischen dem imaginativ-synthetischen Gestaltungsprinzip der Dichtungsgeschichte *(story)* und der dokumentar-chronistischen Zeitgeschichte *(history)* herstellen zu können. Bleibt zu fragen, ob sich eine solche kritische Einsicht in das gegenseitige Abhängigkeitsverhältnis von Literatur und Geschichte zu einer eigenständigen Geisteswissenschaft entwikkelt.

Mayer macht deutlich, daß auch die historisch-kritische Literaturwissenschaft geschichtlich orientiert bleibt, wie ja selbst die Philosophie unfreiwillig direkter Ausdruck des Zeitgeistes bleibt, den sie absolut zu überwinden strebt. Es gibt also nur, in der Terminologie Hans Mayers, den «geschichtlichen Augenblick der Selbstdarstellung»: in der Dichtung, in der Philosophie, in der Wissenschaft. Solange sich die geisteswissenschaftliche Literaturkritik bemüht, das dichterische Kunstwerk sowohl historisch als auch philosophisch zu interpretieren, bleibt erwartungsgemäß auch sie ein «geschichtlicher Augenblick der Selbstdarstellung». Es herrscht also ein entsprechendes Verhältnis zwischen dichterischer *Geschichte* und historischem *Stoff* wie zwischen kritischer Literaturgeschichte und künstlerischem Werk. Auch die Selbstdarstellung des Kritikers kann «bloß interessante» Manifestation des Zeitgeistes bleiben, solange sie keine eigene philosophische Geschichtskonzeption offenbart.

Nun ist es das wesentliche Merkmal der Mayerschen Literaturkritik, daß sie in der Tat die Grundlage einer systematisch abgerundeten Geschichtsphilosophie besitzt. Das gesamte Werk Mayers darf insofern durchaus als Auslegung einer literarischen Geschichtsphilosophie gedeutet werden.

Schon die präzise Wendung «geschichtlicher Augenblick der Selbstdarstellung» enthält die terminologische Schärfe einer Dialektik, die das geschichtliche Denken Hans Mayers kennzeichnet. *Selbstdarstellung* muß hier also synthetisch als aus *Augenblick* in *geschichtliches Sein* erhobene *Gesamtanschauung* verstanden werden. Daß diese Gesamtanschauung jedoch ihrerseits eine geistig-künstlerische Individualität zum Ausdruck bringt, ermöglicht nicht nur ein erneutes geschichtliches Erfassen solcher Selbstdarstellung, sondern zugleich auch eine erneut selbstdarstellerisch historische «Gesamtanschauung» durch die kritische Literaturgeschichte.

Bezeichnend ist, daß Mayers große Studie über *Dichtung und Wahrheit* auch die Grundlagen seiner literarischen Geschichtskonzeption am deutlichsten zum Ausdruck bringt. Denn hier haben wir es ja mit einer individuell-repräsentativen *Lebensgeschichte* zu tun, mit einer Autobiographie, die Mayer programmatisch als «größtes historisches Werk des Verfassers» feiert. Darin inbegriffen liegt unmißverständlich die Überzeugung, daß auch die übrigen Werke Goethes als «geschichtlich» bezeichnet werden können. Es ist kein Zufall, daß Mayer Goethes Autobiographie, die als geschichtlicher Lebensroman des Dichters gedeutet wird, streng von den üblichen literarischen Selbstdarstellungen unterscheidet, bei denen «die Lebensgeschichte ... wichtig zu sein (scheint), nicht die allgemeine Geschichte». (93) Es geht um das Verhältnis des Individuums zu seiner Zeit. Dadurch daß Goethes Autobiographie ein eigenständiges dichterisches Werk darstellt, bilden Lebensgeschichte und allgemeine Geschichte eine untrennbare Einheit. Der Roman ist als *Dichtung* historische *Wahrheit.* Anders ausgedrückt: die Geschichte bewahrheitet sich in der Dichtung. Eben das meint Mayer, wenn er Dichtung als geistige Gestalt einer geschichtlichen Gesamtanschauung versteht. (119) Der Dichter wird sich selbst historisch. Damit aber wird die Dichtung Geschichte: *story* und *history* werden eins.

Dank der Mayerschen Deutung der Geschichtskonzeption in Goethes *Dichtung und Wahrheit* wird der Grund deutlich ersichtlich, warum sowohl Philosophie als auch Wissenschaft, sowohl Dichtung als auch Kritik historisch orientiert bleiben. *Alles geistig Lebendige ist Geschichte.* Eine solche paradox anmutende Einsicht, jenseits aller Metaphysik, führt über die engen Gesetze akademischer Einzeldisziplinen oder materiell-isolierter Erscheinungsformen hinaus. Freilich darf auch hier Geschichte nicht mit einschichtigem Historismus verwechselt werden. Die Umkehrung des Satzes definiert diese Mayersche Geschichtskonzeption mit aller Deutlichkeit: *Geschichte ist alles geistig Lebendige.*

Im folgenden soll die Mayersche Erarbeitung der Geschichtskonzeption Goethes am Beispiel seiner *Dichtung und Wahrheit*-Studie weiter verfolgt werden, um im Anschluß daran die Validität

einer solchen Ästhetik für Mayers eigene Theorie der Literaturgeschichte zu überprüfen.

«Goethes gewaltiges Ich», erklärt Mayer eingangs, «schien so
stark alle Aufmerksamkeit auf sich zu lenken, daß man beim Lesen
von *Dichtung und Wahrheit* das große Geschichtswerk zu übersehen pflegte, das er in aller Bewußtheit mit dieser Autobiographie
geschaffen hat». (93–94) Goethes methodologisches Vorwort
zeigt «das Problem des darzustellenden Ich nicht bloß in enger
Verbindung von Individuum und Gesellschaft», sondern bean-
sprucht «sehr nachdrücklich den Primat des Geschichtlichen als
Grundprinzip dieser Selbstdarstellung». (94) Absichtsvoll schließt
die Einführung der Mayerschen Abhandlung über *Dichtung und
Wahrheit* mit demselben Satz, der sich auch eröffnet: «Goethes
Autobiographie ist das größte historische Werk ihres Verfassers.»
Rahmengleich wird dem Leser hier die zentrale These der Studie
vor Augen geführt.

In den darauffolgenden Abschnitten begleitet der Leser den
historischen Kritiker, der «versucht, den Weg zu Goethes geistigem Standort *geschichtlich nachzuzeichnen*». (9) Die Wendung
stammt aus Mayers Eingangskapitel «Faust, Aufklärung, Sturm
und Drang», darf aber ohne weiteres als gelungene Formulierung
auf seine Methodologie ganz allgemein angewandt werden. Der
zweite Abschnitt, der die Überschrift «Ilmenau» trägt, folgt stilistisch wie methodologisch dem vorangegangenen. Wieder entsprechen sich Anfangs- und Schlußsatz. «Immer kehrt in Briefen
und Gesprächen des alten Goethe der Satz wieder», heißt es eingangs, «er sei sich selbst ‹historisch geworden›». (95) «Im Ilmenaugedicht wurde sich Goethe zum ersten Mal ‹historisch›: in einem
Maße und mit solcher Schmerzhaftigkeit, daß man genötigt ist,
hier die eigentlichen autobiographischen Wurzeln auch des *Tor-
quato Tasso* zu erblicken, dessen Entstehungsgeschichte bekanntlich Goethe mit gutem Grunde nicht einmal im hohen Alter nach-
erzählen wollte.» (98) Mit diesem Satz schließt ·der zweite
Abschnitt der Studie. Erneut wird das thematische Anliegen zum
argumentativen Rahmen der Abhandlung. Dazwischen zeichnet
Mayer den historischen Verlauf einer ersten Etappe auf Goethes
Weg zur geschichtlichen Vergegenwärtigung.

Die Entwicklung des Goetheschen Geschichtsbewußtseins entspricht den Stufen seines künstlerischen Wachstums. Mayer stellt
fest, daß es sich bei Goethes Bemühung, «das eigene Dasein vor

sich selbst zu objektivieren und in der jeweiligen geschichtlichen Konstellation zu verstehen, um eine tiefe Eigentümlichkeit der Goetheschen Lebensanschauung» handle. Ganz im Einklang mit dem aus dem Eingangskapitel zitierten methodologischen Grundsatz, «den Weg zu Goethes geistigem Standort geschichtlich nachzuzeichnen», heißt es jetzt, daß «sich für eine jede Analyse von *Dichtung und Wahrheit* die Notwendigkeit» ergibt, «genauer die Position zu bestimmen, die Goethes Autobiographie gegenüber seinen früheren Bemühungen um Geschichtseinordnung des eigenen Lebens und Schaffens einnimmt.» (95) In solcher Absicht verfolgt Mayer sodann die jugendliche Laufbahn des Dichters, der in seiner Leipziger und Straßburger Zeit «dieses Bewußtsein einer eigenen Historizität nicht besaß». Im Gegensatz zum *Götz*, den Mayer als «reine Gegenwartsdramatik» bezeichnet, spürt man im *Werther*, auch schon in der 1774-Urfassung, «Goethes Distanz gegenüber den autobiographischen Elementen des Romans». Höchst aufschlußreich heißt es da: «Das Leiden des jungen Werthers wird gleichzeitig mitgelitten und kritisch interpretiert». (ebd.) Trotzdem glaubt Mayer nicht, in der «Position Werthers» bereits einen Ausdruck selbstbewußter geschichtlicher Konstellation finden zu können.

Erst das Gedicht *Ilmenau* aus der Weimarer Zeit von 1783 darf als bewußter Ausdruck einer historisch objektiveren Deutung des eigenen Lebens gelten, die sich mit der Stellung des Einzelnen zur Gesellschaft und Zeitgenossenschaft auseinandersetzt. Vom Ilmenaugedicht, erklärt Mayer, «führt ein gerader Weg zu jenem *Schema der Biographie*, von dem Goethes Tagebuch am 11. Oktober 1809 zuerst und recht lakonisch Kenntnis nahm». (96) Mayers Deutung des geschichtlichen Bewußtseinswandels im Entwicklungsprozeß des jungen Dichters ist bezeichnend. Er beschränkt sich nicht auf die herkömmliche Interpretation, die das neue historische Selbstverständnis Goethes vordergründig aus dem Einfluß der Herderschen Geschichtsphilosophie herzuleiten sucht. Mayer geht weiter: «Allein gerade die neuen Dimensionen in Goethes Geschichtsbewußtsein», bemerkt er stattdessen, «hängen ihrerseits eng mit jenem Entwicklungsprozeß zusammen, der den Dichter in Weimar veranlaßte, *unter dem Einfluß neuer politischer und gesellschaftlicher Erfahrungen* den Positionen des Sturm und Drang weitgehend zu entsagen». (ebd.) Wie kennzeichnend diese Bemerkung ist, erweist sich durch einen erneuten Vergleich mit dem Eingangskapitel «Faust, Aufklärung, Sturm und Drang», wo es über die Vollendung des Goetheschen *Faust* abschließend heißt: «Was Goethe später gelang, war *das Ergebnis neuer Einsichten und neuer Erfahrungen geschichtlich-gesellschaftlicher Art.*» (28–29) Auch da geht es um das Verhältnis des künstlerischen Individuums zur zeigenössischen Gesellschaft, auch da bezieht sich Mayer auf Goethes Abkehr vom Sturm und Drang. Es handelt sich bei diesem Argument also keineswegs um eine isolierte Einsicht Mayers, sondern um eine wiederholt dargelegte gesellschaftshistorische Interpretation.

Das hängt unmittelbar mit dem Versuch zusammen, den «geistigen Standort» eines Dichters «geschichtlich nachzuzeichnen». In diesem Sinne spricht Mayer beispielsweise von der *«Position* Werthers«* («als Ausdruck einer geschichtlichen Konstellation») oder von «den *Positionen* des Sturms und Drang». Damit ist offenbar mehr gemeint, als der Ausdruck «Standort» gemeinhin vermittelt. *Position* darf hier gewiß auch im Sinne der Hegelschen Dialektik gedeutet werden, deren «Entwicklungsprozeß» Mayer als individuell-künstlerischen Geist und geschichtsphilosophische Entfaltung von dem «Einfluß neuer politischer und gesellschaftlicher Erfahrungen» abhängig macht.

Ganz ohne Zweifel ist Hans Mayers Literaturgeschichte gesellschaftspolitisch orientiert. Seine geistesgeschichtliche Dialektik beruht auf der Einsicht, daß sich die Lebens-Geschichte des Einzelnen allein in und unter ständigem Einfluß der Gesellschaft entfaltet. Daraus folgt, daß jede Selbstdarstellung *notwendigerweise* zugleich auch Wiedergabe gesellschaftshistorischer Verhältnisse in sich birgt. Lebendiger Geist ist Geist des Lebens. Wenn also das Leben des Dichters in höchstem Maße von den gesellschaftlichen Verhältnissen geprägt wird, dann offenbart sich *in eben diesem sozialen Bezug* der geistesgeschichtliche Augenblick seiner lebendigen Wirklichkeit. Jede gesellschaftsbezogene Lebens-Geschichte ist somit nicht nur «historisch», sondern auch «politisch». Da für Mayer aber die *Dichtung* eine geistige Gesamtanschauung geschichtlicher *Wahrheit* bedeutet, bedarf auch ihre *Geschichte (story)* der Vielschichtigkeit einer historisch ausgewiesenen gesellschaftspolitischen Deutung.

Indem Mayer also Goethes dichterische Laufbahn verfolgt, interpretiert er dessen geistiges Bewußtsein aus der Dialektik einer gesellschaftspolitisch orientierten Geschichtsperspektive. Das vollständige Aufgehen in eine «Gegenwartsdramatik» zeugt noch paradoxerweise von der Inkongruenz zwischen geschichtlicher *(history)* und dichterischer *(story)* Wirklichkeit. Wo die Geschichte selbst gefeiert werden soll, wie im *Götz von Berlichingen*, gelingt es dem Dichter noch nicht, ein echtes, organisches Geschichtsbewußtsein zum Ausdruck zu bringen. Es zeigt sich, daß lebendige Geschichte stets gegenwartsbezogen bleibt[7]. Das aber verlangt nicht nur vom Dichter, sondern auch vom Kritiker, sich selbst historisch zu werden: ihre Geschichte oder Interpretation muß sich deutend vergegenwärtigen, ihre eigene Gegenwärtigkeit deutend historisieren.

In einer 1964 erschienenen Essaysammlung *The Critical Moment*, die sich aus literaturtheoretischen Beiträgen führender Kritiker aus aller Welt in zwei Sonderausgaben der *Times Literary Supplement* zusammensetzt, äußert sich Hans Mayer über die Geschichtsbezogenheit sowohl der Dichtung als auch der Kritik. Unter dem Titel «Critics and the Separation of Powers» sucht er seine eigene Theorie der Literatur, mithin das Prinzip einer systematischen Literaturgeschichte darzulegen. Mayer bezieht sich auf George Steiners Essay «Humane Literacy», an dem er die prinzipielle Trennung von Literaturkritik und Literaturgeschichte in Frage stellt. «I wonder», erklärt Mayer, «if he is right in thinking it possible to draw a clear distinction between the literary historian's and the literary critic's methods of working». Er fährt fort: «... any criticism of literature that cannot place a text historically and interpret it structurally is quite simply bad criticism.» (111) Auch hier kommt die Mayersche These des historischen Doppelbezuges deutlich zum Ausdruck: «... research in my subject is bound to be futile», heißt es im folgenden, «unless it is concerned to help the young to gain access to the works of the past *from experience of our own time*». Noch deutlicher wird dieses Postulat einer erfahrungsgeschichtlichen Aktualität literaturkritischer Studien in der Erklärung: «I don't think either the literary historian or the literary critic nowadays can interpret works, whether of contemporary literature or of the past, without making an effort to set them in this ‹light of our experience›.» (ebd.) Mayer bezieht sich hier offensichtlich auf Thomas Manns berühmte Vorlesung auf dem P. E. N. Kongreß in Zürich, die sich bekanntlich mit Nietzsches Philosophie «im Lichte unserer Erfahrung» auseinandersetzte.

Mayer wendet sich nachdrücklich gegen eine werkimmanente Dichtungswissenschaft. Aus diesem Grunde distanziert er sich auch von der Literaturkritik T. S. Eliots, die er als eine «method which broke its own rules» beschreibt. Denn, meint Mayer, obwohl Eliot und die Schule des *New Criticism* nur das Kunstwerk selbst untersuchen möchten, das, wie es dann so oft heißt, «auf eigenen Beinen stehen soll», sind sich die Kritiker ja sehr wohl des geschichtlichen Hintergrundes bewußt. Sie sind, behauptet Mayer, «quite aware of all the historical facts relating to the composition of the work in question, to the writer's life and to the historical background.» Und er fährt fort: «Officially such awareness is banished as being impure, but as soon as the New Criticism gets down to work the back door swings open and it is readmitted none the less.» (113) Dieser (sicherlich berechtigte) Einwand Mayers kann größtenteils auch den Arbeiten des gegenwärtig hervorragendsten englischen Kritikers F. R. Leavis vorgehalten werden. Für Mayer ist das entscheidende Problem nicht, *ob* Literatur und Geschichte wesensgemäß zusammengehören, sondern *wie* sich ihr gegenseitiges Abhängigkeitsverhältnis systematisch gestaltet. «There is, however», erklärt Mayer mit Betonung, «the question of how such historical relationships are to be interpreted». Und ganz bezeichnend setzt er hinzu: «I am not content to study historical facts without trying to interpret them as relationships; nor do I think that the history of European literature over the past 200 years can be understood unless one looks for the various phases in the evolution of bourgeois society that underlie it.» (ebd.) Hier drückt Mayer also die gleiche Einsicht aus, der wir bereits in seiner Sammlung *Zur deutschen Klassik und Romantik* begegnet sind: wieder geht es um Erfahrungen gesellschaftsgeschichtlicher Art, die das dichterische Kunstwerk maßgeblich beeinflussen. Es überrascht niemanden, daß Mayers gesellschaftspolitisch orientierte Literaturgeschichte in Georg Lukács einen ihrer Hauptlehrer anerkennt. Die gegenwartsbezogene Vielschichtigkeit einer erlebten und gestalteten Geschichte findet in Thomas Mann, dem Neuschöpfer und geistigen Interpreten «im Lichte unserer Erfahrung», ihren Lehrmeister[8]. So ist es denn zu verstehen, wenn Hans Mayer bekennt: «It would be fair to say that in my efforts to understand works of literature and explain them I was at first influenced by Thomas Mann and Georg Lukács.» (114)

Was Hans Mayers Literaturtheorie jedoch über die Enge einer

beschränkt akademischen Disziplin im Sinne des Historismus erhebt, ist vor allem die wesentliche Erkenntnis, daß der Literaturhistoriker in einem geschichtlichen Verhältnis auch zu seiner eigenen Zeit steht. Die *erlebte* Geschichte wird in der Dichtung zur *gestalteten* «Geschichte», beide werden in der Kritik zur *interpretierten* Literatur-Geschichte. Mayer drückt das so aus: «... I believe any kind of criticism to be basically dishonest which does not set out to make the critic's own person and position in the world an integral part of the analysis. Criticism is inconceivable without some conscious representation of the historical relationship between the critic in his time and the author in his.» (115) Mayers geistige Gegenwartsbezogenheit ist also Ausdruck eines kritischen Bekenntnisses und historischen Selbstbewußtseins. Auch Mayer wird «sich selbst historisch». Seine Literaturgeschichte ist das historische Ergebnis einer Dialektik, die sich über den individuellen «critical moment» hinaus *fortsetzen* wird. In diesem Sinne deutet Mayer den Menschen durchaus als einen «Prozeß», und so kann es nicht verwundern, daß er nach Thomas Mann und Georg Lukács auch Bertolt Brecht als einen wesentlichen Einfluß auf seine Literaturgeschichte bezeichnet. Aber selbst Brechts Ästhetik mußte historisches Stadium in der Entwicklung seiner Literaturwissenschaft bleiben. («But perhaps we may now have reached a point where it is permissible to wonder whether Brecht in his literary criticism achieved anything more than propaganda for his own writings...» [114])

Nun bedeutet das geschichtliche Studium der Literatur bei Hans Mayer keineswegs, daß poetische Grundbegriffe außer acht gelassen werden. Auch bei Mayer gibt es eine werkimmanente Identität der Dichtung: «I cannot accept any longer», schreibt er beispielsweise über Georg Lukács, «his way of explaining a work of art's relationship to its historical background without taking into account any of those details that make it a work of art. To some extent the same historical experiences underlie any of Goethe's novels; but I can't help interpreting *Werther* differently from *Elective Affinites*». (ebd.) Das kann nur heißen, daß Mayer keineswegs die Autonomie des dichterischen Werkes zerstören möchte. Es scheint also, daß sich die *story* in verschiedenem Grade von der *history* abzusetzen vermag, obwohl eine gänzliche Trennung unmöglich bleibt. Wie in der menschlichen Einzelexistenz schließen sich organische Selbständigkeit und gesellschaftshistorische

Abhängigkeit in der Literatur keineswegs gegenseitig aus. Ihr Verhältnis zueinander verlangt jedoch sowohl vom Standpunkt des Dichters als auch aus der Perspektive seines Interpreten eine eingehende Untersuchung. Wir kehren in solcher Absicht zunächst zu Mayers Essay über Goethes *Dichtung und Wahrheit* zurück, dessen dritter Abschnitt den Titel «Französische Revolution und historische Skepsis» trägt.

Mayer hebt hervor, daß *Dichtung und Wahrheit* und die *Italienische Reise* trotz des gemeinsamen Obertitels «Aus meinem Leben» durchaus verschiedenen Darstellungsprinzipien folgen. Der Bericht aus Italien wird von Mayer als eine Rückkehr zur Straßburger Zeit auf erhöhter Ebene gedeutet. Hier ist «alles Gegenwart, unmittelbares Erlebnis darf offenbar historisch verstanden werden.» (99) Dieses urphänomenale Verstehen des historischen Augenblicks wurde ja von Goethe selbst wiederholt als «Wiedergeburt», als «Renaissance» bezeichnet. In der Tat taucht der sich selbst historisch gewordene Dichter wieder in Natur unter, um sich selbst jenseits vom politischen Tagesgeschehen in Deutschland und Frankreich wiederzufinden. Goethe erfährt ein neugeborenes, nichtreflektierendes, im unmittelbaren Sein aufgehendes Ich! Wenn Mayer darin die Rückkehr zu einem naiven Geschichtsbewußtsein auf erhöhter Stufe sieht, so darf dabei nicht das *sentimentalische Wollen*, das bewußte Leisten des Dichters außer Betracht gelassen werden. Das Italienerlebnis führt dann ja zu einer ganz entsprechenden dichterischen Entwicklung: wie ehemals der *Werther* «mitgelitten und kritisch interpretiert» wird, also bereits nicht mehr «reine Gegenwartsdramatik» zum Ausdruck bringt, so sieht Hans Mayer *Wilhelm Meisters Lehrjahre* als «eine neue Bemühung Goethes, den geschichtlichen Standort ausmachen zu wollen ...». (100) Im Gegensatz zum früheren Roman jedoch erkennt Mayer im *Wilhelm Meister* eine «künstlerische Objektivierung», die keine autobiographischen Züge mehr ahnen läßt. Hier wird das Geschichtsverständnis wesentlicher Bestandteil einer autonomen Dichtung. Mayer spricht sogar von der «*Selbstentfremdung* des Dichters gegenüber seinem Romanhelden.» (101) Der Roman schildert die *story* Wilhelm Meisters, in der sich die Lebensgeschichte des idellen Protagonisten und die *history* seiner Gesellschaft imaginativ verschmelzen. Darüber hinaus bringt sie werkgeschichtlich den historischen Augenblick *ihrer Gestaltung* zum Ausdruck. «Alles Tun Wilhelm Meisters», erklärt Hans Mayer, «ist ... zwar nicht autobiographisch im engeren Sinne des *Werther* oder *Tasso*, dient aber trotzdem einer geistigen Auseinandersetzung mit überwundenen früheren Anschauungen und Verhaltensweisen.» (ebd.) Das Kunstwerk bleibt imaginativ-objektives Korrelat des historischen Augenblicks. Selbst wo der Dichter seine eigene Stellung bewußt und absichtlich nicht preisgibt, ist das Bemühen um eine derartige «Objektivierung» Ausdruck einer bestimmten Phase in der Lebensgeschichte des Verfassers und der historischen Konstellation seiner Gesellschaft. Es zeigt sich also, daß das geschichtliche Bewußtsein Teil des Grundwesens literarischer Gestaltung ist. Diese Einsicht erweist sich für die Literaturtheorie Hans Mayers von fundamentaler Bedeutung, zeigt sie doch, daß auch die werkimmanente Interpretation zwangsläufig geschichtsgebunden bleibt.

In seinem bekannten Kleistessay, der bezeichnenderweise den Titel «Der geschichtliche Augenblick» trägt, veranschaulicht Mayer noch einmal die ganze Problematik einer angeblich überzeitlich-absoluten Ästhetik. Dort heißt es so aufschlußreich über den Autor: «... mit dem, was einen scheinbar ‹unzeitgemäß› macht in seiner Epoche, steht er noch nicht außerhalb dieser Zeit. Auch unzeitgemäße Betrachtungen sind in einem tieferen Verstande doch wieder zeitgemäße Betrachtungen.» (197) Als Rechtfertigung dieser Mayerschen Behauptung genügt der Hinweis auf die historisch kennzeichnenden und geschichtlich wirksamen sogenannten *Unzeitgemäßen Betrachtungen* Friedrich Nietzsches. Aber die Bemerkung trifft nicht allein den historischen Kontext von Kleists ideengedanklichen Betrachtungen, sondern auch die literaturgeschichtliche Dialektik der sprachgedanklichen Gestaltung seiner Dichtung. Mayer zitiert aus Heinz Ides Studie *Der junge Kleist*: «Wir spüren nur, daß der Leutnant v. Kleist von etwas bewegt wird, was außerhalb des von der Zeit Bedachten liegt, etwas, was der eigenen Terminologie bedürfte, um zutreffend formuliert zu werden.» Dazu erklärt Mayer: «Das stimmt für die Frage der Terminologie, nicht aber für die Interpretation des geschichtlichen Augenblicks.» (ebd.) Anders ausgedrückt: das gilt im Literarischen allenfalls für eine werkimmanente Ästhetik, nicht aber für Dichtung als «geschichtliches Gesamtprinzip». Auf Kleists Werk bezogen heißt das: «Er dichtete ... einen Wendepunkt der bürgerlichen Gesellschaft seiner Zeit.» (223) Im sprachlichen

Kunstwerk gelangt das den Dichter bewegende gleichfalls, und zwar in vertieftem Sinne in «eigener Terminologie» zum Ausdruck. Aus dem dialektischen Abhängigkeitsverhältnis von historischem Augenblick und dichterischer Einbildungskraft bildet sich nicht nur eine gedankliche Sprache, sondern streng genommen eine *Geschichtsästhetik*, die kunstphilosophische Kategorien in historische Bewußtseinsmaße umwertet, um die eigene Gegenwart in einer ihr angemessenen literarischen Geschichtsform zur Darstellung zu bringen. Die «Terminologie» der Dichtung schließt Form und Inhalt der Aussage ein.

Grundsätzlich ergibt sich die Möglichkeit, entweder historische Manifestationen überzeitlich-absoluter Gattungen zu erkennen (was einer metaphysischen Kunstphilosophie gleichkäme) oder eine eigentümlich zeitbedingte Ästhetik des historischen Augenblicks zu bestimmen. Für eine gegenwartsbezogene Literaturgeschichte wird sich die dialektische Vielschichtigkeit historischen Denkens und Verstehens (im Mayerschen Sinne) als geschichts- und werkgetreu erweisen. Einerseits bedeutet die antike Ästhetik das unmittelbare Ergebnis gesellschaftshistorischer und -politischer Umstände, andererseits verfügt diese Kunstanschauung über ihre eigene, bis heute anhaltende Wirkungsgeschichte. Die aristotelische Tragödie ist eine gesellschaftsbedingte historische Wesensgattung des antik-griechischen Dramas. Keineswegs erst seit Brecht hat sich geschichtlich eine nicht-aristotelische Dramaturgie entwickelt. So will es scheinen, als ob gerade das «außerhalb des von der Zeit Bedachte», freilich im Sinne eines historischen Konfliktes, die Form des Kunstwerks zur eigenen «Terminologie» gestaltet. Mayer druckt dies unter Bezug auf Kleist folgendermaßen aus: «Darum glückte das Drama, darum scheiterte der Dramatiker.» So deutet der Literarhistoriker den *Prinz von Homburg*, über den es später heißt: «Homburgs Traum, der eigentlich ein Künstlertraum ist, geht auf der Bühne in Erfüllung, aber Kleist stirbt.» (222–223) Es geht bei Kleist um die künstlerische und geschichtliche Tragik eines *historischen Augenblicks*.

Gerade die Ästhetik des Kleistschen Dramas zeigt sehr deutlich *die geschichtliche Doppelbedeutung der künstlerischen Form*: einerseits realisiert sie «eigene Terminologie» des außerhalb von der Zeit bedachten, andererseits bleibt sie nichtsdestoweniger geistig-imaginativer Ausdruck des historischen Augenblicks. Mayer erklärt diesbezüglich: «Heinrich von Kleist demonstriert zu Beginn des 19. Jahrhunderts noch einmal eine Zusammenfassung aller wichtigsten Tendenzen der bürgerlichen Geistesentwicklung: Enzyklopädie, Rousseauismus, philosophischen deutschen Idealismus, Ästhetik der Kunstperiode, volkstümliche und patriotische Romantik. Dies alles nicht als Eklektizismus, sondern in organischer Evolution, in geschichtlichem Nach*vollziehen*.» (225–226) Alles das ist nicht nur abstrakte Weltanschauung, sondern präsentiert sich als unmittelbarer Bestandteil der Dichtung selbst. Kleists Kunstwerke sind organische Evolution und geschichtliches Nachvollziehen – nicht zuletzt auch in ihrer Form. Die kunst- und geistesgeschichtliche Tradition verwirklicht in der ästhetischen Form, was im geschichtlichen Augenblick des Jahres 1811 zu keiner Erfüllung gelangen konnte. Auch darin kennzeichnet sich Werkimmanenz. Kennzeichnend bleibt in diesem Zusammenhange Goethes Mißverständnis der Kleistschen Dramaturgie und Schillers ebenso verständnisloses Wohlwollen dem jungen Dichter gegenüber. Der ästhetische Wandel des herkömmlichen Dramas ist geschichtliches Nachvollziehen *und* historischer Vollzug der übernommenen Gattungspoetik. Hans Mayer zeigt das sehr schön, indem er den Richter Adam aus dem *Zerbrochenen Krug* als einen «Ödipus in der Umkehrung» (205) bezeichnet. Das gilt also offensichtlich nicht nur für die Gestalt des Richters Adam, sondern für die gesamte Dramaturgie des Schauspiels. Die Zukunftsbezogenheit des historischen Vollzuges veranschaulicht Mayer eindrucksvoll, wenn er schreibt: «... Kleist (meint) mit der Gestalt des Dorfrichters Adam bereits das heutige Thema der *Andern*, des Kontrasts zwischen Selbsterkenntnis und Bild des einzelnen bei den andern...» (206). So führt von hier aus also bereits ein direkter Weg zur verlorengegangenen Identität des Ich bei Max Frisch.

Wir rekapitulieren: es geht um die werkimmanente Geschichtsbezogenheit auch einer angeblich absoluten Ästhetik.

In seiner Studie über Wielands *Oberon* widmet Mayer diesem Thema erneut aufschlußreiche Bemerkungen. Auch dort berücksichtigt er von Anfang an die Tatsache, daß es sich bei diesem Werk um das «Produkt einer Spätzeit» handelt. Dieser direkt von Thomas Mann übernommene Ausdruck führt dann zur Mannschen Einsicht, daß für solche Werke «die Kultur und Parodie nah verwandte Begriffe sind». (31) Mayer unterstreicht, daß Ironie und Parodie «zwei Ausdrucksformen innerer Distanz zwischen Künst-

ler und Stoff, Erzähler und Erzähltem» darstellen. (ebd.) Das prä-
zisiert er folgendermaßen: «Für Christoph Martin Wieland, den
bürgerlichen Aufklärer des 18. Jahrhunderts, gilt weder die Feudalität noch das kirchliche Gebot. Indem er also einen Stoff behandelt, der beider Gültigkeit voraussetzt, kann er sich zu diesem
Stoff und zum *geheimen historischen Gehalt der eigenen Fabel*
nur doch distanziert verhalten: nämlich parodistisch.» (32)

Hier wird erneut deutlich, daß sich die geistig-künstlerische
Ausdrucksform vom geschichtlichen Standort ihres Autors und
seiner Gesellschaft abhängig erweist. Die Ästhetik erfährt so einen
entscheidenden Wandel: was einst als allegorisches Epos didak-
tisch zum Ausdruck gelangte, wird unter bewußter Scheinbeibe-
haltung der gleichen Form historisch parodistisches Gestaltungsprinzip. Mayer bemerkt, der *Oberon* sei «kein Erbauungsbuch,
sondern ironisch-parodistische Nacherzählung einer in vergangenen Zeiten einstmals erbaulichen Geschichte». (33) Aber auch
hier lassen sich Inhalt und Form nicht voneinander trennen. Der
historische Augenblick determiniert die geistesgeschichtliche Haltung, die historische Einbildungskraft des Dichters: die vordergründig gleiche Geschichte hat sich geschichtlich gewandelt[9].
Besonders interessant erweisen sich in diesem Zusammenhang die
folgenden Erklärungen Mayers: «‹Gedicht› ist ein Sammelbegriff
jener Zeit ... Die Unterteilung in ‹Gesänge› dagegen, nur gar in
die definitiven 12 Gesänge der endgültigen Ausgabe, stellt das
Werk mit aller Absicht in die Nachfolge des Homer und Vergil.»
(34) Hier haben wir es wieder: das literaturgeschichtliche Fortwirken einer lebendigen Tradition steht in untrennbarer Verbindung
mit einem gegenwartsbezogenen Formbegriff. Noch deutlicher
wird Mayer, wo er *Oberon* als ein humoristisches Epos erwägt.
Dort heißt es: «Oder stimmt die These vom humoristischen Epos
im Falle des *Oberon* gar nicht, so daß die humoristischen Wirkun-
gen nicht durch den Stoff oder die Gattung gegeben wären, *sondern durch ein humoristisch-distanziertes Spiel des Autors mit
einer als grundsätzlich ernst verstandenen Gattung?*» (35, Mayers
Betonung)

Mayer sieht den *Oberon* also durchaus als eine neue Gattungsform der Poetik, die sich unmittelbar aus einem historischen
Bewußtseinswandel ergibt. Er demonstriert damit eine «geschichtliche» Werkimmanenz oder, wenn man so will, eine werkimmanente Literaturgeschichte.

Dem stellt er als Gegenbeispiel die Klopstocksche Messiade gegenüber. An diesem Epos bemängelt Mayer gerade den Verlust eines historisch-künstlerischen Bewußtseins, das sich auch auf die Form des Werkes erstreckt. «Miltons traditionell-englische Blankverse freilich waren durch den Hexameter ersetzt worden», bemerkt Mayer, «im übrigen aber bot sich das Unterfangen der Messiade, *unbekümmert um alle geschichtlichen und gesellschaftlichen Differenzen,* als deutsches großepisches Gegenstück zu einem Werk dar, dessen Entstehung undenkbar war ohne die Erfahrungen seines Dichters mit Revolution und Restauration, mit Illusionen und Desillusionen der Milton-Zeit.» (36) Dagegen berücksichtigt Mayer in charakteristischer Weise den historischen Augenblick der Klopstock-Zeit und findet in eben dieser Geschichtsbezogenheit auch den Grund dafür, warum das epische Großunternehmen Klopstocks zu eindrucksvollem Scheitern verurteilt sein mußte: «Die geschichtlichen Verhältnisse waren dem Wiedererstehen eines Epos der großen Form, das sich mit den Meistern der Antike und italienischen Renaissance hätte messen können, im mindesten nicht mehr günstig. Den Beweis dafür hatte Klopstock wider Willen selbst geliefert.» (37)

Hingegen veranschaulicht Mayer durch solche Gegenüberstellung, daß Wielands *Oberon* aus tiefem Verständnis der historischen Situation heraus «in aller Bewußtheit als ein Abschied vom Epos gedacht» war. (39) Statt eines deutschen Epos in der Nachfolge Homers und Vergils erlaubt und verlangt der historische Augenblick eine *Abderiade.* «Die große Form des Versepos», schreibt Mayer über den *Oberon,* «wird vom Dichter dieses Epos innerlich bereits aufgegeben». (ebd.)

Das ist eine höchst bemerkenswerte Äußerung, weist sie doch auf die Notwendigkeit eines historischen Konfliktes zwischen den Gesetzen einer sozialgeschichtlichen und einer mehr gegenwartsbezogenen übernommenen Ästhetikform. Gerade in der geschichtsbewußten Distanz zu Form und Gehalt der eigenen Dichtung erkennt Mayer sodann auch die «*geheime Modernität* dieser Versschöpfung». (40, Mayers Betonung.) Erneut erweist sich die geistesgeschichtliche Aktualität der Mayerschen Literaturwissenschaft als das Ergebnis einer dialektischen Vielschichtigkeit historischen Denkens. Ihre Gegenwartsbezogenheit beschränkt sich also keineswegs auf die inhaltliche Deutung des sprachlichen Kunstwerkes. «Die eigentümliche Modernität des *Oberon*», erklärt Mayer, «... hängt sowohl mit dem zusammen, was hier ironisch oder gar parodistisch behandelt wird, als auch mit jenen Elementen des Werks, die vom Dichter unvermittelt und ungebrochen gestaltet wurden.» (ebd.) Gerade der imaginative Widerspruch, der sich hier in werkimmanenter Gestaltung entfaltet, bedarf der historisch-kritischen Analyse. Auch das werkeigene Verhältnis zwischen Gehalt und Form der Dichtung muß als Ausdruck eines literaturgeschichtlichen und sozialhistorischen Augenblicks verstanden werden. Mayer wendet sich zwar nachdrücklich gegen eine ungeschichtlich werkimmanente Dichtungswissenschaft, nicht aber gegen die werkimmanente Interpretation einer sich in der Dichtung selbst offenbarenden «geschichtlichen Gesamtanschauung». Wie unmittelbar Imaginiertes und Geschichtliches zusammenfallen, läßt sich folgendem Satz entnehmen: «Oberon ist ein Lichtgott durchaus im Sinne des Aufklärungszeitalters, des ‹siècle des lumières›.» (41) Damit liefert Mayer ein weiteres Beispiel der historischen Einbildungskraft des Dichters. Hegelianisch weiter ausholend ist seine Erklärung: «... Oberon ist ein Weltprinzip...». (42) Beide Äußerungen beziehen sich auf eine historisch konzipierte Gestalt des Werkes. Wie eng ihr imaginativer Charakter mit der geschichtlich-selbstdarstellerischen Gattungsform der Dichtung im Zusammenhang steht, zeigen die folgenden Auseinandersetzungen Mayers mit der geistigen Identität Oberons. In terminologischer Ungenauigkeit bezeichnet er sie «bloß die Verkörperung einer Idee, eines Aufklärungsprinzips», nennt sie eine «Inkarnation» und kann dennoch behaupten, daß sie «nicht eigentlich zur plastischen Gestalt» heranwächst.

Wie nun? Wird Oberon keine plastische Gestalt, weil er «bloß die *Verkörperung* einer Idee» und nurmehr «Inkarnation» ist? Oder «da» er «bloß die Verkörperung einer *Idee*» und «Inkarnation derer» ist, «die reinen Herzens sind, und Sinn und Empfänglichkeit für das Wahre und daß Oberon *symbolisch* den Zwist zwischen den grundsätzlichen Lebenskräften Geist und Trieb verkörpert. «Anders als bei Shakespeare», erklärt er mit Bezug auf den *Sturm* und den *Sommernachtstraum*, «ist sein Streit mit Titania nicht hart und sinnlich-dinglicher Natur, *sondern eher symbolischer Art*». Das deckt sich theoretisch, doch wohl kaum historisch mit den vorangegangenen Beschreibungen. Aus dem geschichtlichen Zusammenhang herausgerissen kennzeichnet sich sein *Symbol* in der Tat durch imaginative *Verkörperung* und dichterische *Inkarnation*. Gerade durch diese Dichte, Vergegenwärtigung und Offenbarung einer Idee oder einer Erfahrung gewinnt das Symbol seine Überzeugungskraft, sein Gewicht und seine eigentümliche Be-deutung. Das Symbol ist keine bloße *Repräsentation*, sondern eine *Inkarnation*, kein abstrakt-stellvertretender *Gedanke*, sondern konkret-gegenwärtige *Verkörperung*. Wenn dies Mayer selber zum Ausdruck bringt, gleichzeitig aber erklären kann, daß «Oberon trotz aller Beschreibungsversuche Wielands eigentlich unkörperlich ... wirkt» (ebd.), so ist offensichtlich, daß hier theoretische Einsicht und historisches Verstehen nicht in völligem Einklang miteinander stehen. Die «Verkörperung» des symbolischen Oberon wirkt «eigentlich unkörperlich».

Mayers kritisches Urteil beweist, daß Wielands epische Mythologiegestalt Oberon eben nicht den Status eines geschichtslosen Symbols besitzt.

Man ahnt, daß dieser Widerspruch zwischen Mayers Terminologie und Geschichtsbewußtsein mit dem formalen und inhaltlichen Spannungsverhältnis des Werkes zusammenhängt. Bild, Metapher und Symbol verhalten sich wie einfache Nachahmung der Natur, Manier und Stil im Goetheschen Sinne. Wenn nun Oberon zu keiner symbolischen Verwirklichung gelangt, sondern allegorisch im nurmehr Stellvertretenden erstickt, so ist gerade darin das Besondere und Kennzeichnende einer historischen Einbildungskraft zu erkennen. Wieland erkennt den Stil als Geschichte. Nicht nur vom Inhaltlichen, sondern auch von der Form her hat Mayer recht, wenn er sagt: «Die Aura des Rätselhaften, eines körperlich-geistigen Zwischenzustandes, die Oberon umgibt, gehört durchaus zu Wielands Gesamtwerk, nicht bloß zu dieser späten Rückkehr ins alte romantische Land.» (43–44) Das bewußt Unverbindliche der Wielandschen Scheinidentifizierung mit Feudalität und Kirchengesetz drückt sich einerseits in der geschichtlichen Absage an die Möglichkeit einer großen deutschen Epik aus. Andrerseits erweist sich das Unverbindliche der Form als gültiger Ausdruck einer gesellschaftshistorischen Wirklichkeit. Gerade daß Oberon nicht die Autorität eines geistig und geschichtlich vergegenwärtigenden Symbols besitzt, spiegelt den historischen Augenblick seiner Konzeption. Positiv drückt Hans Mayer das folgendermaßen aus: «Bei aller Ironie und Parodie im Verhalten des Autors zu seinem Stoff und seiner Form stellt sich

die leitende Idee des *Oberon* doch als ein Werk der echten Zeitgenossenschaft dar, einer authentischen deutsch-bürgerlichen Aufklärung.» (45–46)

Kommen wir zu Mayers Behauptung zurück: «To some extent
the same historical experience underlie any of Goethe's novels;
but I can't help interpreting *Werther* differently from *Elective Aff-
inities.*» Mayer will dort «those details» einer Dichtung berücksichtigt wissen, «that make it a work of art». Was aber sind nun
diese «Einzelheiten»? Es sind zunächst die Bestandteile eines
Werkes, die stilgeschichtlich in einem organischen Abhängigkeitsverhältnis zueinander stehen. Am Wielandschen *Oberon* hat es
sich erwiesen, daß Wesen und Wirkung der konstitutiven Einbildungskraft Einzelgestalt und Gesamtform gleichermaßen betrifft.
Ob eine epische Gestalt symbolische Wirkungskraft auszustrahlen
vermag, hängt unmittelbar vom geschichtlichen Entwicklungsstadium der Gattungsform des Kunstwerkes ab. Beide müssen als
Ausdruck einer «historischen Einbildungskraft» verstanden werden, die ihre eigene *Geschichte* zu gestalten sucht. Das heißt, Hans
Mayer interpretiert die *Wahlverwandtschaften* und den *Werther*
nach unterschiedlichen Kriterien, weil das jeweilige Verhältnis
zwischen Einzelgestalt und Gesamtform geschichtlich verschieden
ist, weil die Romane auch historisch über ihren eigenen künstlerischen Organismus verfügen – letztlich, weil es sich literaturgeschichtlich um zwei eigenständige Dichtungen handelt, deren
Autonomie Mayer nicht in Frage stellt. In *solchem* Sinne gibt es
dann bei Hans Mayer eine geschichtliche Werkimmanenz. Damit
hebt er gleichzeitig hervor, daß sich Literaturtheorie und Literaturgeschichte nicht voneinander trennen lassen. Im Gegensatz zur
sogenannten Dichtungswissenschaft ist Mayer überzeugt davon,
daß auch die werkimmanente Interpretation historisch orientiert
bleibt. Seine Studie *Wielands Oberon* veranschaulicht besonders
deutlich, wie infolgedessen auch das Gestaltungsprinzip werkimmanent und als philosophische Kunstanschauung den historischen
Augenblick widerspiegelt.

Die Problematik einer geschichtlich bedingten Ästhetik und
Gattungspoetik wird auch zum zentralen Thema der folgenden
Schillerstudien. Die erste Abhandlung «Schillers Gedichte und die
Traditionen deutscher Lyrik» erweist sich im Grunde als erneute
Auseinandersetzung mit dem Historismus. Es geht Mayer nach
wie vor um die literaturästhetische Manifestation des «geschichtli-

chen Augenblicks». Auch seine Darstellungsmethode ist die gleiche geblieben. Wieder schafft sich Mayer einen argumentativen «Rahmen»: diesmal die Schiller-Gedenkrede des Basler Kunsthistorikes Jakob Burckhardt, dessen Ausführungen über das Verhältnis von künstlerischer Gestaltung und historischer Erfahrung geradewegs auf die Problematik nicht nur der Schillerschen Lyrik, sondern der Gattungspoetik überhaupt weisen. Die Studie beginnt und endet mit einem Zitat aus dieser Rede, das sich ausdrücklich auf die zeitliche Dimension des sprachlichen Kunstwerkes bezieht. Über den Marquis Posa heißt es eingangs: «Alles an dieser Erscheinung ist *unhistorisch* . . .» (125). Über Schillers Dichtung allgemein heißt es abschließend, daß sie «trotz der Allgemeingültigkeit . . . doch so ergreift, wie *nur das Momentane irgend kann*» (146).

Ganz bezeichnend scheint wiederum Hans Mayers Erklärung: «Was wäre unter dem ‹Dichten von geschichtlichem Belang› zu verstehen? Läuft dieses Urteil nicht auf eine Tautologie hinaus?» (129) Mayer weist darauf hin, daß man geneigt ist, «den vertrauten Begriff der Erlebnislyrik in die Vergangenheit zurückzuprojizieren» (130). Wir haben bereits Gelegenheit gehabt, diese Vermutung zu erweitern und die Möglichkeit einer historischen Rückprojektion der *allgemeinen* Gattungspoetik ins Auge zu fassen. Aber die Ästhetik selbst ist natürlich ihrerseits nur *ein* geistiger Ausdruck des grundlegenden Verhältnisses zwischen Literatur und Geschichte. Mayer zeigt zunächst, daß die Charakterisierung der Schillerschen Gedichte unmittelbar mit der Definition einer Gattungspoetik zusammenhängt. «Es geht nicht bloß um Schillers Gedichte», erklärt er. «So steht es doch wohl, daß diese eigentümlich bedeutenden, aber vielleicht gar nicht einmal lyrischen Gebilde untrennbar mit unseren Fragen nach den Gattungen, den Grundbegriffen der Poetik zu tun haben» (ebd.) Mayer vergleicht bei dieser Gelegenheit die Poetik der Moderne mit der klassischen Ästhetik Schillers. Er verbindet sie in der umfassenden Einsicht: «Für den Drang aber zum Gedicht, den Ausdruckszwang, gelten trotzdem offenbar die geschichtlich-gesellschaftlichen Zusammenhänge» (130–131). Erneut weist Mayer auf die historische Bedingtheit einer angeblich normativen Ästhetik hin.

Aber Mayer läßt es nicht dabei bleiben. In charakteristisch geschichtlicher Manier läßt er als nächstes die zeitgenössische Literaturtheorie zu Worte kommen. Emil Staiger, Wolfgang Kayser, Benno von Wiese, Joachim Müller, Gerhard Storz und gar Ernst

Bloch werden zitiert, in der Absicht, das Bild einer gegenwärtigen Gattungspoetik der Lyrik ganz allgemein und der Schillerschen Lyrik im besonderen zu zeichnen. Das Ergebnis einer solchen Umschau faßt Mayer folgendermaßen zusammen: «Es will mithin scheinen, als sei die Auseinandersetzung über den Lyriker Schiller untrennbar mit Besonderheiten der deutschen Dichtungs- und Deutungstradition verbunden». Einschränkend fügt er hinzu: «Dadurch mag die Allgemeingültigkeit der Werturteile fragwürdig werden; die Notwendigkeit einer Auseinandersetzung jedoch über die spezifische Natur dieser Gebilde bleibt bestehen» (134). Darin inbegriffen liegt also nicht nur das Zugeständnis einer literarhistorisch bedingten, sondern darüber hinaus auch nationalgeschichtlich bestimmten Ästhetik und Poetik. Die Bezugnahme auf akademische Grundbegriffe der Poetik hat gezeigt, daß die deutsche Dichtungs- und Deutungstradition entweder widerspruchsvoll zu sein scheint oder aber aus gesellschaftshistorischen Gründen besondere Manifestationen der Lyrik ausschließt. Angesichts solchen Dilemmas versucht Hans Mayer aus der Besonderheit der deutschen Literatur heraus durch einen *Vergleich* zweier Dichtertypen die sozialhistorisch beschränkte Deutungstradition der poetischen Gattungsformen zu ergänzen. Goethes *Zueignung* erweist sich in solcher Gegenüberstellung als ein Spaziergang im *Raum*, Schillers Elegie hingegen als ein Spaziergang in der *Zeit* und durch die Zeiten. Mayer notiert: «Gemeinsamkeiten – und doch sehr wesentliche Unterschiede» (135). Er veranschaulicht, wie Goethes Gedicht entschieden ins Zukünftige führt, während Schillers Verse «die Ewigkeit der Natur» anrufen: «einst und dereinst durchdringen einander» (138). Bei Goethe werden Gegenwart und Zukunft gefeiert, Schiller erfaßt die Allgegenwart des Seins. Diese unterschiedliche Akzentuierung des Hier und Jetzt bei Goethe und Schiller führt zu einer entsprechenden Entfaltung ihrer eigentümlichen Lyrik. «Am *Spaziergang* wurden Eigentümlichkeiten eines Weltbildes sichtbar, die nicht bloß mit dem Inhaltlichen der Geschichts- und Kunstphilosophie zusammenhängen, sondern – darüber hinaus – sehr eigentümliche und einzigartige Züge der größten Schiller-Gedichte sichtbar machen. Eine Gattungsbestimmung darf nicht darauf verzichten, diese Momente zu beachten.» Hier demonstriert Mayer, wie mit Hilfe des Vergleiches eine werkimmanente Ästhetik definitiv auf die allgemeine Poetik zu wirken vermag.

Schillers Lyrik enthält immer wieder die «gleichen scharfen Antithesen»: Mayer nennt sie Hoffnung und Genuß, Glück und Verdienst, Sinnenglück und Seelenfrieden. Auch das hängt mit der unterschiedlichen Deutung des Augenblicks zusammen. Schiller ist sich vor allem seiner Vergänglichkeit bewußt. Seine Lyrik ist gerade das Festhalten des Flüchtigen im Augenblick: seine Kunstform widerspricht also allen jenen zeitgenössischen Poetiken, die (wie Staiger) in der Lyrik gerade das Persönlich-Flüchtige, Nichtfestzuhaltende erkennen. «Zur Struktur der Schiller-Lyrik», schreibt Mayer, «gehört wohl beides: die ‹ästhetische Synthesis› wie die Spannung zwischen Utopie und Resignation. Im Grunde sind Schillers Typen der Satire, Elegie und Idylle als drei Gestaltungsarten dieses dialektischen Vorgangs zu verstehen. Schiller war sich dessen bewußt.» (142)

Mayer kommt es darauf an, auch eine derartige Form der Lyrik in der deutschen Gattungspoetik berücksichtigt zu wissen. Sie ist nicht nur selbst historische Wirklichkeit, sondern entstand auch aus der unmittelbaren Auseinandersetzung mit der Zeit. Die deutsche Literaturtheorie hat zwar von Schiller die phänomenologische Gegensätzlichkeit des naiven und sentimentalischen Dichters übernommen, nicht aber ihren historischen Niederschlag auf dem Gebiet der Gattungspoetik. Bei Schiller handelt es sich gleichsam um einen Gegenstrom des lyrischen Flusses: nichtsdestoweniger bleibt es das gleiche Element im gleichen Strombett, individuell-ideeller, historischer Ausdruck der fließenden Zeit. Bei Goethe heißt es: «Wasser wird sich ballen». Um Schillers Lyrik sowohl geschichtlich als auch ästhetisch gerecht zu werden, bedarf es der Einsicht, «warum er im gelebten und erlebten Augenblick, diesem Grundtatbestand der Erlebnisdichtung, immer bloß die Spannungen und Antinomien zu entdecken vermochte.» Mayer deutet denn auch die Besonderheit der Schillerschen Lyrik aus eben solchem Zeitbewußtsein. «Das macht die Einzigartigkeit seiner Lyrik aus», fährt er fort, «die dennoch Lyrik ist und bleibt, wenngleich sie weder monologisch angelegt noch von der Erinnerung genährt wurde.» Und ganz bezeichnend heißt es schließlich: «Schiller hat Traditionen übernommen und gestiftet; dennoch wird das Eigentümliche nicht aus Überlieferungen gewonnen – und hat auch keine Überlieferung gezeitigt oder zeitigen können» (146).

So zeigt Mayer, wie das Verhältnis zur Schiller-Lyrik weitgehend darunter gelitten hat, daß Kriterien einer dogmatisch enthistorisierten Poetik auf sie angewandt wurden. Mayers Auseinandersetzung mit Schiller ist also keineswegs nur Beschäftigung mit einem großen individuellen Dichter; sie bereichert die deutschen Grundbegriffe der Poetik und leistet einen allgemeinen Beitrag zur literarhistorischen Ästhetik.

Schon der Titel seiner ersten Schiller-Studie verdeutlicht, worum es geht. Absichtsvoll wird dort von den «Traditionen deutscher Lyrik» gesprochen. Eine Poetik, die das Phänomen der Schillerschen Lyrik nicht in ihr System aufzunehmen und mit ihren ästhetischen Postulaten harmonisch zu vereinbaren vermag, ist nicht nur phänomenologisch unvollständig, sondern auch methodologisch allzu deterministisch und normativ, um einer literaturgeschichtlichen Analyse standzuhalten. Letztlich liefert Mayer in dieser Abhandlung einen neuen Beitrag zur Konzeption einer historischen Literaturwissenschaft. «Jacob Burckhardts Schiller-Rede von 1859», erklärt Mayer im Schlußabsatz seiner Studie, «wurde vor dem Tor zum Historismus gehalten. Sie empfand es noch als groß, daß in Schillers Gedichten darauf verzichtet wurde, den einzelnen Lebensmoment, das ausschließliche spätere Thema des Historismus, zu verewigen. Wir haben die Paläste des Historismus durchwandert, Nutzen und Nachteil der Historie für das Leben kennengelernt. Die Tore haben sich hinter uns geschlossen. Sind wir, hundert Jahre nach Jacob Burckhardt, nunmehr imstande, einer Dichtung von neuem gerecht zu werden, die, wie Burckhardt so schön gesagt hatte, ‹trotz der Allgemeingiltigkeit ... doch so ergreift, wie nur das Momentane irgend kann›? Es wird sich zu erweisen haben.» In charakteristischer Manier zielt Mayer abschließend auf die eigene Gegenwart, die Studie endet im Appell. Wieder wird der Kontrast zwischen geschichtlich-organischem Denken und undifferenziertem Historismus hervorgehoben. Mayer läßt seinen Leser in keinem Zweifel, welches Geschichtsprinzip den Zugang zu Schillers lyrischem Werk versperrt oder erschwert hat.

Der Dichter, der schreiben konnte: «Seid umschlungen, Millionen», schenkte der deutschen Literatur eine Lyrik, die inhaltlich und formal ihre Wurzeln tief in der Aufklärungspoesie hat, die auch gattungspoetisch gesellschaftliches und historisches Bewußtsein zum Ausdruck bringt und die nicht den einzelnen Lebensmoment, sondern das geistige Spannungsverhältnis von Sein und Zeit in künstlerischer Dialektik darzustellen strebte.

In der zweiten Abhandlung seiner Schiller-Studien unterstreicht Mayer noch einmal die Notwendigkeit einer historisch-empirischen Poetik, die sich auf die Realität der deutschen Literatur stützt. Wieder wendet er sich gegen das Gottschedianische Postulieren einer absolut normativen Ästhetik. Das Thema dieses Essays sind Schillers Erzählungen. Gleich zu Beginn heißt es programmatisch: «Diese Unterschätzung des Erzählers Schiller hat ... nicht bloß mit unkritischer Übernahme von Selbstaussagen des Dichters zu tun, sondern auch mit *einer unhaltbaren Poetik allzu streng umrissener Gattungsbegriffe*» (147). Erneut erweist sich der poetische Gattungsbegriff als zu eng, um das Werk eines der größten deutschen Dichter wesens- und wertgerecht beurteilen zu können. Wie zuvor in der Lyrik, zeigt es sich nunmehr auch in der Epik Schillers, daß die Gattungsform untrennbar mit der geschichtlichen Auffassung des Dichters in Zusammenhang steht. Mayer erklärt: »Daß aber die Erzählungen zusammen mit Schillers philosophischer Prosa und seiner Historik eine innere Einheit darstellten, blieb nahezu unerkannt, da auch Schiller selbst diesen Zusammenhang offenbar nicht hatte wahrnehmen wollen.» (148) So entwickelt Mayer das Argument der vorangegangenen Studie, auf die er sich in diesen Ausführungen denn auch deutlich bezieht. Es gibt, so meint Mayer, «wenige Dichter, bei denen die Gattungsgrenzen, aller theoretischen Bemühung ungeachtet, im praktischen Kunstschaffen so sehr verwischt zu werden pflegen wie bei Schiller». Diese Bemerkung veranlaßt ihn, unmittelbar an die voraufgegangene Arbeit anzuknüpfen. «Dieser Tatbestand», fährt er fort, «hat bekanntlich dazu geführt, daß man sich immer wieder fragte, ob Schillers Gedichte überhaupt lyrische Schöpfungen seien, denn die Grenzen dieser Poesien waren zum Epischen wie zum Philosophischen hin fast unerlaubt weit geöffnet». Abermals geht es darum, die Theorie der Poetik mit der Praxis der Dichtung in Einklang zu bringen. Über Schillers prosaische Schriften fragt Mayer: «Wo beginnt hier der Epiker, wo endet der Historiker oder der philosophierende Essayist?» Es zeigt sich, daß die «Nebenarbeit eines Historikers» «doch ein echtes Erzeugnis der Erzählkunst» sein kann. *(Herzog von Alba bei einem Frühstück auf dem Schloß zu Rudolstadt. Im Jahre 1547.)* Ein «authentisches Romankapitel» kann zugleich «philosophische Abhandlung in Form eines platonischen Dialogs» sein. (ebd.) (Das *Philosophische Gespräch* aus dem *Geisterseher.*) Mayer bezieht sich nicht allein auf den Kritiker, Literarhistoriker oder Interpreten, sondern auf das dichterische Werk selbst, wenn er sagt: «Es herrscht allenthalben Unsicherheit in der Klassifizierung» (149). Hier, in den Prosawerken Schillers, wird der Zusammenfall von *history* und *story* am deutlichsten. «Schon in den Untertiteln», bemerkt Mayer, «bemüht sich der Erzähler Schiller, gleichsam wie ein Historiker drauf hinzuweisen, hier werde ‹wahres Geschehen› berichtet, also nicht frei fabuliert». (ebd.) Immer wieder heißt es: «Eine wahre Geschichte». Aus dieser Erkenntnis rührt der Mayersche Vorschlag, «daß man vermutlich gut daran täte, Schillers Erzählungen weit stärker als bisher in den Gesamtzusammenhang der historischen und philosophischen Prosaschriften einzugliedern.» (ebd.) Das gemahnt an die den Goethe-Studien entstammende Konzeption einer Dichtung als «geschichtliche Gesamtanschauung». Offenbar haben wir es mit zwei Dichtertypen, mit zwei unterschiedlichen Manifestationen des grundsätzlichen Abhängigkeitsverhältnisses von Literatur und Geschichte zu tun.

Mayer folgt auch in dieser Studie seiner methodologischen Gewohnheit, die Abhandlung argumentativ einzurahmen. Die Untersuchung der Schillerschen Erzählungen beginnt mit dem lakonischen Satz: «Sie sind authentischer Schiller.» (147) Sie findet ihren Abschluß in der rekapitulierenden Feststellung: «Auch sie sind authentischer Schiller.» (164) Nur wenn Schillers Erzählungen mit den historischen und philosophischen Schriften in Zusammenhang gebracht werden, kann die Literaturwissenschaft der Eigentümlichkeit ihres dichterischen Charakters gerecht werden. «Dann wird sich freilich ergeben», schreibt Mayer, «daß sie authentischer Schiller sind, keineswegs also Neben- oder gar Abfallprodukte ihres Verfassers». (151) Das gleiche hat sich bereits für seine Lyrik erwiesen. Es liegt nunmehr also nahe, den so verstandenen Begriff der Authentizität Schillers auf sämtliche Gattungsformen seiner Dichtung zu erstrecken. Wenn Mayer sagt: «Der Erzähler Schiller betrachtet seine Tätigkeit als Erweiterung des geschichtswissenschaftlichen Bereichs; auch als Erzähler gedenkt er Historiker zu bleiben» (150–151), so trifft das letztlich auf das *gesamte* Werk dieser Dichterpersönlichkeit zu. Auch als Dichter gedenkt Schiller Historiker zu bleiben. Den Nachweis für die Lyrik und Epik hat Mayer in seinen beiden Studien erbracht. Auf dem Gebiete des Dramas scheint sich für ihn ein entsprechender Beleg zu erübrigen, war doch gerade in dieser Gattung der

Schillersche Bezug von Dichtung und Geschichte immer schon besonders deutlich.

Das enge Abhängigkeitsverhältnis zwischen werkimmanenter Ästhetik und Geschichte, zwischen historischer Poetik und dichterischer Gestaltung offenbart sich ein weiteres Mal in der Erkenntnis: «Was der Erzähler Schiller zu leisten imstande war, mußte man seit 1789 an den Werken der Historiographie und der ästhetischen Dissertation ermessen.» (153) Auch in seinen Schiller-Studien läßt Mayer den Rückbezug auf menschliche Beziehungen nicht außer acht. «Schillers Lebensentwicklung» wird in präziser Zusammenfassung gedacht. So betont Mayer: «... wem so stark an einer geistigen Verknüpfung der Tagesereignisse gelegen war wie Schiller, dessen Schöpfungen, aller postulierten Allgemeingültigkeit ungeachtet, stets ihre Herkunft aus aktuellstem Geschehen erkennen lassen, dem entging nicht, daß mit Ablauf der achtziger Jahre eine ganze Weltepoche abschloß.» (154) Auf solche Weise unterstreicht Mayer noch einmal, wie unmittelbar sich das historische Selbstbewußtsein des Dichters auf seine künstlerische Tätigkeit auszuwirken vermag. Darüber hinaus zeigt Mayer den Zusammenhang zwischen gesellschaftshistorischem Zeitalter und literaturgeschichtlicher Epoche: «das französische Ereignis, das auch in Deutschland und von deutschen Schriftstellern erwogen und bewertet werden mußte, ließ erkennen, daß Sturm-und-Drang-Literatur nunmehr, wollte sie folgerichtig bleiben, den französischen Weg als Tat zum eigenen Gedanken verstehen mußte.» (ebd.) Mit einer solchen Erklärung bestätigt Mayer die untrennbare Verbindung zwischen Literatur und Geschichte.

Als Kritiker und Interpret bleibt Hans Mayer Literaturhistoriker. Andernorts hat er darauf bestanden, daß die Position des Kritikers immer auch historisch gesehen und verstanden werden sollte[10]. Hier veranschaulicht er diese Überzeugung, indem er «Schillers berühmt-berüchtigte Rezension von Gottfried August Bürgers Gedichten als letzte Aktion dieses jahrelangen Prozesses
: Auseinandersetzung mit der eigenen Vergangenheit und mit jener literarischen Bewegung» sieht, «die ihn einst emporgetragen hatte». (155) Auch als Kritiker wurde sich Schiller selbst historisch – freilich in unterschiedlicher Weise von Goethe. Schillers sentimentalisches Geschichtsbewußtsein «übersetzt» alles räumlich Seiende, alles gegenwärtig Reale, alles dermaßen künstlerisch oder

natürlich Gestaltete in zeitlichen Dimensionen. Das Hier ist bei Schiller immer im Grunde ein Jetzt. Bei Goethe hingegen wird die zeitliche Verwirklichung des erfüllten Augenblicks zur symbolischen Erkenntnis eines urphänomenalen Seins. Schillers Bezug zu seiner eigenen Dichtung erweist sich als zeitlich orientiert. Aber auch in seiner Auseinandersetzung mit Werken anderer Dichter – wie das Beispiel der Gedichte Gottfried August Bürgers beweist – bleibt die Schillersche Kritik Ausdruck eines selbstbezogenen historischen Bewußtseins.

So gelingt es Schiller auf seine eigene Weise, in Philosophie, Kritik, Geschichte und Dichtkunst zeitliche Distanz zum gestalteten Sein zu wahren. Wie Goethes Autobiographie zum «größten historischen Werk» ihres Verfassers werden sollte, so ist es das historische Selbstbewußtsein Schillers, das eine Distanzierung zur eigenen Dichtung mit sich führte. Mayer spricht ganz deutlich von der «äußersten Distanzierung des Autors von seinem Stoff». Schillers geistige Objektivität ist direkter Ausdruck seiner idealischen Selbsthistorisierung. Ergänzend fügt Mayer hinzu, daß sich eine solche Haltung naturgemäß auf den Stil des Werkes, ja auf die Ästhetik dieses Dichters ganz allgemein auswirkt. «Welche erzählerischen Mittel auch immer ... angewandt werden», schreibt Mayer, «– Memoirenbericht, Briefe, philosophisches Gespräch –, niemals erlebt der Leser eine unmittelbare Konfrontierung mit seinem Autor, wie sie etwa in den Romanen eines Sterne oder Jean Paul zu finden war.» (163)

Entscheidend daran ist die Einsicht, daß idealische Historisierung und ästhetische Distanzierung Hand in Hand gehen. Die deutlichste Verbindung zwischen Schiller und Brecht ist bislang bekanntlich in dem gemeinsamen Konzept des Theaters als moralische Anstalt gesehen worden. Wichtiger scheint uns jedoch die Tatsache, daß beide Dichter in allen Gattungsformen immer wieder ihre eigene Gegenwart durch idealische Historisierung «verfremdet», objektiviert und distanziert haben. So findet auch Mayer: «In diesem Sinne kann man Schillers Erzählungen als höchst bemerkenswerte Vorstufe zu späteren Formen einer stark auf Historisierung und Distanzierung drängenden epischen Technik betrachten.» Zwar nennt er im folgenden nur Kleist, Büchner und Meyer; aber die Gemeinsamkeiten mit Brecht hat Mayer bereits im wesentlichen angedeutet.

Im Gegensatz zu Goethe, bei dem der Zusammenfall von persönlicher Erfahrung und historischem Ereignis imaginativ verdichtet und alles (auch ideell) Zeitliche in der Allgegenwart künstlerischen Seins aufgelöst wird, gilt es bei Schiller, die philosophische Idee, das gedanklich-moralische Postulat mit dem historischen Geschehen in Einklang zu bringen. Erst dann haben wir im Schillerschen Sinne eine idealisch-künstlerische *Geschichte*. Und so stellt Hans Mayer auch diese Schiller-Studie unter das allgemeinere Thema der literarischen Geschichtskonzeption. Erneut hat es sich erwiesen, daß Literatur und Geschichte eine untrennbare Einheit bilden. «Schiller hat niemals eine Geschichte um ihrer selbst willen erzählt», betont Mayer. (163) Das erzählerische Werk hat seine tiefsten Wurzeln in einer idealischen und moralischen Geschichtsphilosophie. Mayer benutzt die Gelegenheit, ein weiteres Mal heftige Kritik am übersichtslosen Historismus zu üben. «Schillers Erzählungen», erklärt er bissig, «entspringen niemals der Bemühung um entscheidungslosen Historismus». (ebd.) Am Historismus vermißt er gerade (ob zu Recht oder Unrecht, mag dahingestellt sein) die philosophisch-systematische Einsicht in das wesentliche Entfaltungsprinzip der Geschichte. Mayer scheint also geradezu eine «Ästhetik der Geschichtsschreibung» zu unterbreiten, die Goethe und Hegel gleichermaßen verpflichtet bleibt. Sie erkennt im Historismus gleichsam eine einfache Nachahmung historischer Ereignisse, die er programmatisch von einer bloß «interessanten» Manier literarhistorischer Untersuchungen und dem «Stil» geschichtlichen Denkens unterscheidet. Für Goethe ruht der Stil bekanntlich «auf den tiefsten Grundfesten der Erkenntnis, *auf dem Wesen der Dinge*» – eine Wendung, die Mayer in seiner eigenen Auseinandersetzung mit Goethes Ästhetik absichtsvoll hervorhebt. In entsprechender Weise glaubt Mayer, daß nur ein systematisch geschichtliches Denken auf den tiefsten Grundfesten der Erkenntnis, «auf dem Wesen der Dinge» zu ruhen vermag. In seiner literarhistorischen Methodologie nähert sich Mayer der Hegelschen Geschichtsphilosophie und Ästhetik. Gleichzeitig aber erinnert er an «Goethes deutlich-geheimen Hinweis auf den Zusammenhang des Stilbegriffs ... sowohl mit dem naturwissenschaftlichen Erkennen wie insbesondere mit der Gesellschaftserkenntnis aus Anlaß des römischen Karnevals». (75) Goethe und Hegel bleiben in der Literaturgeschichte Hans Mayers gleichermaßen lebendig.

Die letzte der drei Schiller-Studien Hans Mayers trägt den Titel

«Schillers Nachruhm». Die Dreiteilung seiner Auseinandersetzung mit Schiller ist keineswegs zufällig. Sie betrifft weniger die drei verschiedenen Gattungsformen, als die Vielfalt der dialektischen Beziehungen zwischen historischer und poetischer *Geschichte*. So veranschaulicht die erste Studie («Schillers Gedichte und die Traditionen deutscher Lyrik») die Möglichkeit einer (poetischen) «Geschichte» der Geschichte. Das deutlichste Beispiel hierfür wäre also etwa die Elegie *Der Spaziergang*. Die zweite Studie («Die Erzählungen») zeigt, daß in der Einheit von philosophischer Idee und historischem Geschehen Geschichte und (poetische) «Geschichte» zusammenfallen. In der dritten und letzten Studie endlich («Schillers Nachruhm») gibt Mayer die Geschichte der (poetischen) «Geschichte». Dazu bedarf es freilich einer präziseren Bestimmung der «Nachruhmsgeschichte».

Wiederholt hebt Mayer in seiner Abhandlung hervor, daß «die Geschichte von Schillers Nachruhm ... keineswegs mit Wirkungsgeschichte gleichgesetzt werden kann ...» (165, 166) Nicht weniger aufschlußreich ist die Erkenntnis: «Die eigentliche Wirkungsgeschichte Schillers griff über den Bereich bloßer Literaturhistorie weit hinaus: die Schiller-Verehrung ist – jedenfalls bis zum Jahre 1914 – ein Bestandteil der politischen *Geschichte* geblieben ...» (167). Mayer möchte den «Nachruhm» als «Wandel der literarischen Urteile» definieren. So unternimmt er denn einen Versuch, «die literarische Bewertung Friedrich Schillers durch die aufeinanderfolgenden Generationen deutscher Schriftsteller, Kritiker, Literaturhistoriker ... im Rückblick» darzustellen. (167–168) Da werden Grabbe, Börne, Heine, Ludolf Wienbarg, Büchner, Grillparzer, Jakob Grimm, Jacob Burckhardt, Keller, Fontane, Nietzsche, Wilhelm Scherer, Otto Brahm, Paul Schlenther, Moritz Heimann, Alfred Kerr, Hauptmann, Dehmel, Hofmannsthal und Thomas Mann berücksichtigt. Interessant ist, daß Mayer auch in der «Geschichte von Schillers Nachruhm ... immer wieder ... Dualismen und Antithesen» feststellt. (165) Könnte es sein, daß auch die Geschichte der (poetischen) «Geschichte» einem dialektischen Muster im Sinne der Hegelschen Geistesphilosophie folgt?

Noch charakteristischer erweist sich die folgende Bemerkung Hans Mayers: «Im Grunde müßte eine umfassendere Untersuchung die einzelnen Gattungen in ihrer Entwicklung analysieren: Schiller in der Geschichte des deutschen Dramas, der Lyrik, der

philosophischen Essayistik, auch der Geschichtsschreibung. Hinzu
träte eine Studie über ‹Schiller in der deutschen Literaturgeschichte›.» (167) Hier wird ausdrücklich eine geschichtliche Poetik, ja im Grunde gar eine Geschichtspoetik verlangt. Erst in der
historischen Entwicklung der Gattung entfaltet sich das umfassendere Wesen ihrer Poetik. Wie zuvor bekennt sich Mayer ausdrücklich zu einer geschichtlich orientierten Ästhetik.

Obgleich die letzte Studie vier Jahre zuvor geschrieben wurde,
bezieht sie sich in ihrer jetzigen Folge wiederholt auf die vorangegangene Abhandlung aus dem Jahre 1963. So gewinnt insbesondere der kurze Bezug auf Jacob Burckhardt in «Schillers Nachruhm» ungemein durch die eingehenderen Untersuchungen der
zweiten Studie. (174)

Und immer wieder merkt der Leser, daß auch diese Arbeiten
konsequent unter dem zentralen Thema einer literarischen
Geschichtskonzeption stehen. «Theodor Fontane» schreibt Mayer
einmal, «... schwankt bei der Beurteilung Schillers zwischen dem
Aktuellen und dem Überzeitlichen, zwischen historischer und
überhistorischer Betrachtungsweise.» (177) Erst bei Thomas
Mann findet er «das Historische mit dem Aktuellen» verbunden,
und so kann Mayer hier erklären: «Die Frage nach Schillers Nachruhm wird untrennbar verknüpft mit jener anderen nach dem Bild
der Gegenwart von diesem Künstler und diesem Werk.» Ganz
programmatisch heißt es dann abschließend über das eigene Verfahren: «Eine Darstellung der Etappen von Schillers Nachruhm
muß notwendigerweise selbst ins Aktuelle führen.» (180–181)

Diese letzte der drei Schiller-Studien Hans Mayers trägt darüber
hinaus eine enge thematische und methodologische Verwandtschaft mit dem 1963 entstandenen Aufsatz «Jean Pauls Nachruhm». Auch dort wird absichtsvoll zwischen Wirkungsgeschichte
(250) und Nachruhm (248) unterschieden; auch dort wird auf eine
lange Reihe deutscher Schriftsteller, Kritiker und Literaturhistoriker rückblickend Bezug genommen. Dieses Mal werden die folgenden Namen erwähnt: Börne, Lassalle, Julian Schmidt, Wilhelm
Scherer, Hermann Hettner, Gervinus, Stefan George, Karl Wolfskehl, Robert Schumann, Berthold Emrich, Robert Minder, Kurt
Schreinert, K. Th. Planck, Karl Kraus, Georg Lukács und Hermann Hesse.

Wiederum zeigen sich Dualismen und Antithesen im Nachruhm
Jean Pauls. Mayer stellt die berühmte *Denkrede auf Jean Paul*

vom 2. Dezember 1825, in der Ludwig Börne bewiesen hatte, daß er von der Eigenart und Größe dieser humoristischen Kunst durchdrungen war, mit Julian Schmidts *Geschichte der deutschen Literatur im 19. Jahrhundert* (1. Bd. 1853) in Kontrast und notiert: «Genau dreißig Jahre später aber liest man es bereits ganz anders». (244) Bei einer kurzen Zusammenfassung der Schmidtschen Stellung zu Jean Paul entfährt Hans Mayer die Entrüstung des echten Kritikers, wenn er erklärt: «Überhaupt pflegt sich Julian Schmidt eine eingehendere Begründung seiner Urteile im allgemeinen zu ersparen.» (245) Kurz darauf notiert Mayer ein erneutes Mal: «Ehe jedoch weitere dreißig Jahre verstrichen waren, konnte man es nun wieder ganz anders lesen». (ebd.) Und noch etwas später heißt es: «Die Verwirrung, die über Jean Pauls Nachruhm herrscht, wird zu Beginn des 20. Jahrhunderts noch stärker». (247)

Wie bei Schiller hat sich Jean Pauls Nachruhm antithetisch entfaltet. Mayer geht so weit, die «schroffe Wendung vom immensen Ruhm zu Lebzeiten bis zu einem höchst fragwürdigen und hybriden Nachruhm» bei Jean Paul noch deutlicher und kompromißloser zu finden als bei anderen großen deutschen Dichtern. (248) Anhand des folgenden Zitates aus der *Vorschule der Ästhetik*, die Humor als bewußt erfolglose Sehnsucht definiert, glaubt Mayer, den wahren Grund für die so wechselhafte Wirkungsgeschichte und den so dualistischen Nachruhm Jean Pauls erklären zu können: «Der Humor», schreibt der Dichter in Paragraph 32, «der Humor, als das umgekehrte Erhabene, vernichtet nicht das Einzelne, sondern das Endliche durch den Kontrast mit der Idee.» «Von hier aus», erklärt Mayer, «wird die Position Jean Pauls in der deutschen Literaturgeschichte, und nicht zuletzt in der deutschen Gesellschaftsgeschichte, deutlicher sichtbar. Die *Vorschule der Ästhetik* entstand 1804 und bleibt untrennbar mit diesem geschichtlichen Augenblick verbunden.» (252) Das sind vertraute Worte aus dem Munde Hans Mayers, der die «Idee» Jean Pauls ohne Zögern mit der historischen Idee der französischen Aufklärung und Rousseau gleichsetzt. So heißt es nur wenig später: «Die Idee der Aufklärung, der Verrat an dieser Idee in Frankreich wie in Deutschland, die deutschen Zustände der Kleinstaaterei und der Kleinstädterei – dies alles steht hinter Jean Pauls Bemühung um eine Begriffsbestimmung des Humors.» (ebd.)

Also auch hier wieder das Ringen um die Erkenntnis einer historischen Poetik und Ästhetik, die eine direkte Auseinandersetzung mit der zeitgenössischen Gesellschaft zum Inhalt hat. Sowohl das dichterische Werk als auch die theoretischen Bemühungen Jean Pauls um eine geschichtsbezogene Ästhetik sind für die wechselvolle Entwicklung seines Nachruhmes verantwortlich. Hans Mayer unterstreicht diese Verbindung, wenn er schreibt: «Es muß jedoch zu denken geben, daß die große Romandichtung Jean Pauls in dem gleichen Augenblick zu Ende ist, da jene theoretische Grundlegung in der *Vorschule der Ästhetik* versucht wird.» (254) Und als die Darstellung des unerfüllten Sehnens im humoristischen Roman gescheitert war, sieht Hans Mayer «die äußerst folgerichtige Anwendung der eigenen ästhetischen Theorie durch und bei Jean Paul ... darin, daß sie ihn veranlaßte, auf humoristische Gestaltung der von ihm selbst geforderten Art von nun an selbst zu verzichten!» (ebd.) Am historisch kausalen Zusammenhang zwischen Dichtung und Ästhetik zweifelt Mayer also nicht. Ihre gemeinsame Geschichtsbezogenheit determiniert auch den Nachruhm der Werke Jean Pauls. «An der Geschichte von Jean Pauls Nachruhm», kommentiert Mayer, «läßt sich nicht bloß deutsche Geschichte studieren.» (255)

Eine solche Behauptung unterstreicht noch einmal die Unmöglichkeit, der Dichtung selbst oder einer Ästhetik beizukommen, ohne den historischen Augenblick ihrer Entstehung und Entwicklung in Betracht zu ziehen. Mayer verdeutlicht das sehr schön, wenn er über Friedrich Theodor Vischers Auseinandersetzung mit Jean Paul bemerkt: «Stärker nämlich als in seiner kritischen Analyse Jean Pauls macht sich die Verschiedenheit der geschichtlichen Ausgangsposition in seiner *eigenen Ästhetik* bemerkbar.» (Hans Mayers Betonung; 257) Und diesem Unterschied in der historischen Ausgangsposition ihrer Ästhetik entspricht nach Mayer wiederum «die epische Distanz zwischen den Romanen *Titan* und *Auch Einer*». (258)

Die Geschichte eines dichterischen Nachruhms erweist sich also ein weiteres Mal nicht von der werkimmanenten *Dichtung* sondern von der *historischen Entwicklung* der Gesellschaft abhängig. «Alle Aussagen über Jean Paul», behauptet Mayer, «die Deutungen wie die Umdeutungen, haben stets mit einem Wandel der gesellschaftlichen Lage in Deutschland zu tun.» (ebd.) Eine grundlegende Einsicht der Literaturgeschichte kommt darin zum Ausdruck: die Gesellschaftsgeschichte schreibt immer auch die Literaturgeschichte. Die Literatur sucht das soziale Wesen und die repräsentative Bedeutung der Geschichte gestaltend zu bestimmen, um wechselseitig in Wirkung und Deutung von der Geschichte bestimmt zu werden. «Jean Pauls Grundphänomene», sagt Mayer, «waren in der geschichtlichen deutschen Wirklichkeit ungelöst geblieben.» (259) Weil dem so ist, konnte die geistige Spannung, «auf die es Jean Paul angekommen war» (260), nicht nur entschärft und verarmt werden, sondern spätestens seit Hermann Hesse wieder als humoristische Dichtung «der Polaritäten und dialektischen Spannungen» in unser Bewußtsein gelangen. (262)

Die literaturgeschichtliche Aktualität Jean Pauls zeigt sich in seiner unleugbaren Wirkung auf Schriftsteller des 20. Jahrhunderts. Hans Mayer schreibt dazu: «So eigentümliche Erzählergestalten der neuesten deutschen Epik wie Ernst Penzoldt oder Wolfgang Koeppen, Günter Grass oder Arno Schmidt zeigen an – meist wird es von den Verfassern sogar selbst unterstrichen –, daß sich hier neue produktive Leser Jean Pauls ans Werk machten.» (ebd.) Und damit erweist sich Hans Mayers Methodologie, die Literatur aus dem Bereich geschichtlicher Nachahmung oder «bloß interessanter» Manier in eine historische Gegenwart und geistige Vergegenwärtigung befreit zu haben, ein weiteres Mal als lebendiger Ausdruck seiner literarischen Geschichtskonzeption.

Nur etwa ein Drittel der Sammlung *Zur Deutschen Klassik und Romantik* widmet sich den «Fragen der Romantikforschung». Unter diesem Titel zeichnet Mayer einführend eine historische Übersicht über den Verlauf der Romantikforschung in Deutschland. Erwartungsgemäß glaubt Mayer, eine historisch-ästhetische Definition der Romantik allein im Rahmen einer Darstellung ihrer geschichtlichen Entwicklung vornehmen zu können. Im Grunde unternimmt er dabei für ein umfassendes stilgeschichtliches Phänomen das gleiche, was er für die Einzelfälle Friedrich Schiller und Jean Paul bereits geleistet hat: er schildert den «Nachruhm» und die «Wirkungsgeschichte» einer besonderen Dichtungsform. Bezeichnend ist wiederum das unmittelbare Drängen auf eine Ästhetik, deren *Entstehung* und *Entfaltung* Mayer geschichtlich determiniert, deren kunsttheoretisches *Wesen* historisch bestimmbar bleibt. So ist ihm die Erkenntnis wesentlich, «daß bei Anwendung des Terminus Romantik erhebliche Verwirrung überall dort zu herrschen scheint, wo versucht wurde, den Begriff nicht bloß zur

Charakterisierung jener literarischen Gruppe zu benutzen, die sich selbst als romantische Schule bezeichnet hat, *sondern generell auf literarische Phänomene anzuwenden*». (264)

Kunstphilosophisch unterscheidet Mayer zwischen einer romantischen «Entdeckungsbewegung im Bereich der natürlichen Poesie» und einer gleichermaßen romantischen «Gegenbewegung», die sich durch «Schaffung und Verherrlichung der künstlichen Paradiese» kennzeichnet. (266) Auf der einen Seite entdeckt die Romantik eine der Natur innewohnende Poesie, auf der anderen Seite schafft sie sich eine eigene «Kunst-Natur». Mit anderen Worten: man findet entweder eine Poesie, die bereits natürlich existiert oder man er-findet eine Poesie, die sich als künstlerisches Postulat manifestiert. Dieser Doppelbereich der Mayerschen Romantik erweitert mithin auch den Rahmen ihrer Wirkungsgeschichte. Mayer bedeutet die Romantik «ein künstlerisches *Gesamtphänomen*». (267) Schon im Ausdruck antizipiert eine solche Wendung den historischen Verlauf dieser Ästhetik. Ihr Höhepunkt einer Synthese natürlicher und künstlicher Poesie findet denn auch (nach Mayer) im musikalischen *Gesamtkunstwerk* Richard Wagners statt. So finden Mayers Romantik-Studien konsequenterweise ihren Abschluß in einer dreifachen Auseinandersetzung mit Richard Wagner. Unter offensichtlichem Bezug auf die vorangegangene Doppelinterpretation der romantischen Ästhetik heißt es dort: «Ein sonderbarer Reiz ... der Tannhäuser-Musik liegt darin, daß der Musiker Wagner ersichtlich bemüht war, *gleichzeitig Musik* traditioneller Romantik *und* Musik der künstlichen Paradiese zu schreiben.» (339) Mayer bezeichnet die Romantiker Schumann und Chopin als «natürliche musikalische Poesie», die *Symphonie fantastique* von Hector Berlioz dagegen «als musikalische Gesamtdarstellung einer romantischen Dichtung der künstlichen, artifiziellen Schönheit». (266) Freilich: der Terminus «Gesamtdarstellung» scheint in diesem Zusammenhang im Widerspruch zu Mayers eigener Theorie zu stehen.

Erneut besteht Mayer auf einen kausalen Zusammenhang zwischen Kunsttheorie und Gesellschaftsordnung. Es gilt festzustellen einerseits, «ob die Romantik eine Bewegung des gesellschaftlichen Fortschritts oder der Regression darstellt» und andrerseits, «ob sie in ihrer Ästhetik darauf ausgeht, die Poesie natürlicher Schönheit zu entdecken, oder ob sie, abermals umgekehrt, in immer stärkerem Maße nach Trennung von Kunst und Leben, Poesie und Wirklichkeit gestrebt hat». (267) Wobei Mayer keinen Zweifel darüber läßt, daß das Hinwenden zur Poesie der Wirklichkeit mit gesellschaftlichem Fortschritt, die Abkehr vom Realismus aber mit sozialer Regression Hand in Hand geht. So ergibt sich die Möglichkeit einer innerromantischen Revolution: Mayer nennt sie «romantische Dichtung, die sich gegen die romantischen Theorien der Restaurationssysteme zu wehren hatte». (265) Auch historisch wurde der ästhetische Begriff der Romantik zu einem Ausdruck sozialpolitischen Verhaltens. Mayer erinnert daran, daß im Jahre 1830 (!) «der Begriff romantischer Dichtung gleichbedeutend geworden» war «mit poetischer Untertänigkeit, mit dem Verzicht auf Rebellion». (ebd.) Die Ästhetik propagiert eine Gesellschaftsordnung.

Ganz im Einklang mit der in dem Aufsatz «Critics and the Separation of Powers» abgegebenen Erklärung: «I believe any kind of criticism to be basically dishonest which does not set out to make the critic's own person and position in the world an integral part of the analysis» (115) erinnert Hans Mayer auch in diesem Zusammenhang daran, die Beschränktheit und Voreingenommenheit des eigenen historischen Standpunktes mit in Berücksichtigung zu ziehen: «... Auch der Versuch einer heutigen Standortbestimmung» hat «davon auszugehen ..., daß die gesellschaftliche Situation des heutigen Betrachters gleichfalls in Rechnung gesetzt werden muß.» Seine Untersuchung, «die den wechselnden Beurteilungen der deutsch-romantischen Schule durch die nachlebenden Literaturhistoriker nachgeht», zeigt nur allzu deutlich, «wie sehr der Wechsel der Urteile mit einem Wechsel der geschichtlichen Positionen und literarischen Kriterien zusammenhängt.» (268) Ein weiterer Beweis also dafür, daß geschichtliches Selbstverständnis einen unmittelbaren Einfluß auf literaturhistorische Betrachtungen, mithin auf Inhalt und Entwicklung einer gegenwartsbezogenen Ästhetik ausübt. Nicht allein im einzelnen Kunstwerk, auch in der allgemeinen Kunsttheorie manifestiert sich der historische Augenblick. Insbesondere erweist sich die kritische Betrachtung einer Kunstphilosophie als historisch orientiert.

Die Eingangsstudie «Fragen der Romantikforschung», für das Verständnis der Mayerschen Deutung der Romantik bei weitem der wichtigste Beitrag, setzt sich aus vier Abschnitten zusammen. Der erste Teil trägt den Titel «Fragen über Fragen», eine Wendung, die in leitmotivischer Wiederkehr (263, 267, 299, 305) die ganze Problematik dieser Untersuchungen vorwegnehmend zusammenfaßt. Wie gewohnt folgt Mayer auch hier seinem methodologischen Muster, literaturkritische und -geschichtliche Abhandlungen durch kennzeichnende Bemerkungen gleichsam argumentativ einzurahmen. Hier hebt er statt der üblichen These programatisch die Verworrenheit des Themas hervor. So beginnt der Aufsatz mit der Feststellung: «Es herrscht größter Wirrwarr» (263) und schließt mit der Titelwendung: «Widersprüche über Widersprüche, Fragen über Fragen.» (305) Immer wieder ruft die Ambiguität der romantischen Literaturtheorie Verzweiflungswendungen wie «Schwierigkeiten über Schwierigkeiten» (264) hervor. Aber Mayer gelingt es, den theoretischen Widerspruch in eine umfassendere Übersicht aufzulösen. Nachdem er die Verwirrung innerhalb der romantischen Bewegung historisch und poetologisch dargelegt hat (und insofern ist das Widerspruchsvolle und die Fragwürdigkeit der Romantik durchaus die argumentative These und das eigentliche Thema dieser Studie), beschäftigt er sich im zweiten Abschnitt mit der romantischen Schule «im Spiegel der deutschen Literaturgeschichte» – was für den Literaturhistoriker und Kritiker Mayer eine entsprechende Bedeutung hat wie die programmatische Wendung «im Lichte unserer Erfahrung» für sein großes Vorbild Thomas Mann. Im folgenden Teil schildert er «Die deutsche Romantik in marxistischer Sicht». Die Studie findet ihren Abschluß in der zusammenfassenden Untersuchung «Ursprung und Einheit der Widersprüche».

Die «Fragen der Romantikforschung» werden somit historisch, ästhetisch und gesellschaftspolitisch geklärt. Am Beispiel Heinrich Heine veranschaulicht Mayer noch einmal die untrennbare Einheit aller dieser Aspekte in verbindlichem Kunstwerk und gültiger Kritik. Ähnlich wie vordem über Goethes *Dichtung und Wahrheit* heißt es jetzt über Heines *Romantische Schule*, daß der Dichter «nicht bloß ein Pamphlet zu schreiben, sondern eine historische Darstellung» zu schildern gedachte. (268) Erneut hebt Mayer hervor, daß der Dichter hier zum eigenen historischen Bewußtsein gelangt, indem er sich, in ganz entsprechender Weise wie einst Goethe in seiner Überwindung des Sturm und Drang, mit jener literarischen Bewegung auseinandersetzt, die ihn emporgetragen hatte: mit der romantischen Ästhetik also und ihrer gesellschaftspolitischen Ideologie. Das bedeutet auch bei Heine wiederum eine Auseinandersetzung mit der eigenen Dichtung. So ist es denn für

Mayer bezeichnend, daß das Bewußtwerden der eigenen künstlerischen Existenz, mithin das kritische Verstehen ästhetischer Werte für den Dichter wie für den Kritiker unumgänglich zur Klärung der geschichtlichen Position führt. Das ästhetische Erwachen des Künstlers bedeutet immer auch eine neue Stufe seiner Geschichtserkenntnis. So sieht Mayer in Heines jugendlichem Streben, «Romantik und plastisches Kunstschaffen miteinander zu vereinen», weil sie «in der Zielsetzung wesensgleich» seien (269–270), einen bewußten Gegenstrom innerhalb der romantischen Ästhetik, der sich später in der *Romantischen Schule*, wo die Elemente des Romantischen und des Plastischen wieder streng voneinander getrennt werden, nur noch verdeutlicht. In der *Romantischen Schule* manifestiert sich ein neues Geschichts- und Gesellschaftsbewußtsein, das sich in einer veränderten Haltung zur romantischen Ästhetik kundgibt. Diese (literar)historische Darstellung Heines ist somit zugleich ein künstlerisches Selbstbekenntnis. Die geschichtliche Auseinandersetzung hat ihrerseits zu einem neuen gesellschaftspolitischen Bewußtsein geführt. Mayer faßt diesen historischen Bewußtseinswandel Heines wie folgt zusammen: «In dem Jugendaufsatz eine immanente und poetische Analyse der Romantik, verfaßt von einem, der sich dazugehörig empfindet; das Buch über die romantische Schule dagegen gibt sich vor allem als politische Analyse, indem es romantische Schule und restaurative Reaktion miteinander assoziiert.» (271)

Bezeichnend ist, *wie* es Mayer gelingt, eine unmittelbare Verbindung zwischen Dichtung und Literaturgeschichte herzustellen. Sie ist nur darum möglich, weil, wie Mayer immer wieder hervorgehoben hat, jede Ästhetik geschichtlicher Ausdruck bleibt. Aus diesem Grunde kann die Literaturgeschichte und -kritik sehr wohl eine entsprechende zeitgenössische Kunsttheorie propagieren oder implizieren wie das Kunstwerk selbst. «Mit diesen Thesen», schreibt Mayer über *Die romantische Schule*, «spricht Heine nach 1830 eigentlich nur aus, was dem allgemeinen Urteil der damals jungen deutschen (nicht bloß im engeren Sinne «jungdeutschen») Literaturauffassung entsprach. Zwei Jahre vor Heines Buch hatte Ludolf Wienbarg in seinen *Ästhetischen Feldzügen* im wesentlichen ähnlich geurteilt. Wienbarg wußte, warum er sich in der gleichen Vortragsreihe auf Heine als die Zentralgestalt der jungen und neuen, der gegenromantischen Poesie berief.» (ebd.) Aus solcher Sicht zeichnet Mayer im folgenden das Verhältnis zwischen romantischer Dichtung und literaturgeschichtlicher Kritik. Die Geschichte der philologischen Kritik veranschaulicht den «Nachruhm» einer bestimmten Dichtungsform. Die Literaturgeschichte vollzieht die historisch-sozialpolitische Interpretation der Dichtung nach; auch dort, wo die Dichtung oder der Dichter selbst nicht zu solchem Bewußtsein vorgedrungen ist. Bei Heine und bei Goethe wird diese historisch-sozialpolitische Interpretation unmittelbar in der Dichtung vollzogen; *Die Romantische Schule* und *Dichtung und Wahrheit* sind literatur-geschichtliche Autobiographien.

Die *Neuere Geschichte der poetischen National-Literatur der Deutschen* von Gervinus setzt sich im letzten Kapitel mit der romantischen Dichtung auseinander. Mayer faßt es folgendermaßen zusammen: «Bedeutung für die politische Entwicklung, auf die es Gervinus so sehr ankommt, wird den Romantikern nicht zugestanden, nicht einmal für das Jahre 1813. Kein Zweifel: dieser Literaturhistoriker repräsentiert vielleicht stärker noch als Heine den allgemeinen Überdruß der deutschen jüngeren Geistigen zwischen 1830 und 1848 an einer literarischen Schule, die sich als getreuliche Verbündete Metternichs zu präsentieren schien.» (272) Theodor Wilhelm Danzel, dessen Studien zur Literatur und Philosophie der Goethezeit sich durch «Nichtachtung» und Nichtbeachtung der romantischen Bewegung kennzeichnen, bedeutet ein weiteres kritisches Stadium in der Wirkungsgeschichte der deutschen Romantik. (273) Bei Hermann Hettner dagegen wird sie wieder zur thematischen Auseinandersetzung; über seine 1850 erschienene Schrift *Die romantische Schule in ihrem inneren Zusammenhange mit Goethe und Schiller* erklärt Mayer: «Vor allem versteht er das Treiben der Romantiker als Ausdruck einer geschichtlichen Lage ... Als Nachlebender lernte Hettner von den Romantikern das Verständnis für geschichtliche Zusammenhänge und Besonderheiten, weshalb er der deutschen Klassik vor allem ihr ungeschichtliches Idealisieren und Antikisieren zum Vorwurf macht.» (ebd.) Auf diese Weise wird noch einmal ganz deutlich auf die enge Verbindung zwischen literaturgeschichtlicher Kritik und dichterischem Kunstwerk hingewiesen. Mayer zeigt, daß die historische Ein- und Übersicht des Kritikers unmittelbar der Dichtung und Ästhetik selbst zu entspringen vermag. (Damit wäre allerdings sein theoretischer Widerspruch zu T. S. Eliot oder F. R. Leavis größtenteils wieder aufgehoben.) Gleichzeitig jedoch insistiert Mayer, daß der Kritiker Dichtung und Ästhetik ihrerseits «als Ausdruck einer geschichtlichen Lage» versteht. Schließlich geht er noch weiter, indem er nun auch über die kritische Abhandlung erklärt: «Die Umstände der Entstehungszeit sind der Analyse anzumerken». (ebd.) Das deckt sich mit seiner Einsicht, daß die historische Position des Kritikers gleichfalls mit in Betracht gezogen werden muß.

Mayers Polemik gegen den Historismus Friedrich Meineckes läßt wenig Zweifel daran, daß seine eigene kritische Geschichtskonzeption vorwiegend literarisch bestimmt bleibt. Was ihn an Hettner beeindruckt, ist vor allem die geschichtliche Perspektive seiner Kritik. Hettners Werturteil über die Romantik faßt er interpretierend zusammen: «Da er – abermals im Gegensatz zu Gervinus – auch die Poesie nach ihren Funktionswerten bei Veränderung der deutschen Verhältnisse beurteilt, muß schließlich sein Urteil über die romantische Schule, trotz allem Bemühen um Gerechtigkeit, gleichfalls negativ ausfallen.» (274)

So zeichnet Mayer Wirkungsgeschichte und Nachruhm der Romantik, indem er gleichzeitig die historische Entwicklung der deutschen Romantikforschung vor Augen führt. Wie immer bedeutet ihm Literatur geschichtliche Kritik und Kritik literarische Geschichte.

Rudolf Hayms Werk *Die romantische Schule. Ein Beitrag zur Geschichte des deutschen Geistes* sieht Mayer als «neue und innerhalb der deutschen Literaturgeschichte überaus folgenreiche Interpretation deutscher Romantik.» (275) Im gleichen Satz noch fügt er die bezeichnende Bemerkung hinzu, daß dieses Buch «kurz vor Ausbruch des Deutsch-Französischen Krieges und der Bismarckschen Reichsgründung» entstand. Der geschichtliche Zeitpunkt dieser Arbeit ist ihm besonders wichtig, weil sich hier nicht allein das Werturteil über die Romantik, sondern darüber hinaus die gesamte Betrachtungsweise des Literaturhistorikers wandelt. Bei seiner Deutung der Romantik, schreibt Mayer, «verzichtet Haym auf die eigentliche Arbeit des Historikers, der eine geistig-künstlerische Bewegung in ihren geschichtlichen Zusammenhängen zu verstehen sucht.» Stattdessen bietet Haym mit seiner Schrift «ein erstes System *geistes*geschichtlicher Betrachtung». (ebd., Hans Mayers Betonung) Daran fällt Mayer sofort auf, daß die deutsche Klassik und Romantik nie «zum Gegenstand einer konkret-geschichtlichen Analyse» werden. Die Ästhetik wird hier aus allen geschichtlichen Zusammenhängen gelöst; sie wird zur abstrakt-philosophischen Kunsttheorie. Aufschlußreich ist deshalb Hans Mayers Bemerkung, in Rudolf Haym die «Vorwegnahme gleichsam späterer Betrachtungen eines Fritz Strich» zu sehen. Nicht nur darin, daß für Haym die Klassik und Romantik in abstrakt-absolute Gegensätze zerfallen, erkennt Mayer «bereits eine typische Methode späterer Geistesgeschichte»; das gilt auch für die konkrete Stilanalyse, die es nicht für nötig erachtet, sich mit dem Ausgang der klassischen deutschen Dichtung zu beschäftigen. Obgleich Mayer Rudolf Hayms Berücksichtigung der Philosophie und Wissenschaft in seiner Auseinandersetzung mit der romantischen Schule als einen «Fortschritt gegenüber seinen Vorgängern» bezeichnet (275), muß er enttäuscht feststellen: «... die qualitative Deutung bleibt aus.» (276) Was heißt hier «qualitativ»?

Die Beantwortung dieser Frage ist von besonderer Wichtigkeit. Denn hier geht es um das entscheidende Problem der literarischen Wertung. In den folgenden Äußerungen verbirgt sich auch Hans Mayers eigenes Kriterium literaturwissenschaftlicher Werturteile: «Der Verlust an geschichtlicher Konkretheit der Betrachtung gegenüber Hegel und noch gegenüber Gervinus und Hettner ist allenthalben zu spüren. Die neue idealistische Strömung der sechziger Jahre und ihr Historismus, der nicht mehr zu werten versteht, sondern alle geschichtlichen Phänomene als gleich lieb und wert betrachtet, macht sich zum Nachteil der Untersuchung immer wieder bemerkbar.» (ebd.) Das heißt, daß für Hans Mayer erstens überhaupt nur geschichtliche Werturteile über literarische Kunstwerke abgegeben werden können und zweitens diese historische Bewertung ihrerseits von einer umfassenden Geschichtskonzeption abhängig bleibt. Mit anderen Worten: nicht nur das historisch bedingte Werturteil muß immer wieder einer neuen Kritik unterzogen werden, weil sich der geschichtliche Standpunkt gewandelt hat, auch das historische Selbstverständnis, das sich in einer neuen Geschichtsauffassung kundgibt, muß kritisch bewertet werden. Wie die Dichtung selbst ist auch die Literaturkritik «geschichtlicher Augenblick der Selbstdarstellung». So schreibt Mayer: «Auf die geschichtlichen Auswirkungen kommt es dann nicht mehr an. Hayms berühmtes Buch über die deutschen Romantiker ist daher selbst ein echtes Erzeugnis des deutsch-bürgerlichen Geistes in der zweiten Hälfte des 19. Jahrhunderts.» (ebd.) Für Hans Mayer ist ein kritisches Werturteil, das nicht historisch orientiert ist, unverbindlich, wenn nicht gar ungültig. Dadurch aber, daß die Deutung des «geschichtlichen Augenblicks» von einer historischen Grundkonzeption abhängt, ist auch auf dieser Ebene eine kritisch bewertende Interpretation vonnöten. Mayers literarische Bewertung ergibt sich gleichermaßen aus dem Wechselverhältnis von allgemeiner Ästhetik und werkimmanenter Interpretation wie aus dem gegenseitigen Bezug von umfassender Geschichtsphilosophie und historischem Gegenwartsbewußtsein.

Für Mayer vollzieht sich «in der Rezeption von Wagner ... die Transformation der Romantik in bürgerliches Daseinsträumen». (277) Selbst die Schriftsteller und Kritiker des Jahres 1890 sind im Grunde keine eigentliche Gegenbewegung zur epigonalen Romantik. Als Beispiel erwähnt er für die deutsche Literatur die nie vollständig durchgeführte Loslösung von romantischen Themen und Requisiten im Werke Gerhart Hauptmanns. Gesellschaftshistorisch zeichnet Mayer die Entwicklung der Romantik von der Gründerzeit über den Beginn der Wirtschaftskrise bis zur imperialistischen Ära wie folgt: «Die Epigonenromantik der Gründerzeit war in der Krise abgelöst worden durch eine Dichtung, die den Alltag mit allen Mißständen und Bösartigkeiten kritisch zu gestalten suchte. Der Anbruch aber der imperialistischen Ära führte zu einem neuen Bedürfnis nach Traumschmuck.» (278) Erneut zeigt Mayer, daß die künstlerische Einbildungskraft stets von der sozialen und historischen Wirklichkeit abhängt.

Die literarische Neuromantik am Ausgang des 19. Jahrhunderts führt jedoch für Mayer nicht zur eigentlichen deutschen romantischen Schule zurück. Jetzt erweist sich seine Gegenüberstellung einer Romantik der «natürlichen Poesie» und der «künstlichen Paradiese» von Nutzen. «Man imitierte nicht», schreibt er über Hofmannsthal und die Seinen, «die deutsch-romantische Poesie der natürlichen Dinge, sondern die von Baudelaire inzwischen auch theoretisch fundierte Poesie der ‹künstlichen Paradiese›.» (279) Auch bei Stefan George und Karl Wolfskehl handelt es sich für Mayer um eine «Neuromantik ohne die eigentliche deutsche Romantik.» (ebd.) So sieht er denn in Ricarda Huchs dichterischer Auseinandersetzung mit der Romantik im wesentlichen den Versuch einer «Ehrenrettung ... nach jahrzehntelanger Verkennung». (ebd.) Aber gerade auch in dem Unterfangen der Huch erkennt Mayer wieder «den Hang zur Geistesgeschichte». (285) Ihre Annäherung der Klassik und Romantik insbesondere stellt er nachdrücklich in Frage. Huchs antimaterialistische Interpretation von Natur und Geschichte kann er offensichtlich nicht akzeptieren. Seinen eigenen Kriterien der Kritik gemäß interpretiert er seinerseits eine solche Deutung und findet, daß auch Ricarda Huch «insgeheim die deutsche Romantik unter das Zeichen der Regression und der Flucht» stellt. Mayers Pointe liegt in dem abschließenden Vergleich: «Eigentlich behauptet sie damit auch nichts anderes als Heinrich Heine: mit dem Unterschied natürlich, daß sie die Akzente umgekehrt setzt und dort zustimmt, wo Heine scharf abgelehnt hatte.» (281) Kein Wunder also, daß er Ricarda Huchs Neudeutung der Romantik «als Zeitsymptom» versteht.

Mayer sieht die gesamte deutsche Literatur zu Beginn unseres Jahrhunderts im Zeichen eines «romantischen Dualismus». Während sich Lyriker wie Hofmannsthal, George und Rilke in das «Reich der künstlichen Paradiese» der Neuromantik locken lassen, wenden sich Erzähler wie Ricarda Huch, Hermann Hesse und Thomas Mann bewußt der deutsch-romantischen Schule zu. So gelangt Mayer zu folgender Einsicht: «... der Einfluß der deutschen Romantik äußert sich in wichtigen Werken der deutschen Literatur des frühen 20. Jahrhunderts weit stärker eigentlich bei Dichtern und ihren Werken, die mit der modischen Neuromantik nur wenig zu tun haben wollten.» (282) Den Expressionismus, den Mayer als «eine im wesentlichen aus deutschen Verhältnissen hervorgehende Literaturbewegung» bezeichnet, sieht er in starker Gegnerschaft «zu allem neuromantischen Getue und allen Erlesenheiten der künstlichen Paradiese». Mayer sieht im deutschen Expressionismus weder eine Verbindung zur Romantik noch zur Klassik; seine Beziehungen weisen für ihn in erster Linie auf den Sturm und Drang.

In den frühen zwanziger Jahren zeigt sich dann eine erneute Auseinandersetzung der Germanistik mit der deutschen Romantik. Mayer wirft Rudolf Unger vor, daß er mit einer «überscharfen Antithetik von rationalistischer Aufklärung und Irrationalismus des Sturm und Drang» operiert. Nur auf Grund einer derartigen Vereinfachung sei es ihm gelungen, «die angebliche Irrationalität der Stürmer und Dränger als eigentliche Keimzelle der späteren deutschen Romantik, als sogenannte *Präromantik*, darzustellen.» (282) An Friedrich Gundolf beklagt er, «daß überhaupt keine Vorstellung mehr vom Spezifischen der romantischen Ästhetik und Literaturtheorie vorhanden» sei. (ebd.) Carl Schmitts Versuch, die Romantik als politisches Phänomen europäischen Ausmaßes zu untersuchen wird willkommen geheißen, obwohl auch hier wieder die «bloß geistesgeschichtliche Methode» Schmitts zur formelhaften Gegenüberstellung von *causa* und *occasio* führt. In H. A. Korffs Bänden *Geist der Goethe-Zeit* erkennt Mayer einen «Höhepunkt ideengeschichtlicher Arbeitsweise», die es noch einmal versucht, die Gesamtentwicklung deutscher Dichtung, Philosophie und Wissenschaft von der Aufklärung bis zur Gegenwart «als Gesamtproblem zu deuten». Sie besitzt jedoch gerade aus diesem Grunde alle die Schwächen, deren Aufdeckung und Behebung das Werk Georg Lukács' so unentbehrlich machen sollte. Mayer weist darauf hin, daß der Korffsche Versuch einer Symmetrie zur Folge hat, daß seine Darstellung «niemals versucht, die Widersprüche als solche sichtbar zu machen, geschweige denn als gesellschaftliche Gegensätze zu verstehen». (286)

Darin daß die deutsche Germanistik seitdem «eine Wendung zum Monographischen» vorgenommen hat, daß sie keine Gesamtdarstellung mehr zu zeichnen versucht, erkennt Mayer, «daß die bisherigen Formen und Methoden bürgerlicher Literaturwissenschaft seit dem letzten Versuch der Ideenhistoriker zur Deutung literarhistorischer Gesamtzusammenhänge nicht mehr ausreichen.» (287) Dieses «nicht mehr» ist streng genommen nach Mayers eigener Darstellung der deutschen Romantikforschung fragwürdig geworden, hat er doch gerade seine Leser davon überzeugt, daß es zu einer überzeugenden Gesamtinterpretation literarischer Phänomene bislang nicht gekommen ist. Da läßt uns auch Georg Lukács im Stich.

Mayer schließt seine Geschichte der bürgerlichen Romantikforschung mit einer Kritik an der gegenwärtig weit verbreiteten sogenannten *Dichtungswissenschaft*, in der literarhistorische Darstellungen durch möglichst voraussetzungslose Textinterpretationen ersetzt werden. Wie sieht Mayer den Charakter einer solchen Forschungsmethode? Er registriert den Verzicht «auf historische Periodisierung, auf Deutung der Zusammenhänge zwischen Substanz und Funktion der literarischen Werke und Gestalten, auf literarhistorische Bewertung ...». (ebd.) Auf die Romantikforschung beklagt er den «Verzicht vor allem darauf, die eigentümlich verzwickten Beziehungen zwischen deutscher Klassik und romantischer Schule von neuem zu untersuchen.» (ebd.) In der Absage an die historisch-kritische Literaturgeschichte muß Mayer im wesentlichen eine nochmalige Beschränkung sowohl des Wesens der Literatur als auch ihrer Interpretationsmöglichkeiten erkennen.

Seiner zwanzigseitigen Untersuchung der bürgerlichen Romantikforschung läßt Hans Mayer eine achtseitige Beschreibung der marxistischen Deutungsversuche deutscher Romantik folgen. Unter dem Titel «Die deutsche Romantik in marxistischer Sicht» werden Marx, Engels, Mehring und Lukács in ihrer Stellung zur deutschen Romantik behandelt. Mayer gibt zu, daß «die deutsche Romantik für die Begründer des Marxismus kein aktuelles Problem» gewesen sei. Die ersten gemeinsamen Werke von Marx und Engels sind im wesentlichen als «Weiterführung der Auseinandersetzungen um den Hegelianismus zu verstehen». (289) Mayer veranschaulicht an Marx und Engels die deutlich historische Bedingtheit gerade auch der geschichtsphilosophischen und gesellschaftspolitischen Ideologie. «Die ersten Positionen von Karl Marx und Friedrich Engels gegenüber der romantischen Schule», heißt es eingangs, «waren eigentlich bereits durch die Geburtsjahre 1818 und 1820 bestimmt.» (288) Es war für sie «nahezu unvermeidlich geworden, eine Strecke Weges mit den jungen, den linken Hegelianern zu gehen.» (ebd.) In einer brieflichen Mitteilung an Engels (25. 3. 1868) erklärt Marx die Romantik wie die meisten seiner Zeitgenossen als «Reaktion gegen die Französische Revolution und ihre geistige Grundlage, die Aufklärung». (Mayers Zusammenfassung.) Marx sieht jedoch, daß in der romantischen Schule geschichtliche Phänomene sichtbar wurden, «die man offenbar so lange nicht zu sehen vermochte, als man sich im Banne des Aufklärungsdenkens befand». (290) Andrerseits würden dadurch wiederum «jene Aspekte der geschichtlichen Entwicklung vernachlässigt ..., die im Zeitalter der Aufklärung im Vordergrund gestanden hatten». (ebd.) Auf Grund solcher vereinzelten Bemerkungen im Briefverkehr zwischen Marx und Engels erklärt Mayer, daß «sich hier eine historisch genauere und darum auch gerechtere Beurteilung gewisser Leistungen der deutschen Romantik bemerkbar» mache, «indem das Mittelalterthema nicht mehr bloß, wie um 1840, als Ausdruck der feudalen Regression verstanden wird». (291) Allerdings weiß Mayer genau, daß man die briefliche Erklärung Karl Marxs «natürlich in ihrer theoretischen Bedeutung nicht überschätzen sollte». (290) Mit anderen Worten: weder Marx noch Engels haben einen literarhistorisch systematischen Beitrag zur Forschung der Romantik geliefert.

Interessant ist, daß Mayer auch über Franz Mehrings gesamte Thematik der literarhistorischen und kritischen Arbeiten erklären muß, «daß die deutsche Romantik für Mehring eigentlich kein ernsthaftes Forschungsthema war». (291) Ein anhaltend historisches Interesse an romantischer Ästhetik liegt nicht vor. Selbst seine Auseinandersetzung mit Hebbel im Zeichen einer «Erörterung von Naturalismus und Neuromantik» hat Mehring nicht veranlassen können, «das Verhältnis der Neuromantik» vom Jahre 1900 mit der ursprünglichen deutschen Romantik zu konfrontieren». (ebd.) Mayer glaubt auch aus Mehrings kritischer Bewertung Heinrich von Kleists herauslesen zu können, daß für ihn die romantische Haltung einer «geschichtlichen Weltwende» im Grunde negativ zu deuten sei.

Es blieb Georg Lukács vorbehalten, sich ausgiebiger und ergiebiger mit der deutschen Romantik zu befassen. Mayer sieht ihn «als folgerichtigen Fortsetzer der Mehringschen antiromantischen Positionen». (292) Gleichzeitig aber wirft er ihm vor, nicht immer «das Wissenschaftsprinzip historischer Zuordnung» zu wahren. Indem Lukács die Goethesche und Hegelsche Ästhetik als absoluten Höhepunkt einer Geschichtsepoche bezeichnet, «tritt abermals ein, was Marx dem Aufklärungsdenken zum Vorwurf gemacht hatte: daß bestimmte geschichtliche Phänomene aus dem Blickfeld geraten». (293) Grob gesagt wirft Mayer Lukács wie Strich vor, mit allzu schroffer Antithetik, mit allzu formelhaften, geschichtlich undifferenzierten Gegenüberstellungen zu arbeiten. Solche Vereinfachungen kommen gewöhnlich bereits in den Titeln der einzelnen Werke zum Ausdruck, wie etwa die allzu pauschale Kontrastierung von *Fortschritt und Reaktion in der deutschen Literatur.* Mayer zeigt dagegen größeres historisches Verständnis und Feingefühl. Er erkennt, «daß bestimmte wissenschaftliche Prinzipien der Aufklärung, und damit der bürgerlichen Emanzipation, nicht durch die deutsche Klassik, sondern durch die erste romantische Schule weitergeführt wurden». (293–4) Mayer umschreibt Lukács' ästhetische und geschichtsphilosophische Grundkonzeption mit bestechender Nüchternheit: «Mit seinem Hegel und seinem Goethe optiert Lukács höchst folgerichtigerweise im Grunde für Napoleon und gegen die deutsche Freiheitsbewegung.» (294) Auf solche Weise führt er Lukács' politische Überzeugung in dessen eigener Literaturgeschichte ad absurdum. Das ist nicht nur elegant «gemacht», sondern geschichtsbewußt dargelegt. Der Hinweis

111

Mayers, daß Lukács' Einstellung zu Kleist «oft an die genau entsprechenden Thesen der George-Schule» erinnert, setzt Lukács' Literaturgeschichte historisch in ein noch fragwürdigeres Licht.

Es ist sicherlich kein Zufall, daß Mayer sowohl bei Mehring als auch bei Lukács die historisch-kritische Bewertung Kleists als entscheidendes Merkmal für die gesamte Behandlung der deutschen Romantik erachtet. Sein eigener Kleist-Essay steht ja ganz absichtsvoll unter dem Thema des «geschichtlichen Augenblicks». Bezeichnenderweise hatte es dort geheißen: «Der Bildungsgang Heinrich von Kleists scheint in gleichsam stenogrammhafter Verkürzung die Entwicklung des deutschen bürgerlichen Selbstbewußtseins im 18. Jahrhundert von neuem nachzuvollziehen.» (193) So hatte Mayer denn auch den Unterabschnitten seiner Studie Titel gegeben, die diesen Entwicklungsgang historisch-ästhetisch zum Ausdruck bringen sollten, z. B. «Der Aufklärer» (193), «Kant und Rousseau» (197), «Die Kunstperiode» (202) und «Die verratene Idee» (206). Es scheint folgerichtig, daß Mayer jede Literaturgeschichte von sich weisen muß, die der einzigartigen Stellung Kleists nicht gerecht zu werden vermag. Denn in seiner eigenen Kleist-Studie ist ja Hans Mayers geschichtliches und ästhetisches Grundprinzip programmatisch verankert und vielleicht, abgesehen von seiner Auseinandersetzung mit Goethe, wie nirgends sonst methodologisch konsequent, deutlich und überzeugend verwirklicht.

Hans Mayer hält es für dringend notwendig, *«zwei* bisherige Grundpositionen von Lukács wesentlich zu überprüfen und ihrer bisher absoluten Geltung zu berauben». (295) Er bezieht sich dabei einerseits auf den offensichtlich von Goethe hergeleiteten Realismusbegriff, andrerseits auf «die Überprüfung jener historischen Grundposition von Lukács, wonach sich bis zum Scheitern der bürgerlichen Revolution von 1848/49 die Philosophie und Literatur der bürgerlichen Klasse im wesentlichen in aufsteigender Richtung bewegt habe, um dann erst einem Vorgang progressiver Dekadenz anheimzufallen.» (ebd.) So verwundert es nicht, daß auch Mayers Beschäftigung mit Lukács in dem Appell gipfelt, «daß alle Bemühung um Systematisierung und saubere Etikettierung der Bewegungen, Werke und Gestalten zu einem Harmoniedenken geführt hat, das in vielen Fällen die Sicht auf Widersprüche und Gegensätze verstellen mußte.» (296) Es *ist* ein Appell, und er wendet sich in erster Linie gegen das Paradox unsauberer Vereinfachungen, um die Vielschichtigkeit historischen Denkens und Kritisierens zum wesentlichen Bestandteil literaturgeschichtlicher Untersuchungen zu erheben. Obgleich Lukács also gegen die geistesgeschichtliche Literaturwissenschaft scharf polemisiert, glaubt Mayer zu erkennen, daß dessen eigene Literaturgeschichte und -ästhetik mit entsprechend systematisch-methodologischen Vereinfachungen und Verfälschungen arbeitet. Die vorliegende Studie hat sich diese Einsicht dadurch zunutze zu machen versucht, daß sie in Fritz Strich und Georg Lukács zwei extreme Möglichkeiten der deutschen Literaturtheorie der Gegenwart erkennt, die sich zwar feindlich-allzufeindlich gegenüberstehen, die aber in ihrer systematisierenden Vereinfachung unerwartet und unfreiwillig auf gleicher Ebene zusammentreffen. Daran können Lukács' marxistische Geschichtsauffassung und Strichs geistesgeschichtliche Dichtungsinterpretation nichts ändern.

Mayers «Fragen der Romantikforschung» finden ihren Abschluß in seiner dialektischen Zusammenfassung «Ursprung und Einheit der Widersprüche», in der er noch einmal die beiden Grundrisse der deutschen Romantik aus der Sicht der bürgerlichen und der marxistischen Literaturwissenschaft vergleichend gegenüberstellt. Dabei gelingen ihm zwei bildlich brillante Skizzen (296, 297). Erwähnenswert ist die namentliche Beschränkung der marxistischen Literaturgeschichte auf Lukács, während die bürgerliche Romantikforschung überhaupt nur allgemein dargestellt wird. Noch einmal hebt Mayer hervor, «daß bei solchen architektonischen Rekonstruktionen größte Vorsicht geboten ist». (297) Zunächst erhebt er Bedenken aus philologischen Gründen. Mit Recht weist Mayer darauf hin, daß unsere vollständige Textkenntnis der meisten Romantiker gar nicht gegeben ist. (Richard Samuels Novalis-Ausgabe könnte, meint Mayer, durchaus «ein wesentlich modifiziertes» Bild des Dichters geben. (298) Das gleiche gelte für die historisch-kritische Friedrich-Schlegel-Ausgabe.) So kommt Mayer zu dem Ergebnis: «Neue übersichtliche Grundrisse anzufertigen hat bei einem solchen Zustand der Forschungslage einstweilen wenig Sinn.» (ebd.) Das leitmotivische «Fragen über Fragen» erscheint wieder (299), wird aber nunmehr philologisch konkretisiert: «Erst die genaue Kenntnis aller Dokumente», schreibt Mayer, «wird Antworten ermöglichen». (ebd.)

Bezeichnend ist, daß für Mayer diese Antworten «zu einer

neuen Gesamtantwort auf die Frage nach den geschichtlichen Grundtendenzen der Romantiker im Jahrzehnt der Französischen Revolution führen müssen». (ebd.) Er sieht statt musterhafter Antithesen im Verhältnis der deutschen Klassik zur Romantik «höchst komplexe Strömungen ..., die schließlich zu einer gemeinsamen Ästhetik, einem poetischen Programm» der neuen Literatur führen sollten. (301) Im Einklang mit Lukács sieht Mayer im Sturm und Drang eine «folgerichtige Weiterentwicklung der Aufklärungsbewegung über Lessing hinaus». (ebd.) Gleichzeitig aber führen seiner Meinung nach «weitaus stärkere Impulse ... von der Generation der Stürmer und Dränger hinüber zur Gruppe der ersten Romantiker». (ebd.) Mayer deutet die romantische Schule in Deutschland also als «*Weiterführung der Sturm-und-Drang-Problematik* im revolutionären Jahrzehnt». (302) An die Stelle eines formalen Schematismus tritt bei Mayer ein organischer Entwicklungsprozeß, dessen Verflochtenheit alle vereinfachenden Versuche einer Gesamtdeutung Lügen straft. Die Wendung zur synthetischen Restaurationsromantik wird nicht bestritten; es soll jedoch genauer festgestellt werden, «wann und durch welche Ursachen diese Wendung erfolgte». (303) Weder Werkinterpretationen rein formaler Strukturen noch Dichterbiographie und -psychologie können hier weiterhelfen. Für Hans Mayer ist die Fragestellung «untrennbar mit den geschichtlichen Vorgängen der revolutionären und bonapartischen Ära verbunden». (ebd.)

So kann und darf es nicht darum gehen, der deutschen Romantik eine schematische Einheit zu verleihen, die ihr weder historisch noch ästhetisch gegeben ist. Keine Kollektivgegenüberstellung mit der Klassik bietet Mayer, sondern die sachliche Darlegung einer «Bewegung ... der manifesten Widersprüche». Mayer sieht diese Paradoxie in erster Linie in einer «widersprüchlichen Haltung zur Geschichte und Gesellschaft». (304–5) Wichtig ist seine Schlußfolgerung: «Weil beides von Anbeginn an bei ihnen enthalten war», erklärt er über die deutschen Romantiker, «Weiterführung der bürgerlichen Emanzipationsbewegung *und* Protest gegen die Phase von Thermidor, Direktorium und Bonapartismus, war beides auch als Nachwirkung möglich: romantische Ästhetik als mächtige Anregerin national-literarischer Emanzipation im Zeichen einer ‹revolutionären Romantik› *und* romantische Restauration eines Chateaubriand, romantischer Pietismus des späten Friedrich Schlegel, romantische Ständestaatlehre Adam Müllers.»

(305) Nun hat Mayer selber gezeigt, daß die Nachwirkungen der Romantik in ihrer Doppelseitigkeit viel weiter, bis in die Gegenwart hinein reichen. Und gerade darin liegt denn auch die Aktualität seiner Studie, die Literaturgeschichte, Ästhetik, Philologie, Sozialwissenschaft und Gegenwartskunde miteinander vereinigt. Die «Widersprüche über Widersprüche. Fragen über Fragen», mit denen Mayer seine Auseinandersetzung mit der Romantik in rahmenmäßiger Leitmotivik enden läßt, zeigen nur allzu deutlich, daß es hierbei im Grunde um unsere *heutige* Stellung zum romantischen Erbe, um eine geistig-literarische *Gegenwarts*bestimmung geht, in der sich die Widersprüche und Fragen der Romantik erneut offenbaren.

Emil Staiger:
Die Zeit als Einbildungskraft
des Dichters

Von allen hier untersuchten Vertretern einer deutschen Literaturtheorie der Gegenwart läßt sich Emil Staiger vielleicht am schwierigsten klassifizieren. Seine Literaturgeschichte gibt vor, «das Wort um seiner selbst willen» zu deuten, «nichts was irgendwo dahinter, darüber oder darunter liegt»[1]. Staiger sieht seine Literaturgeschichte als «Beitrag einer durchaus eigenständigen Wissenschaft zur allgemeinen Anthropologie»[2]. Darin liegt jedoch ein erster Widerspruch: das selbständige Wort wird als eine geistig-künstlerische Manifestation der Möglichkeiten des Menschen verstanden und interpretiert. Eigenartig daran und bezeichnend für den theoretischen Widerspruch ist, daß eine solche Überzeugung, die mit der Literaturkritik beispielsweise eines F. R. Leavis manches gemein hat, nichtsdestoweniger gerade in angelsächsischen Ländern auf weitverbreitete Ablehnung gestoßen ist, während Hans Mayer vergleichsweise als geistesverwandter und somit positiver beurteilt wird[3]. Aber nicht nur der englischen Kritik ist es mißlungen, grundsätzliche Zweifel in ihrer Auseinandersetzung mit der Staigerschen Literaturtheorie zu überwinden. Man hat Staiger auch im deutschsprachigen Raume immer wieder einseitig einen «Ästheten» gescholten, ja, man hat ihn wegen seiner kritisch-ablehnenden Haltung gewisser Aspekte der zeitgenössischen Literatur gegenüber offen einer Katheder-Reaktion bezichtigt, die ihrerseits auch politisch ausgelegt wurde[4]. Gerade die Staigersche Literaturgeschichte, die programmatisch erklären kann: «Wenn ein Wort lebendig ist, wenn es uns anspricht, gibt es eine Möglichkeit menschlichen Daseins kund»[5], deutet auf eine tiefe Zerrissenheit innerhalb und außerhalb der deutschen Literaturtheorie der Gegenwart.

Staigers Methode der Literaturbetrachtung ist streng genommen weder geistesgeschichtlich (wie Strichs) noch sozialpolitisch (wie Mayers und Lukács'). Seine Auslegung – und Staiger bietet noch eine programmatisch textbezogene Deutung dichterischer Sprachgestaltung – ist im wesentlichen werkimmanent, verschmäht

es jedoch nicht, sämtliche dem Literaturwissenschaftler zur Verfü-
gung stehenden Hilfsmittel in seine Auseinandersetzung mit der
Dichtung einzubeziehen. Wo gesellschaftshistorische, biographische, ökonomische, philosophische, psychologische oder geistesgeschichtliche Erwägungen zum besseren Verständnis eines literarischen Werkes beizutragen vermögen, finden sie in seiner
Interpretation Verwendung. Freilich steht die Vorherrschaft eines
textnahen Interpretationsverfahrens bewußt in stärkstem Widerspruch zur Literatursoziologie Georg Lukács', die das dichterische
Kunstwerk allzu oft zur bloßen Veranschaulichung sozialhistori-
scher Prozesse reduziert. Für Staiger gilt jedoch, daß ein Bestehen
auf der Eigenständigkeit der Dichtung einer ergänzenden literatursoziologischen Geschichtsinterpretation in keiner Weise widerspricht. Lukács differenziert präziser: «Natürlich ist jeder Schriftsteller, besonders ein wirklich großer Autor, in seinem Schaffen
reicher und vielseitiger als die literarische oder soziale Tendenz,
die er repräsentiert.» (*Skizze einer Geschichte der neueren deutschen Literatur,* S. 22.) Er scheint hier vorübergehend einzugeste-
hen, daß «literarische Tendenz» und Eigenständigkeit der Dichtung auch wertmäßig keineswegs kongruent sind.

Staiger wirkt in seiner grundlegenden Absicht zugleich beschei-
dener und anspruchsvoller als Strich, Mayer oder Lukács. Seine
Literaturgeschichte will zunächst einmal nur «beschreiben statt
erklären![6]» Wenn er das Wort als Anfang und Ende seiner Wissenschaft bezeichnet, so bekundet er damit ihren phänomenologischen Grundzug. Sobald sich der Kritiker und Interpret vom dichterischen Text entfernt, bedient er sich Staiger zufolge einer
Wissenschaft, die sich gewöhnlich der Dichtung nurmehr als illust-
rierendem Exemplum zuwendet: Stammesgeschichte, Tiefenpsy-
chologie, Soziologie, Ökonomie, Philosophie, Psychologie,
Geschichte.

Es wird daher niemanden überraschen, daß Staiger in seinem
Eingangsaufsatz zur *Zeit als Einbildungskraft des Dichters,* «Von
der Aufgabe und den Gegenständen der Literaturwissenschaft»,
aus Hegels *Phänomenologie des Geistes* zitiert, um die dichterische
Welt, das künstlerische Werk «als unmittelbaren Gegenstand» zu
rechtfertigen[7]. «Beschreiben» möchte Staiger in erster Linie, nicht
«erklären». Bezeichnend ist seine Behauptung, daß wer ein
Gedicht nicht wissenschaftlich auszulegen vermag, «dem verhäng-
nisvollen, weitverbreiteten Irrtum unterworfen» sei, «das Dichte-

rische könne und müsse abgeleitet werden aus der ‹Idee›, die ‹Idee›
sei schließlich doch der tiefste Quellgrund eines Kunstwerks«[8].
Damit zeigt er deutlich, daß es ihm im Grunde um das *Phänomen
des Dichterischen* geht, daß er die dichterische Ausdrucksfähigkeit
des Menschen nicht als gestaltete Aussage, sondern als aussagende
Gestaltung zu deuten sucht. Staigers «beschreibende» Literaturgeschichte bekennt sich nicht zur Darstellung eines sozialhistorischen Prozesses. Als eigenständige Wissenschaft möchte sie einen
Beitrag zur allgemeinen Anthropologie liefern. Kunst als Wissen
rechtfertigt, ja erfordert eine Wissenschaft der Kunst. Absichtsvoll
antizipiert Staiger denn auch zum Abschluß seines Aufsatzes den
Vorwurf, daß es sich bei seiner Literaturwissenschaft eigentlich
um «eine *Phänomenologie* der Literatur»[9] handle. Gerade aus der
Einsicht in das Einzelne erhofft sich Staiger die Möglichkeit einer
umfassenderen, interdisziplinarischen wissenschaftlichen Auseinandersetzung mit dem Wesen der Literatur.

Wir wiederholen: Staiger steht damit also in stärkstem Gegensatz zu Georg Lukács. Während für jenen die gesellschaftshistorischen Bedingungen und sozialpolitischen Implikationen der Literatur eine dominierende Rolle spielen, fühlt sich dieser einer
Textkritik verpflichtet, «die das Werk des Dichters in zuverlässigster Reinlichkeit vorlegt»[10]. Bei Staiger herrscht feinfühlige Interpretationskunst vor, bei Lukács hingegen bleiben textliche Analysen «in zuverlässigster Reinlichkeit» eine Seltenheit.

Und doch schreiben beide Kritiker in der gleichen großen Tradition Goethes und Hegels, beide setzen sich mit dem Grundthema
einer literarischen Vergegenwärtigung geistigen Bewußtseins, des
existentiellen Verhältnisses von Sein und Zeit auseinander. Im
Gegensatz zu Staiger jedoch versteht Lukács jedes geistige
Bewußtsein als gesellschaftshistorischen Ausdruck. Wie zu erwar-
ten, wird bei Staiger Sein und Zeit in die Deutung eines dichterischen Kunstwerkes einbezogen: ihre ontologische Polarität wird
vornehmlich *innerwerklich* interpretiert. Staiger behandelt die
existentiellen Gegenpole der Dichtung selbst, so wie das Ein- und
Ausatmen dem unmittelbaren Lebensorganismus eines einzelnen
Menschen angehört. Lukács dagegen sieht ein solches Ein- und
Ausatmen nie individuell, sondern stets gattungshaft: er weiß nicht
nur, daß der individuelle Atem einmal aussetzen wird, sondern
auch, daß die Schöpfung über einen kollektiven Atem verfügt;
banal ausgedrückt: daß das Leben weitergeht, daß die geschichtli-

che Entwicklung fortgesetzt wird, daß der historische Lebensprozeß die beschränkt individuelle Schöpfung überdauert. Auch ihm kommt es also auf die überindividuelle Dauer, auf den unaufhaltsamen «Fortschritt» der Gattung an. Wo Staiger ästhetisiert, ideologisiert Lukács: Staiger erkennt in der literarischen Gattungsform ein wesentliches Ideal des Menschen, Lukács sieht in der poetischen Gattung das Wesen einer historisch entwickelten Gesellschaftsform. Staiger geht es um die Bewahrung eines historischontologischen Geistes im Rahmen einer solchen Geschichtsentfaltung. Wo Lukács außerwerklich-überindividuell argumentiert, analysiert Staiger werkimmanent-übergeschichtlich. So ist es wiederum kein Zufall, daß in dem gleichen Eingangsaufsatz zur *Zeit als Einbildungskraft des Dichters* auch der Name Martin Heidegger bereits fällt. Dabei «borgt» Staiger nicht nur aus der Heideggerschen Ontologie. Er ist in seiner eigenen literaturwissenschaftlichen Forschung zu der gleichen Einsicht wie der Philosoph gelangt: daß nämlich der geistige Ausdruck der «Zeit» das menschlich «Seiende», *der Mensch* ist. Und nicht umsonst heißt der erste Satz des Staigerschen Werkes: «Die Literaturgeschichte steht, wie alle Geisteswissenschaften, unter der Frage: ‹Was ist der Mensch?›»[11]. So steht das Buch denn auch unter dem programmatischen Thema einer imaginativen «Zeit»bestimmung, die ihrerseits auf ein geistiges «Sein» deutet, beide jedoch wesensgemäß in ihrer literarischen Manifestation eine anthropologisch-ontologische Verbindlichkeit anstreben. In solcher Logik soll sich der Widerspruch einer werkimmanenten Deutung als eigenständig wissenschaftlicher Beitrag zur allgemeinen Anthropologie auflösen.

Staigers «phänomenologische» Untersuchungen beginnen mit einer exemplarischen Interpretation des Brentano-Gedichtes *Auf dem Rhein*. Dabei geht es ihm um ein Musterbeispiel für eine bestimmte Art innerwerklicher «Zeit»verwirklichung und werkimmanenter «Seins»gestaltung. Hier schließt also das Deutungsverfahren das simultane Erfassen von Inhalt und Form ein. Freilich hat auch gerade hier die Polemik gegen solche Interpretationsmethodik einer klassizistischen Epigonengermanistik eingesetzt. Aber offensichtlich erweist sich das Verfahren selbst als historisch bedingt, nützlich in der Auslegung der Literatur vorangegangener Jahrhunderte, jedoch völlig unbrauchbar in der Auseinandersetzung mit der Literatur unserer Zeit. So jedenfalls sieht es der weitest verbreitete Einwand gegen diese «Kunst der Interpretation». Staiger betrachtet das Brentano-Gedicht als Veranschaulichung, das heißt, als innerwerkliche Verwirklichung einer «reißenden Zeit». Er bemüht sich, die ontologische *Bedeutung* der Dichtung phänomenologisch-existentiell zu *deuten*. Wir beschränken uns hier auf die zentralen Abschnitte seiner ausführlichen Analyse des Gedichtes. Da lesen wir unter der Überschrift «Die reine Einbildungskraft: Die Zeit», daß sich der «Mangel an Umsicht» in dieser Ballade in «der Lage des Fischers im Kahn urbildlich» darstellt[12]. Hier wird ein Mensch «nicht als geschichtliches Wesen» entdeckt. Wir zitieren die Schlußsätze des Abschnittes: «So reißt das Vergangene von ihm ab. Seine Geschichte ist ausgelöscht. Zusammenhänge lösen sich auf. Nichts kündigt sich an, und nichts wirkt nach. Alles ist in diesem Kahn eine Folge von unverbundenen ‹Da›[13].» In diesem letzten «Da» vergegenwärtigt sich die ontologische Polarität von Sein und Zeit; die «reißende» Zeitgestaltung des Gedichtes kommt einer imaginativen Seinsgestaltung gleich. So ergibt es sich, daß Staiger in einem späteren Abschnitt («Die Zeit») ausdrücklich darauf hinweist, «daß Räumliches und Zeitliches nicht gesondert nebeneinandersteht»[14]. «Da» wird als «jetzt» und «hier» verstanden und erlebt. Dabei gibt Staiger jedoch – wie Heidegger – der ontologischen Zeit den Vorrang, während der historisch beschränkte Raum diese «ursprünglich reine Anschauung ... versinnlichen» muß. Damit bezeichnet auch Staiger die Zeit als das tiefste Wesen des menschlichen Geistes. Es ist wohl kaum nötig, nochmals darauf hinzuweisen, daß diese Zeit mit einer annalischen Geschichtsschreibung nichts gemein hat. Erst von hier aus könnte man jedoch präzis erklären, daß und wie sich in der Geschichte der Erscheinungen das *Wesen* solcher Zeit entfaltet. Staiger zufolge bräuchten wir dieses Wort *Geschichte* freilich nur noch im Doppelsinn einer historischen Erscheinung und dichterischen Gestaltung aufzufassen, um die Legitimität seiner Literaturtheorie nachzuweisen. Die Geschichte des menschlichen Geistes läßt sich jedoch nicht als ästhetisches Phänomen begreifen. Das komplexe Verhältnis zwischen Literaturgeschichte und Gesellschaftsgeschichte wird hier überhaupt nicht berührt.

Staiger bezieht sich im Verlaufe seiner Erörterungen wiederholte Male auf Heideggers Ontologie und erinnert, daß «Martin Heidegger (die Zeit) dann als reine Einbildungskraft überhaupt herausgearbeitet und dem innersten Wesen des Selbst gleichgesetzt hat»[15]. Damit wird die Frage der methodologischen Originalität des Staigerschen Interpretationsverfahrens erneut angeschnitten. Es muß betont werden, daß Staiger die «Zeit» im Heideggerschen Sinne ausschließlich *anwendet* und sie allein dichtungstheoretisch *deutet*. Sie begrifflich-abstrakt zu erfassen und absolut zu bestimmen, überläßt er weislich dem Philosophen. Staiger beschließt seine innerwerkliche «Zeit»interpretation der Brentano-Ballade mit der phänomenologisch-ontologischen Erklärung: «Die Zeit, die sich als Einbildungskraft Brentanos nun herausstellt, nennen wir im Hinblick auf dem Mangel an Umsicht und die Magie die ‹reißende Folge von einzelnen Da› oder kurz die ‹reißende Zeit›[16].»

Es lohnt sich, ehe wir auf Staigers Interpretation eines Goethe-Gedichtes eingehen, die einzelnen Überschriften und Themen der verschiedenen Unterabteilungen seiner Brentano-Studie chronologisch anzuführen, weil sich in dieser Deutungsprogression Staigers eigene phänomenologisch-literar-historische Ontologie offenbart.

Dem dichterischen Text[17] läßt er zunächst den Abschnitt «Die Sprache» folgen, in dem er sich mit den Lauten, dem Reim, der Metrik, dem Satzbau und schließlich – eher phänomenologisch charakterisierend als kritisch bewertend – mit der «Übermächtigkeit der Sprache» auseinandersetzt. Alles das geschieht im Bestreben, eine Auslegung des Textes «in zuverlässigster Reinlichkeit» zu unterbreiten. Der folgende Abschnitt trägt den Titel «Die dichterische Welt» und beschäftigt sich unter konkretem Bezug auf die Ballade mit den Motiven der Landschaft, der Liebsten, des Fischers und – Subjekt und Objekt in «zeitlich»-existentiellen Bezug zueinander setzend – des «Wirbels». (Vgl. Staigers abschließende Erklärung über «die *eigentliche Wirklichkeit* der Welt Brentanos: ‹Ihr *Urbild* ist die Loreley, so wie der Fischer das *Urbild menschlichen Daseins* ist, das sie erfährt.›») Die nächste Abteilung ist dem «Künstler» gewidmet; ihre Untertitel lauten: «Die Ordnung» und «Literatur». Staiger bemüht sich hier, die Unmöglichkeit, Angeeignetes und Eigenes in Brentanos Bildung reinlich voneinander zu scheiden, auf den phänomenologischen Grundzug seiner dichterischen Welt (ihren «flüchtigen Aggregatzustand») zu beziehen. Darauf folgt der Abschnitt, mit dem wir uns bereits eingehender beschäftigt haben, «Die reine Einbildungskraft: Die Zeit», mit Betrachtungen über den Mangel an Umsicht, die Magie,

121

die Zeit, Musik und Phantasie[18] und schließlich – Zeit und Sein wiederum phänomenologisch-ontologisch interpretierend – «Vergänglichkeit und Ewigkeit».

Als eigentlicher Höhepunkt der Analyse ist jedoch der nächste Abschnitt zu verstehen. Staigers Definition des Wesens und der Aufgabe der Literaturgeschichte entsprechend lautet seine Überschrift bezeichnenderweise «Der Mensch». Er enthält – jetzt sich aus der Enge einer werkimmanenten Interpretation befreiend, ohne jedoch den stellvertretend-konkreten Text dabei jemals aus den Augen zu verlieren – Bemerkungen über Kindheit und Jugend, Freundschaft und Liebe, die alle gleichermaßen zeitlich-ontologisch und biographisch-historisch gedeutet werden. Der Dichter, genauer: das Gedicht wird als geistige Erscheinung einer menschlichen Seinsform verstanden. Dichterbiographie, werkimmanente Textanalyse und phänomenologische Geistesgeschichte werden eins.

Gleichsam als Nachtrag ergänzt Staiger im Schlußabschnitt die zeitliche Analyse der Brentanoschen Einbildungskraft, um der wichtigen Tatsache Rechnung zu tragen, daß diese phänomenologisch-ontologische Zeit ihrerseits unter dem Einfluß eines historisch-geistigen Seins steht. «Der Widerstand» sind diese Schlußbetrachtungen überschrieben, in denen Staiger aufzuzeigen sucht, welche Kräfte sich in der Künstlerbiographie solchem Walten der reißenden Zeit entgegenstellen. «Denn», erklärt Staiger, «was uns unmittelbar angeht, dürfte gerade an diesem Gegenspiel noch deutlicher werden»[19]. Im ersten Unterabschnitt, «Ansätze», erinnert Staiger daran, daß er in seiner Interpretation absichtlich nur solche Aspekte berücksichtigt hat, in denen Brentanos Leben und Werk als existentiell «reißende Zeit» in Erscheinung treten. Seiner Interpretation kommt es also auf eine «idealtypische Wahrheit» an, die sich zu ihrem letztlich «anthropologischen Ziele» bekennt[20]. Deutlich geht es nicht um Brentano, sondern um Abhandlungen einer existentiellen Zeit. Solcher «idealtypischen Wahrheit» stellt Staiger vorübergehend die historische Wahrheit «Brentano» gegenüber. Da aber Staigers historische Brentano-Untersuchungen ihrerseits geistesgeschichtlich orientiert bleiben, dienen auch sie einer phänomenologischen Stilgeschichte. Auch der historische «Widerstand» wird ästhetisiert, die individuelle Lebensgeschichte zum stilistischen Phänomen. Biographisch und künstlerisch sind für Brentano Wirkung und Wirklichkeit eins.

Bezeichnenderweise hat es auch dann für Staiger keinen Sinn mehr, «Widersprüche in eine umfassendere Erkenntnis aufzuheben»[21].

Die zweite Abteilung trägt die Überschrift «Die Mutter» und begreift das Brentanosche «Reich der schlummernden Möglichkeit» als «das Mütterliche», eine Einsicht, die Staiger sogleich auf seine Interpretation der Ballade anwendet: «Der Fischer im Kahn», bemerkt er, «hat kein Woher, keinen Boden, auf dem er zu stehen vermöchte, keine Vergangenheit. Nun sehnt er sich nach einer Herkunft, nach der Bindung (‹religio›) einer Vergangenheit, die ihm gehört. Er möchte sich verankern in dem Grund, dem er einst entstiegen und den er längst verloren hat[22].» Auf solche Weise möchte Staiger feinfühlig die existentielle Bedeutung des «mütterlichen» Katholizismus für den Dichter vorbereiten. Das ist nicht mehr historische Biographie, sondern zeitorientierte Seinsgeschichte. Eine nur mehr natürlich-historische Mutter, das wird im Abschnitt «Das schwere Herz» überzeugend nachgewiesen, genügt einer phänomenologischen Seinserfahrung nicht. Das gleiche gilt für die natürliche Entfaltung der Jahreszeiten. (Interessant hier der Hinweis auf «den nüchternen Hegel», der wie Brentano im Frühling eine Bedrohung sieht![23]) Die Auflösung des Konfliktes zeigt Staiger in der folgenden Stufe seiner Betrachtung, «Das Elend und der geistige Pfau», in der jetzt allumfassend postuliert wird: «... Die Näherung an das Selbst, die Einkehr des Exzentrischen, die durch die Wendung zum Katholizismus je und je unterbrochen wird ... sie soll das Walten der reißenden Zeit uns noch ein letztes Mal erhellen[24].»

Aber gerade ein Gedicht wie *An den Engel in der Wüste* zeigt nur allzu deutlich, daß Brentanos imaginäres Bewußt-Sein den harmonischen Bezug zwischen Sein und Zeit nicht herbeizuführen vermag. Stattdessen gibt sich dieses Bewußtsein einem Glauben hin, der seine existentielle Spannung dogmatisch löst. «Ist Brentano», fragt Staiger abschließend, «nun ‹orientiert›? Gibt es nun ein Woher, Wohin? Gibt es nun eine Lebensgeschichte und jene Durchsichtigkeit des Daseins, die wir bisher ganz vermißten? Gewiß! Doch diese Ansicht ist dogmatisch, vorgebildet in der Heilslehre der katholischen Kirche[25].» Dabei sind das Substantiv *Ansicht* und das Partizip *vorgebildet* durchaus wörtlich zu nehmen: Brentanos Zeit als Einbildungskraft (oder, wie es jetzt heißt: als historisch postulierte «Lebensgeschichte»!) hat sich entindividualisiert. Künstlerisch führt die zeitliche Geborgenheit im Schoß der wiedergefundenen Mutter zu keinem grundsätzlich neuen imaginativ-bildhaften Sein. (Man vergleiche die dichterische Gestaltung dieser Problematik in Hermann Hesses *Narziß und Goldmund*!) «Es bleibt,» schreibt Staiger im letzten Teil seiner Brentano-Interpretation («Abschluß»), «... ein immer noch ohnmächtiges Abtasten der verlorenen Zeit»[26]. Das Ich vermag sich noch immer nicht zeitlich-existentiell zu orientieren. Seine einmalige Individualität geht verloren. In einer Glaubensgemeinschaft wird seine Lebensgeschichte «zur Durchsichtigkeit des Daseins». Das Bewußtsein der eigenen Ohnmacht wird phänomenologisch-ontologisch enthistorisiert.

In jenen berühmten Zeilen, die auch zu Brentanos eigenem Wahlspruch werden sollten:

O Stern und Blume, Geist und Kleid,
Lieb, Leid und Zeit und Ewigkeit!

erkennt Staiger symptomatisch «auf engstem Raum die geahndete, aber noch immer nicht ergriffene Einheit des Daseins», «das Wesentliche, nicht aufgebaut nach innerer Ordnung, sondern nur praktisch aufgereiht mit ‹und›, kaleidoskopisch abermals, doch nun in einem Atemzug ... die ganze Welt wird hier umzirkt, so daß sich denn auch wohl ein so zerstreutes Dasein wie das Brentanos in ihren ebenso unendlichen wie flüchtigen Rahmen fügt»[27].

So wird hier anhand einer Brentano-Ballade verdeutlicht, «wie Entwicklung von der Zeit als Form der Anschauung aus zu verstehen sei»[28]. Staiger zeigt, wie sich innerhalb eines Kunstwerkes die imaginative Polarität von Sein und Zeit entfaltet, wie jede Einbildungskraft mithin über ihre eigene Ontologie verfügt. Eben weil jedes Gedicht etwas existentiell «Seiendes» darstellt, gerade weil es ontologisch «ist», besteht Staiger so nachdrücklich auf der organischen Lebensimmanenz der Dichtung. Wie der Mensch, der ja gleichfalls zunächst und zuvorderst eine selbständige Existenz verkörpert, soll auch das sprachliche Kunstwerk mit Ehrfurcht und Respekt vor seiner eigenständigen Lebendigkeit betrachtet und behandelt werden. Daß anschließend sowohl die Dichtung als auch der Mensch anderweitig erfaßt werden kann und muß, ändert an der grundsätzlichen Unantastbarkeit einer lebendigen Schöpfung nichts.

Bereits die Sequenz der von ihm interpretierten Gedichte verdeutlicht, daß Zeit in Staigers Dichtungstheorie nicht historisch, sondern phänomenologisch verstanden wird. Goethes ontologische Einbildungskraft kennzeichnet sich für Staiger durch die Gestaltung des erfüllten «Augenblicks». Das Goethe-Gedicht *Dauer im Wechsel* bespricht er zunächst unter dem sich an die vorangegangene Betrachtung anschließenden Thema «Die Überwindung der reißenden Zeit». Damit bringt Staiger zum Ausdruck, daß sich für den Literaturwissenschaftler die Auseinandersetzung mit dem existentiellen Grundcharakter eines dichterischen Bewußtseins bei jedem Künstler erneut stellt. Freilich: das Bewußtsein der eigenen Vergänglichkeit wird sich in der Einbildungskraft der Dichter auf unterschiedlichen Geistesstufen vollziehen. Bei der Interpretation des Goethe-Gedichtes stellt Staiger die beiden Unterabschnitte «Vergänglichkeit» und «Das Verfahren des Geistes» einander absichtsvoll gegenüber. Gemäß dieser Dialektik von Zeit und Geist entfaltet sich die Goethesche Ontologie[29], und Staiger kann erklären: «in der Anschauung des Typus kommt die reißende Zeit zum Stehen[30].» Das Phänomenologische am Goetheschen Typus wird unmißverständlich hervorgehoben: «In dem vergeblichen Versuch, den Typus nicht nur geistig anzuschauen, sondern darzustellen, glauben wir Goethe gleichsam an den Wänden der Endlichkeit tasten zu sehen[31].» Hier treffen Goethe und Hegel gedanklich und formal zusammen. Die Frage: «Der Schein, was ist er, dem das Wesen fehlt?» könnte von Hegel gestellt sein, ihre Umkehrung: «Das Wesen, wär' es, wenn es nicht erschiene?» käme einer Goetheschen Antwort gleich. Aber eben: sowohl Hegel als auch Goethe haben beides *simultan* zu erfassen versucht, haben eine *phänomenologische Ontologie* innerhalb ihres eigenen Schaffensbereiches aufstellen wollen. Was bei Goethe in einfache Nachahmung der Natur, Manier und Stil aufgeteilt wird, erscheint bei Hegel in der Abwandlung von Manier, Stil und Originalität wieder[32]. Für Goethe ruht der Stil «auf dem Wesen der Dinge», für Hegel ist das höchste Kunstwerk «original», das heißt selbstseiend, ein «wesentliches Ding». Auch diese Parallele in der Ästhetik des größten deutschen Dichters und des größten deutschen Denkers ist keineswegs zufällig. In seiner Diskussion der Goetheschen Dichtung verleiht Staiger denn auch der Betrachtung des *Typus* als «wahren Gegenstand» eine programmatisch zentrale Stellung.

In stärkstem Widerspruch zur Lukács'schen Interpretation der Goetheschen Haltung zur Revolution (und in grundsätzlichem Einklang mit Strichs Deutung) behauptet Staiger: «Der eigentliche Feind des klassischen Geistes in seinen beiden reinsten Schöpfungen[33] ist die Revolution[34].» Schon vorher hat Staiger dem «Typus» und der «Erscheinung» im Rahmen der Goetheschen Dichtung und Ästhetik das «Grauen der Französischen Revolution» hinzugestellt. Dabei glaubt Staiger geistesphänomenologisch, der ästhetisch-künstlerischen Ontologie Goethes näher geblieben zu sein als der Literatursoziologe Lukács, denn Goethe geht es nach eigener Aussage und im eigenen Gestalten immer wieder darum, «im unübersehbaren Wechsel der Dinge die Dauer zu sichern»[35]. Auf eine präzisierende Deutung des Begriffs «Wechsel» läßt Staiger sich nicht ein. Die wichtige Frage, ob ein unübersehbarer Wechsel der Dinge die Revolution legitimieren würde, bleibt unerörtert. Staiger zieht stattdessen eine unmittelbare Verbindung zwischen dem Lessingschen «prägnanten Moment» und dem Goetheschen fruchtbaren Augenblick beispielsweise in der Elegie *Alexis und Dora* oder dem «schönsten Augenblick» in *Faust*.

Noch in einer anderen Beziehung weicht Staiger hier nachdrücklich von der Lukács'schen Literaturtheorie ab. «Goethe,» erklärt Staiger, «hat immer wieder betont, ein Kunstwerk müsse ein Ganzes sein»[36]. In seiner eigenen vorwiegend werkimmanent-phänomenologischen Deutung der dichterischen Gestaltung steht Staiger also durchaus im Goetheschen Gefolge. Hier offenbart sich erneut der eigenartige Widerspruch und das andauernde Mißverständnis zwischen der angelsächsischen Literaturkritik der letzten Jahrzehnte und der Staigerschen Interpretationsmethodik. Bezeichnenderweise ist der englischen Kritik auch der Zugang zu Goethe bisher versperrt geblieben. Der Weg zur Literaturtheorie Emil Staigers aber führt über Goethes Dichtung und Ästhetik. Goethe fordert, «daß sich das Kunstwerk selbst genüge, daß es keiner von außen hergeholten Erklärung bedürftig sei ...»[37]. In Staigers phänomenologische Zeit-Terminologie übersetzt heißt das: «Wo der Gegenstand aufhört, ist auch der Augenblick zu Ende.[38]» Wohlgemerkt: der «Augenblick» ist hier als Einbildungskraft des Dichters zu verstehen. Was den Bezug auf den «Gegenstand» betrifft, so steht Staiger offensichtlich der Position des angelsächsisch orientierten Kritikers Hans Egon Holthusen entschieden näher als der Position Georg Lukács[39]. Damit aber steht Staiger auch manchen englischen und amerikanischen Literaturkritikern näher, als dies bisher gegenseitig erkannt worden ist[40]. Freilich sprengt Staiger immer wieder die engen Grenzen des *New Criticism*.

Ganz bezeichnend und besonders aufschlußreich ist auch ein Vergleich der Unterschiede in der Deutung des Goethe-Schillerschen Briefwechsels und des Aufsatzes *Über epische und dramatische Dichtung* mit den sozialideologischen Analysen Georg Lukács'[41]. Staiger bemerkt dazu: «Sehen wir uns nun die Gesetze an, die im Briefwechsel niedergelegt sind, so finden wir uns durch die vielen Zeitbestimmungen freudig überrascht[42].» Wie in seiner eigenen Literaturtheorie sieht er das Einzelne von Goethe und Schiller derartig definiert, daß es in sich selber ruht und dennoch über sich selber hinaus bezogen bleibt. Das gilt Staiger bekanntlich nicht allein für den einzelnen Gegenstand, den Typus in seiner dichterischen Gestaltung, sondern für die gesamte Literatur als «Gegenstand». Über die Poetik des «klassischen Augenblicks» behauptet er, daß sie sich in einer Gattung erfüllt, «die zwischen epischer Ruhe und dramatischer Bewegung schwebt»[43]. Was heißt das?

Aus seinen *Grundbegriffen der Poetik* wissen wir, daß «episch» und «dramatisch» bei Staiger nicht bloß literarische Gattungsbegriffe im Sinne einer herkömmlichen Poetik bedeuten, sondern dichterischen Ausdruck einer Möglichkeit des Menschen repräsentieren. Wenn er also dort den epischen Stil mit «Vorstellung» und den dramatischen Stil mit «Spannung» gleichsetzt, so meint er auch damit wiederum ein «zeitliches Sein», das sich in der Einbildungskraft des Dichters kundgibt. Über die Adjektive «episch» und «dramatisch» erklärt Staiger einmal, sie verhielten sich «wie ... das Adjektiv ‹menschlich› zu ‹Mensch›»[44]. Ihre ästhetisch-ontologische Phänomenologie bleibt sich gleich, es handelt sich bei ihnen um deskriptive Wesens- und Seinsarten des Menschen. Auch an der Philosophie (einschließlich der Hegelschen Ästhetik) kann Staiger festhalten: «grosse Abschnitte ihrer Werke sind reine Deskriptionen des Menschen ...[45]» Seine *Poetik* kündigt sich «als literaturwissenschaftlicher Beitrag zum Problem der allgemeinen Anthropologie» an, «d. h. sie bemüht sich nachzuweisen, wie das Wesen des Menschen im Bereich des dichterischen Schaffens erscheint»[46]. Auch darin decken sich Methode und Absicht der Staigerschen und Hegelschen Ästhetik. Das geht bis in die Einzelhei-

127

ten ihrer anthropologisch-historischen Betrachtungsweise hinein. (Vgl. die wiederholten Bezüge auf Hegels Ästhetik, insbesondere im fünften Abschnitt seiner Poetik des epischen Stils.) Auch die für Staiger typische Behauptung, daß es sich beim Epischen überhaupt um «eine unwiederholbare frühe Stufe des menschlichen Daseins»[47] handelt, bleibt sowohl gedanklich als auch methodologisch Hegel verpflichtet. Die klassische Ästhetik, «die zwischen epischer Ruhe und dramatischer Bewegung schwebt», umfaßt also eine «vorgestellte Spannung», die jedoch (wie das Verbum «schweben» andeutet) zugleich eine lyrische «Erinnerung» in sich schließt. Damit aber ist das abgerundete Sein des klassischen Menschen zum Ausdruck gebracht, der sich in der Kunst idealästhetisch verwirklicht.

Von grundsätzlicher Bedeutung ist das Staigersche Bekenntnis: «Der lyrische, der epische und der dramatische» Stil als zeitorientierte Möglichkeit des Menschen «befaßt sich mit demselben Seienden, mit dem Strom des Vergänglichen, der grundlos strömt»[48]. *Zeit* bedeutet Staiger also eine Manifestation des Mensch-Seins, die sich im Rahmen der Kunst bereits durch gattungsformalen Ausdruck offenbart. Eine (im wörtlichen Sinn verstandene) «ursprüngliche» Zeit aber ist für ihn «das Sein des Menschen und ... das Sein des Seienden, das der Mensch, als zeitigendes Wesen, ‹sein läßt›»[49]. Hier ist die Verwandtschaft zu Heideggers *Sein und Zeit* bis in den Sprachgebrauch hinein unüberhörbar. Staiger wiederholt, daß «die Gattungsbegriffe als literaturwissenschaftliche Namen für Möglichkeiten des menschlichen Daseins» zu gelten haben. Die Heideggersche Ontologie macht sich Staiger literaturwissenschaftlich in den Grundsätzen zunutze: «Das Verstehen im Sinne eines fundamentalen Existentials prägt sich dichterisch aus im dramatischen Stil», «die Befindlichkeit oder die Stimmung prägt sich dichterisch aus im lyrischen Stil» und «das Verfallen (im Heideggerschen Sinne[50]) entspricht dem epischen Stil»[51]. Es gilt also, den Sinngebungen der Staigerschen ontologischen Ästhetik Rechnung zu tragen, wenn er dem Wesen «des klassischen Augenblicks» durch einen Ausgleichsbezug auf epische Ruhe und dramatische Bewegung beizukommen hofft. Damit ist nicht nur im engen Sinne auf den Handlungsverlauf der Dichtung gezielt (das wäre insbesondere beim Lyrischen problematisch), sondern auf die Totalität eines ästhetisch postulierten und künstlerisch vorbildlich verwirklichten Seins. Da Staiger sicherlich mehr als eine Definition des individuellen Künstlertemperaments zu unterbreiten sucht, wäre es besonders aufschlußreich gewesen, wenn die Frage einer bewußten *Leistung* solcher geistigen Zeit-Gestaltung berücksichtigt worden wäre. Gerade in einer vergleichenden Gegenüberstellung von Goethe und Brentano wäre eine derartige Diskussion von großem Nutzen gewesen.

Staiger betont, daß sich stilistisch-existentiell unterschiedliche Seinsformen dennoch miteinander vermischen können, ja, in ihrer absoluten Reinheit eigentlich weder in der Kunst noch im Leben jemals vollkommen zutagetreten. Stattdessen wird es sich in der Dichtung und im «Stil» eines individuellen Charakters und Temperamentes stets um vorherrschende Seinsarten handeln, die Züge anderer Existenzformen in sich schließen. Auf die Literatur angewandt erklärt Staiger: «Die Zufälligkeit der äußeren Erscheinung eines Gedichts, ob es sich als Erzählung, als Bühnenstück oder Epigramm, Ballade, Hymne, Ode darstellt, ließen wir grundsätzlich außer acht und suchten uns das Lyrische, Epische und Dramatische klarzumachen[52].» Dagegen muß es wohl auf Unkenntnis der angelsächsischen Shakespeare-Kritik der letzten Jahrzehnte beruhen, wenn Staiger behaupten kann: «Der Engländer wird es kaum verstehen, daß Shakespeare nicht als unzweideutig dramatischer Dichter gelten soll[53].» Die zeitgenössische Shakespeare-Kritik kennzeichnet sich gerade dadurch, daß sie den Dichter als dramatischen Lyriker interpretiert[54]. Auch hier wieder Mißverständnisse und kritisch-theoretisches Monologisieren auf nationalliterarischer Basis, die sich mit der Goetheschen Forderung nach einer Weltliteratur eigentlich nur schwer vereinigen lassen! Der Grund hierfür mag freilich nicht zuletzt auch darin zu finden sein, daß das literaturtheoretische Werk Emil Staigers im Gegensatz zu Georg Lukács' bisher noch nicht ins Englische übersetzt worden ist.

Es ist wiederum kein Zufall, daß Staigers Analyse des Goethe-Gedichtes *Dauer im Wechsel* in einem Schlußabschnitt mit dem Titel «Zum Problem der Humanität» gipfelt. Es ist sicherlich nicht allein auf die konkrete Problematik der deutschen Klassik bezogen, wenn Staiger ästhetisch wie ethisch bemerkt: «Die Frage stellt sich demnach so: Wo ist ein Halt für den Menschen, dem der Mensch das Maß der Dinge ist?»[55] Nicht weniger bezeichnend scheint die indirekte Antwort: «Vom Menschen zum Menschen fließt der Strom der Liebe und trägt die Welt mit sich[56].» Das mag wie leere Rhetorik klingen, will aber im Zusammenhang der Staigerschen Literaturtheorie wörtlich verstanden werden. Weil sich Sein und Zeit im Heideggerschen Sinne letztlich wesensgleich sind, fließt im Menschen selber, in seiner eigenen Existenz der welterfassende Strom. Sein «Ganzes» existiert zwischen einer Polarität von «Dauer und Freiheit», von «Nein und Ja». Auch in seiner Goethe-Interpretation führt die Staigersche Auseinandersetzung mit der Zeit als Einbildungskraft des Dichters also zur existentiellen Grundfrage: was ist der Mensch? Offenbar läßt sie sich für Staiger nicht historisch beantworten.

Als letztes Musterbeispiel einer ontologischen Zeitdeutung literarischer Kunstwerke dient Staiger das Keller-Gedicht *Die Zeit geht nicht*. In dieser Lyrik gilt: «Was da *ist*, das ist *da*; oder es ist überhaupt nicht[57].» Auch das ist eine Form des Da-Seins: ein *Da* wie bei Brentano (obgleich hier nicht in einer wilden Folge), ein *ewiges* Da wie bei Goethe (obgleich hier nicht als Offenbarung eines ewigen Augenblicks im Strome der Vergänglichkeit), «ein ewig-*ruhevolles* ‹Da›»[58]. Wieder führt die dichterische Welt zur Interpretation der Zeit. Staiger erkennt in Kellers Werk und Leben das «Leiden am Verlust der Zukunft»[59]. Wieder wird deutlich, daß die Zeit als Einbildungskraft des Dichters nicht naive Temperamentsentfaltung, sondern das Ergebnis einer bewußten Auseinandersetzung mit der eigenen Identität ist. Sie wird zum Ausdruck künstlerischen Selbstverständnisses. Staigers Zeit-Begriff ist künstlerischer Bewußtseinsausdruck. In Kellers Lyrik, entdeckt Staiger, gehen «Licht, Zeit und Geist» ineinander auf, «alle drei sind eigentlich eins»[60]. Was heißt das?

Staiger hat sich in seiner kleinen Schrift *Geist und Zeitgeist* (Zürich 1964) erneut mit dem Verhältnis der Kunst zur existentiellen und historischen Zeit auseinandergesetzt und dort die kühne Behauptung aufgestellt: «In der Kunst erfüllt sich das Dasein des Menschen, erfüllt sich, das heißt: es steht nichts aus; die bangsten Fragen, die reinste Gewißheit, der tiefste Schmerz und der seligste Jubel, alle Erschütterungen schweben in einem zitternden Gleichgewicht[61].» Das ist als Postulat an die Kunst der Gegenwart gemeint und zeugt auf seine Weise vom «Leiden am Verlust der Zukunft» im Bereiche der Dichtung.

In Kellers *Spiegel das Kätzchen* sieht Staiger eine dichterische Zeiterfüllung, ein Sein, das spiegelhaft in sich selber ruht. Die Kellersche *Komik* ist gleichfalls zeitorientiert: Staiger bestimmt sie als «Gegenwärtigkeit», als «ein aus allen Zusammenhängen herausgelöstes beharrliches ‹Da›». Gegenstand des Gelächters wird, «was aus der ruhenden Zeit getreten ist und eine Heimsuchung erfährt»[62]. Sah Strich noch den geistesgeschichtlichen Hauptunterschied zwischen Klassik und Romantik in der Antithetik solcher Begriffe wie «Vollendung und Unendlichkeit», so unterscheidet Staiger jetzt im Abschnitt «Geistesgeschichtliche Einordnung» Goethe von Keller durch die ästhetisch-ontologischen Gegenpole «Vollendung und Ende»[63]. Kellers Bewußtwerden einer künstlerisch-existentiellen Endzeit, dem seine Komik in ästhetischer Daseinsform Ausdruck verleiht, bedeutet zugleich eine dichterische und menschliche Überwindung des Epigonentums. Deutlich schwingt in Staigers eigener Stellungnahme zur zeitgenössischen Literatur die Furcht mit, daß wir heute sogar jenseits von Vollendung und Ende stehen, daß der dichterische Zeitstil also überhaupt nicht mehr Ausdruck eines existentiell sinnvollen Seins bedeutet. Daß aber die moderne Literatur gerade ein solches Bewußt-*Sein* gestaltend bewußt zu *machen* versucht, daß es hier um das Paradox eines zu gestaltenden Nicht-Seins geht, scheint Staiger zwar zu ahnen, nicht aber als künstlerisch gültige Darstellung zu akzeptieren. Staiger sieht nicht, daß werkimmanente Kriterien nur solange relevant bleiben können, wie sich lebensimmanente Daseinsformen verwirklichen lassen. Hier hätte sich wiederum ein Dialog mit Hans Mayer oder Georg Lukács als äußerst fruchtbar erweisen können.

Das in der *Zeit als Einbildungskraft des Dichters* verfolgte Prinzip einer «reinen Form der Anschauung» wird sich somit auf die zeitgenössische Literatur nicht anwenden lassen. Die deutsche Gegenwartsliteratur kennzeichnet sich durch eine Vorherrschaft geschichtlichen Bewußtseins. Die «reine Form der Anschauung» ist ihr fremd: sie kann es nur noch als Lüge geben. Staigers phänomenologische Zeit-Ontologie richtet sich wider eine historische Gegenwart. Sie orientiert sich ausschließlich an der geistigen Vergangenheit. Schade, daß Staiger gerade dort, wo es zu einer entscheidenden Diskussion hätte kommen können und sollen (nämlich in seinem Schlußteil «Ergebnisse und Fragen»), allzu abstrakt von der «dichterischen Möglichkeit als solcher» spricht[64]. Nur die fragwürdige Annahme einer ästhetischen Ontologie im übergeschichtlichen Bereiche, in dem sich Idee und Gestalt, Sein und Zeit in phänomenologischer Polarität gegenüberstehen, ermöglicht die folgenschwere Behauptung: «Die präsentische Daseinsform ist ... die ästhetische[65].» Daß historisch genau das Umgekehrte der Fall ist, wird von Staiger nur widerwillig in Erwägung gezogen. Es ist also durchaus kein Zufall, daß die Auseinandersetzung mit der zeitgenössischen Literatur in der Interpretationskunst Emil Staigers fehlt. Konkrete Aufsätze über Gegenwartsdichter sind in seinem Werke nicht zu finden, weil Staiger – in seinem Sinne – keine vollgültigen Gegenwartsdichter zu erkennen vermag. Das Fehlen aber eines ausführlichen Befassens mit der zeitgenössischen Literatur bedeutet doch wohl einen erheblichen Mangel im Schaffen dieses Literaturwissenschaftlers. Es läßt sich nicht leugnen, daß Staigers Interpretationsmethodik an der Gegenwartsliteratur scheitert. Seine Gegenwart («die präsentische Daseinsform») ist «ästhetisch», literaturgeschichtlich, ohne den historischen Prozeß so zu erfassen, daß ihm der Anschluß an die geschichtliche Gegenwart gelingt. Jede wirklich große (auch «überzeitliche») Literaturtheorie und -geschichte hat sich bisher gerade aus der unmittelbaren Beschäftigung mit der gegenwärtigen Kunst eines Zeitalters entwickelt; das gilt für Aristoteles nicht weniger als für Goethe oder Hegel. Darin ähneln sich Strich und Staiger: beiden gelingt der Kontakt mit der Gegenwartsliteratur nicht. Wo Strich jedoch zuweilen in peinliches Geschwätz verfällt, zieht Staiger es vor zu schweigen[66]. Hans Mayer und Georg Lukács haben sich dagegen immer wieder mit der zeitgenössischen Dichtung auseinandergesetzt. Obgleich Staiger gesellschaftshistorische Realitäten mit in seiner Literaturtheorie berücksichtigen möchte, bleibt seine Geschichte im Wesentlichen (wie bei Strich) ästhetisierte Geistesgeschichte. Bezeichnenderweise versucht er, sich «eine auf die Zeit gerichtete *Poetik* vorzustellen, die imstande wäre, über den historischen Wirklichkeiten die Möglichkeiten der Poesie in klarer Ordnung aufzubauen»[67]. Gattungs- und Stilformen der Poesie aber bezeichnet Staiger wiederholt als «Möglichkeiten des Menschen». Damit fordert er eindeutig eine Vergegenwärtigung des Menschen, die nicht in der geschichtlichen Wirklichkeit, sondern in der literarischen Geschichte, in der Phänomenologie des Geistes wurzelt. An die Stelle des historischen Augenblicks der Selbstdarstellung (auch in der Kritik!) tritt eine ästhetische Ontologie, die sowohl das Selbst als auch die Darstellung nur idealistisch-theologisch zu postulieren vermag. Eigenartige und zugleich symptomatische Gegenpositionen: bei Lukács ein sozialhistorisch-ideologischer Utopismus, in dem die geschichtliche Zeit zur neuen gesellschaftlichen Wirklichkeit führen soll, bei Staiger eine suprahistorisch-ästhetische Ontologie, die ihrerseits der Gegenwart und Zukunft nur normativ-postulierend gegenüberzutreten vermag.

Staiger geht es um eine Stilistik, «die uns lehrte, das dichterische Wort nicht nur unmittelbar zu empfinden, sondern auch unmittelbar zu verstehen in seinem anthropologischen Sinn und einzuordnen in die systematische Geisteswissenschaft»[68]. Die Aussicht, eine Dichtung «unmittelbar zu verstehen», das heißt im Staigerschen Sinn zu vergegenwärtigen, ist in jeder Hinsicht vielversprechend. Allein, an ihrer Verwirklichung dürfte weniger Staigers ästhetische Ontologie als das individuelle Feingefühl des Lesers teilhaben. Im Grunde bedeutet Staigers Versuch, der Einbildungskraft des Dichters (genauer: der Dichtung) durch das Konzept einer ästhetisch-ontologischen Zeit beizukommen, natürlich nichts anderes, als seine eigene Sensibilität wissenschaftlich zu untermauern, begrifflich festzulegen und theoretisch zu besiegeln. Insofern geht es also durchaus um die Zeit als Einbildungskraft des Interpreten. Eigenartig nur, daß dieser Kritiker, bei dem die Interpretation zur Kunst und die Kunst zur Interpretation menschlicher Möglichkeiten wird, die werkimmanente Gestaltung einer ontologischen Verwirklichung des Menschen wiederum geisteswissenschaftlich einordnen möchte, das dichterische Kunstwerk und seine Wirkung also systematisieren will. Dennoch wird von ihm das subjektive Feingefühl des Kritikers und Lesers als entscheidend vorausgesetzt. Staiger will nicht nur, an dem, *was* wir fühlen, demonstrieren, *wie* wir empfinden, sondern recht eigentlich, *warum* wir auf ein bestimmtes Kunstwerk in einer bestimmten Weise reagieren. Aber selbst dieser Versuch bleibt im wesentlichen subjektiv orientiert – worüber sich Staiger übrigens völlig im klaren ist[69].

Trotz seines programmatischen Versuches einer Systematisierung des Verhältnisses zwischen dichterischer Einbildungskraft und existentiellem Selbstbewußtsein bleibt Staiger methodologisch der subjektivste unter den großen Literaturhistorikern der Jahrhundertmitte. Die einseitige Begrenzung seiner Dichtungstheorie und seiner literaturwissenschaftlichen Methode ergibt sich aus der selbstgestellten Aufgabe, individuelle Seinsformen zu deuten. Georg Lukács ist aus seiner eigenen, marxistisch ausgerichteten Geschichtsperspektive der «objektivste» unter den von uns berücksichtigten Literaturtheoretikern, ohne daß diese methodologische «Objektivität» die Grenzen seiner Betrachtungsweise zu verwischen vermöchte. Hier herrscht die gleiche Deutungsvariante wie zwischen Hegels Begriff der Originalität und Goethes Definition des Stils.

Möglichkeiten der Dichtung exemplifizieren nicht nur Möglichkeiten des Menschen; beide bestimmen darüber hinaus Möglichkeiten der literarischen Theorie, des dichterischen Deutungsverfahrens. Um so entscheidender ist die Einsicht, daß Mensch und Dichtung fortwährend einer historischen Wandlung unterstehen. Es kann also immer nur geschichtliche Dichtungstheorien geben. Die historische Wirkung Goethes und Hegels, ihre geschichtliche Gegenwärtigkeit wird von Staiger und Lukács als grundlegend vorausgesetzt, dann aber unterschiedlich gedeutet.

Lukács entwickelt Goethe und vor allem Hegel zu einem gesellschaftshistorischen System materialistischer Dialektik, erkennt in ihnen Vorstufen seines «eigenen» marxistischen Geschichtsbewußtseins; Staiger bedient sich zwar streckenweise Goethescher und Hegelscher Gedanken, Methoden und Theorien, erklärt aber sogleich: «Die Methode kann, wie die Hegelsche Dialektik, nur schaden, wenn sie sich nicht mit dem unmittelbaren Gefühl für künstlerische Werte paart[70].» Das klingt wie ein gezielter (und sicherlich berechtigter) Seitenhieb auf Lukács. Es ist wirklich erstaunlich,wie viele Termini der Lukács'schen Literatursoziologie auch bei Emil Staiger eine entscheidende Rolle spielen, dabei jedoch begrifflich eine gänzlich andere Bedeutung erfahren. So bezieht sich auch Staiger immer wieder auf die «Totalität des Menschen»[71] oder (wiederum wie eine Antwort auf Lukács' Theorie anmutend) auf den Begriff des «Fortschritts» in der Literatur. Beide Konzepte finden ihren geistigen Ursprung in Goethe und Hegel, von denen sie entweder organisch-ontologisch oder geistig-historisch gedeutet werden. Programmatisch verkündet Staiger: «Der Fortschritt äußert sich ... nicht in der Erzeugung eines Neuen, sondern als wachsende Einsicht in das Kunstwerk ...[72]». Bei Lukács dagegen reduziert sich «Fortschritt» zu einem ideologischen Slogan, der auf seiner marxistischen Geschichtsauffassung beruht. Die vorgegebene Objektivität des Begriffes wird nirgends einer eingehenderen Analyse unterworfen. Wie das Postulat einer sich objektiv entfaltenden Geschichte wendet Lukács seine literatursoziologischen Begriffe deterministisch an. (Die marxistische Reinterpretation der Hegelschen Geschichtsphilosophie verfügt bekanntlich über ihre eigene Geschichte.) So läßt sich nachweisen, daß sowohl eine angeblich «subjektive» als auch eine angeblich «objektive» Literaturtheorie über ihre eigene wissenschaftliche Verbindlichkeit und ihre damit verbundene Beschränkung verfügt. Man muß wissen, auf welche Wissenschaft Bezug genommen wird, wenn Lukács mit seinem «parteilich» definierten Begriffspaar «subjektiv» und «objektiv» zu operieren beginnt.

Nicht zu Unrecht also erinnert Staiger: «Es fragt sich, was Wissenschaft heißen soll[73].» Doch sein aufrichtiges Bekenntnis: «Das allersubjektivste Gefühl gilt als Basis der wissenschaftlichen Arbeit![74]», hilft uns in dem Versuch, die Gültigkeit einer literatur-theoretischen Methode zu bestimmen, nur wenig. Damit gibt er zwar die Grundlage seiner eigenen Arbeitsweise und Interpretationsmethodik kund; gleichzeitig aber sieht Staiger die Literaturgeschichte als Beitrag «einer durchaus eigenständigen Wissenschaft» zur allumfassenden Erforschung des Menschen[75]. *Wie* sich ein solches Verhältnis zu anderen Forschungszweigen genauer gestaltet, bleibt jedoch weiterhin offen. (Vgl. Lukács' Versuch, ökonomische Gesetze in der Literatur widergespiegelt zu finden.) Hinzu kommt, daß Staiger (im Strichschen Gefolge) mindestens drei Zeitbegriffe zur Anwendung bringt. So behandelt er nicht nur die Zeit als Einbildungskraft des Dichters und die Zeit als geschichtliche Epoche, sondern nennt auch «jedes echte, lebendige Kunstwerk in seinen festen Grenzen unendlich»[76]. Damit ist sicherlich nichts anderes als der Strichsche «Ewigkeitswert» der Kunst gemeint; spricht Staiger doch im folgenden Satze ausdrücklich von einer «unvergänglichen» Wahrheit der Kunst und sieht (wie Strich) das Räumliche überhaupt als Hilfskonstruktion zeitlich-geistiger Dimensionen[77]. Diese Vieldeutigkeit des Staigerschen Zeitbegriffes spiegelt sich unglücklicherweise gerade auch dort wider, wo gemeinsame Konzepte in näherer Bestimmung der theoretischen Unterschiede sich widersprechender Literaturwissenschaften den Dialog mit anderen Literarhistorikern befruchten könnten. So schreibt Staiger beispielsweise über den humanistischen und literarischen Fortschrittsbegriff: «Der Fortschritt dieser Erkenntnis vollzieht sich im Gang der Geschichte und findet kein Ende, solange die Überlieferung währt[78].» Hier werden Vergängliches und Unendliches miteinander in Bezug gesetzt, und zwar als be-wahrende Entwicklung und als historisky neue Manifestation einer «bewährten» Wahrheit. Darüber hinaus hat Staiger jedoch nachgewiesen, daß jede dichterisch-künstlerische Gestaltung der menschlichen Wahrheit über ihre eigene existentielle Zeitdimension verfügt, eine Ontologie besitzt, die sich allein in der Einbildungskraft zu verwirklichen vermag. Wie sich auf Grund einer solchen Vielstufigkeit und Vieldeutigkeit des Zeitlichen bei Staiger eine sinnvolle Auseinandersetzung mit dem marxistischen Literatursoziologen Georg Lukács ergeben kann, die dem Konzept des *Fortschritts* in der Literaturgeschichte zur umfassenderen Klarheit verhelfen würde, läßt sich nicht vorstellen.

In *Geist und Zeitgeist* lesen wir: «In aller wahren Kunst geht das vergängliche, mannigfaltige Leben auf in einer gültigen Ordnung[79].» Auch hier wird also die Behauptung aufgestellt, daß die Wahrheit in der Kunst die geschichtliche Zeit in ein philosophisches Sein verwandelt; auch hier wird absichtsvoll auf eine «gültige Ordnung», mithin auf eine gesetzmäßige Tradition der Wahrheit angespielt. Hier sehnt sich der Leser nach einem Bezug auf T. S. Eliots Definition des Verhältnisses zwischen dem individuellen Dichter und einer «gültigen» Tradition[80]. Staiger selber stellt die Eliotsche Frage: «Verstehen wir Kunst ... im Sinne der europäischen Tradition, so fragt es sich, wie sie in unseren Tagen blühen und was sie noch leisten soll[81].» Bei Staiger lautet die Antwort (die bis in den Sprachgebrauch hinein an Goethe und Hegel erinnert[82]), daß sich in der Literaturgeschichte eine verbindliche Ordnung offenbart, der sich auch die Dichtung der Gegenwart zu unterziehen hat. In stärkstem Widerspruch zu Lukács (der dennoch seinerseits auf einer kontinuierlichen Entwicklung des zeitgenössischen Kunstwerks aus einer gültigen Tradition besteht) stellt Staiger die Behauptung auf: «So können wir nicht erklären: von heute an soll etwas anderes Kunst sein! ohne der Lächerlichkeit zu verfallen, der jeder eigensinnige und anmaßende Schwächling ausgesetzt ist[83].»

Ein entscheidender Gedankenaustausch zwischen Staiger und Lukács wäre auch auf der Basis einer Erklärung im Aufsatz «Die Kunst in der Fremde der Gegenwart» vonnöten, die das Phänomen einer ästhetischen Seinsform nicht nur geschichtlich zu erläutern sucht, sondern ihrerseits der Dichtung einen existentiellen Einfluß auf die Geschichte zuspricht. «Die Kunst, wie sie auf der Geschichte beruht, aus einer geschichtlichen Lage stammt,» heißt es da, «setzt auch ... den Wandel der Geschichte ins Werk ...[84]» Konsequent gefragt hieße das: leben wir eine Literaturgeschichte oder spiegelt sich in der Literaturgeschichte unser Leben wider? (Hat Nietzsche beispielsweise der nationalsozialistischen Ideologie historisch geistige Vorarbeit geleistet oder nicht? Das Thema einer gelebten Literatur ist auch für Max Frisch von zentraler Bedeutung.) So mündet die Auseinandersetzung mit einer «ästhetischen Präsenz» immer wieder in eine Bestimmung der geschichtlichen Gegenwart. Man sieht erneut, daß sich Staigers Zeit als Einbildungskraft des Dichters nicht vom historischen Bewußtsein trennen läßt – trotz werkimmanenter Deutung und ästhetischer Ontologie. Seine Literaturgeschichte möchte die Gegenwart bestimmen. Die Gegenwart aber hat sie indessen historisch werden lassen.

Freilich gibt es noch eine wichtige, bisher unberücksichtigt gebliebene Perspektive der Staigerschen Zeit-Ästhetik: das Verhältnis zwischen Musik und Dichtung. In den *Grundbegriffen der Poetik* spricht Staiger von «musikalischen Kräftefeldern, nach denen die Worte sich ordnen»[85]. Insbesondere in der Lyrik, so wird dort behauptet, gäbe es noch den unübersetzbaren «Rest» einer «Sprache ohne Worte», und «dieser Rest ist die Musik»[86]. So kann die Zeit als Einbildungskraft des Dichters gleichfalls musikalisch gedeutet werden: auch das sprachliche Kunstwerk verfügt über einen imaginativen Rhythmus, durch den es sich gattungshaft und individuell kennzeichnet. Wie etwa der Satz einer Symphonie als Ausdruck einer musikalischen Bewegung seines schöpferischen Geistes zu deuten wäre, so ließe sich auch die dichterische Sprachgestaltung als bewegter Geist interpretieren. «Wir glauben,» erklärt Staiger in seiner Studie *Stilwandel*, «Stile als rhythmische Strukturen verständlich machen zu können, und fühlen uns in der Lage, mit räumlichen oder temporalen Begriffen nicht nur große Gegensätze, wie ‹klassisch und romantisch› oder ‹antik und modern›, herauszuarbeiten, sondern – wie Becking es in der Beschreibung von musikalischen Rhythmen geglückt ist – durch immer subtilere Differenzierung der Raum- und Zeitbegriffe auch enger zu begrenzten Epochen und schließlich individuellen Nuancen genug zu tun[87].»

Die Bezugnahme auf Gustav Beckings *Der musikalische Rhythmus als Erkenntnisquelle* (2. Auflage, Darmstadt 1958) ist von entscheidender Bedeutung. Staiger übernimmt dessen Prinzip der «Schlagfigur» als gleichsam hieroglyphischen Ausdruck des imaginativen «Rhythmus» eines Kunstwerkes. Seine Anwendung auf die Literaturwissenschaft erbrachte den zunächst etwas eigenartig anmutenden, jedoch nichtsdestoweniger präzis formulierten Titel *Die Zeit als Einbildungskraft des Dichters*. Darin kündigt sich ein neues Prinzip der Literaturkritik, eine neue Interpretationsmethodik an: Brentano wird als imaginativ «reißende Zeit» gekennzeichnet, Goethe weist sich durch den «Augenblick» aus, Keller verkörpert «die ruhende Zeit». Das wären die literarischen «Schlagfiguren»; in solchen ästhetischen Zeitbestimmungen soll sich die rhythmische Gestaltung des dichterischen Geistes offenbaren. Aber eine derartige Formulierung würde jeder tieferen Bedeutung entbehren, wenn es Staiger nicht gelungen wäre, Bekkings Theorie mit der Ontologie Martin Heideggers in Zusammenhang zu bringen. Erst von hier aus erfährt die auf die Ästhetik angewandte Zeit als rhythmische Verwirklichung des schöpferisch-seienden Geistes ihren existentiellen Sinn. In nicht geringerer Weise bleibt die Staigersche Zeitinterpretation E. Minkowskis *Le temps vécu* (1933) verpflichtet. Auch dort wird Zeit essentiell als menschliches Sein gedeutet. Jetzt wird deutlich, warum Staiger in jedem poetischen Gebilde eine eigene Existenz erblickt, in jedem Ausdruck der dichterischen Einbildungskraft eine existentielle Möglichkeit des Menschen erkennt und das Kunstwerk selber als geistige Erkenntnisquelle und ontologische Wirklichkeit betrachtet.

In seiner erstmals 1947 erschienenen Aufsatzsammlung *Musik und Dichtung* erhofft sich Staiger das Recht, auch als Literaturwissenschaftler über die Musik sprechen zu dürfen, «weil ohne ein solches Wagnis die Berührung und Verwandtschaft verschiedener Künste, auf welche die Studien ausgerichtet sind, kaum je zur Sprache käme.» Aber eine solche Begegnung bedarf einer sicheren Basis. «Ich glaube,» erklärt Staiger ein weiteres Mal, «sie in Gustav Beckings sowohl für die Literatur- wie für die Musikwissenschaft grundlegendem Buch *Der musikalische Rhythmus als Erkenntnisquelle* (1928) gefunden zu haben.» Seine Studie *Die Zeit als Einbildungskraft des Dichters* war acht Jahre vor *Musik und Dichtung* erschienen. Die methodischen Voraussetzungen sind im folgenden Band die gleichen geblieben: «Alle Stilbegriffe wie ‹barock›, ‹klassisch›, ‹romantisch›, werden durchaus in Beckings Sinne gebraucht[88].» Staiger zögert nicht, zwischen Mozart und Goethe enge Parallelen zu ziehen. Bei beiden Künstlern wird der schöpferische Geist Ausdruck einer «Konfession». Andrerseits umfaßt ihre individuelle Selbstgestaltung die repräsentative Erfahrung eines ganzen Geschlechtes. Über Goethes dichterische Werke schreibt Staiger: «Sie wollen nicht nur Spiegel des Einzelnen, sondern zugleich des Ewigmenschlichen sein. Und in dieser Vereinigung von Besonderem und Allgemeinem, von Gattung und Individuum, von Ausdruck und Repräsentation bezeugen sie denselben Geist, aus dem die Konzerte, Sonaten und Symphonien Mozarts entstanden sind.» Bezeichnend scheint vor allem der Nachsatz: «Eben darin mag auch ihr sozialer Charakter begründet sein[89].» Damit wird erneut der fundamentale Unterschied zwischen Staiger und Lukács hervorgehoben: während jener die soziale Gemeinschaft historisch-«objektiv» voraussetzt und deren Gestaltung im Kunstwerk imaginativ-deterministisch verwirklicht sehen möchte, führt bei diesem das gemeinsame Erlebnis, die geistig geteilte Erfahrung des «Ewigmenschlichen» im Kunstwerk erst zu einer wirklich «sozialen» Gemeinschaft. Fast könnte man bei Staiger von der Geburt der Gesellschaft aus der künstlerischen Selbstdarstellung des Geistes sprechen. Darin läge denn ja auch wohl für ihn die tiefere Bedeutung «einer gültigen Ordnung»[90], eines organischen Teilhabens an einer geistigen Tradition, an einem kulturellen Erbe. Freilich wird man auch hier wieder Staiger vorhalten müssen, daß eine solche Ordnung ihrerseits Ausdruck eines historisch klassischen Geistes ist. Abermals drängt sich bei der Lektüre Staigers die grundlegende Frage auf: leben wir eine Literaturgeschichte? Daß sich die deutsche Klassik gesellschaftshistorisch nicht zu verwirlichen vermochte, sondern nurmehr ein ethisch-ästhetisches Postulat, ein geistesgeschichtliches Phänomen bleiben sollte, muß doch erhebliche Zweifel an einer ästhetischen Ontologie erwecken, die das geistig Seiende allein phänomenologisch zu begreifen vermag. Obgleich Staiger auf einen wesentlichen Begriffsunterschied in der Bezeichnung der klassischen Musik und der klassischen Dichtung aufmerksam macht,[91] kann er behaupten: «Es würde sich lohnen und wäre wohl möglich, den klassischen Stil bei Goethe und Mozart auch in bestimmteren Einzelheiten ihrer Werke nachzuweisen[92].» Daß es ihm aber (im Gegensatz zu Fritz Strich) dabei einstweilen gar nicht so sehr um die Methodologie einer vergleichenden Geistes- oder Kunstwissenschaft geht, beweist sein Geständnis: «Aber die Mittel, mit solchen Vergleichen mehr als bloße Aperçus zu bieten, müßten erst noch völlig ausgebildet und verfeinert werden ...[93]» Sicherlich wird Staiger auch auf diesem

Gebiete mit Becking, Minkowski und Heidegger arbeiten wollen, aber faktisch beschränkt er sich darauf, die geistige Verwandtschaft aller Künste als ontologische Darstellungen der Möglichkeiten des Menschen zu unterstreichen. Seine zentrale These erkennt in der Kunst selber eine *Wissenschaft*: für Staiger ist Kunst wissendes Sein und seiendes Wissen, nicht etwas, aus dem man «lernt», sondern etwas, in dem man «weiß» und daher «ist». Die Literatur ist ihm nicht wie Georg Lukács ein sozialhistorisches Lesebuch, sondern der (historische?) Treffpunkt einer menschlichen Geistesgemeinschaft (Goethes «kleinste Schar»?), die Lebenszelle einer ontologischen Erkenntnis, die Phänomenologie eines allumfassenden Seins.

Gerade seine unhistorische Interpretation der Zeit als Einbildungskraft des Dichters erlaubt uns, Staigers Literaturtheorie eine klassische zu nennen. Auch ihm kommt es im wesentlichen auf einen geistig verwirklichten «Augenblick» der Dichtung an. Seine grundsätzlichen Ideen bleiben selbst in ihrer terminologischen Wiedergabe der klassischen Ästhetik verhaftet. Dazu gehört nicht zuletzt auch der Begriff des «Augenblicks» selber, der in seiner Zeitdeutung durchaus im Goetheschen Sinn verwandt wird. Staigers dreibändige Goethe-Interpretation steht unter dem Thema einer klassischen Verwirklichung des «Augenblicks». Das ist als historische Deutung einer geistigen Zeiterfahrung legitim. Fragwürdig wird die Zeit als Einbildungskraft des Dichters erst dort, wo sie als übergeschichtliche Ontologie verabsolutiert wird. Dann freilich scheint auch der Vorwurf eines klassizistischen Epigonentums gerechtfertigt, denn Staiger geht es nicht um eine Rückwende zur historischen Manifestation eines solchen Geistes (obgleich dieser Epoche naturgemäß seine Vorliebe gehört), sondern kategorisch um das existentielle Wesen einer augenblicksorientierten Seinsgestaltung und -erfahrung.

So erklärt sich auch die Problematik seines Verhältnisses zum geschichtlichen Augenblick der Gegenwart, der «Selbstdarstellung», wie Hans Mayer formuliert. Staiger erkennt sich in der historischen Gegenwartsliteratur geistig nicht wieder, d. h. er findet in ihrer «Darstellung» das «Selbst» als ontologische Möglichkeit des Menschen nicht. Er stellt «klassische» Ansprüche an eine Literatur, die diesen Forderungen nicht mehr zu genügen gewillt ist. Der Anspruch auf Allgemeinverbindlichkeit, auf das «Ewigmenschliche» in der Dichtung ist von den heute wirkenden Schrift-

stellern längst aufgegeben worden. Staiger dagegen ist die menschlich «gültige Tradition» auch nach Auschwitz nicht fragwürdig
geworden. An ihren Maßstäben mißt er die moderne Literatur
– und findet sie eine maßlose Enttäuschung.

Es sei uns abschließend erlaubt, Staigers klassische Kriterien
ein letztes Mal zu veranschaulichen. Über die zeitgenössische Literatur erklärt Staiger bezeichnenderweise: «Da fehlt es nun auch
an Mannigfaltigem, Individuellem keineswegs. Der Neugier, der
Lust am Absonderlichen und Abstrusen sind keine Grenzen gesetzt[94].» Das ist bezeichnend, weil hier der Abfall von einer «gültigen Ordnung», von einem «maßvollen Mittel», von einer (nurmehr
postulierten?) Natur des Menschen angeprangert wird. Die moderne Literatur bietet «Absonderliches» und «Abstruses» statt
«Vorbild» und «Maß». So fragt Staiger denn auch mehr verzweifelt
als rhetorisch: «Erfüllt sich hier der Sinn der Kunst?[95]»

Eigenartiger Widerspruch: der Literaturtheoretiker, der das
Wesen der Zeit aus dem unaufhaltsamen Nacheinander der
Geschichte in ein ontologisches Prinzip künstlerischer Selbstgestaltung zu retten vermag, scheint dennoch einer «gültigen» Tradition verpflichtet, die dem Historischen allzu verhaftet bleibt. Die
Romantiker, hebt Staiger hervor, hätten «unzähligen Deutschen
vorgefühlt und Gottfried Keller noch dem Schweizer des letzten
Jahrhunderts so, daß C. F. Meyer ihn den Schutzgeist seines
Vaterlandes nannte»[96]. Unbeirrt interpretiert und kritisiert Staiger
noch «immer getreu der bewährten Traditionen, auf die wir uns
notgedrungen berufen müssen»[97]. So nimmt es niemanden wunder, daß ein Schweizer des gegenwärtigen Jahrhunderts, und zwar
kein geringerer als Max Frisch, dem großen Lehrer den literarischen Fehdehandschuh hinwarf, um die Fragwürdigkeit einer klassischen Literaturtheorie in der Moderne anzuprangern und ihre
trotz aller postulierten geistigen Seinsform und -darstellung historische Bedingtheit aufzuzeigen. Besonders peinlich daran mußte
der Hinweis Frischs wirken, daß heute gerade in diktatorisch-tota-
litär regierten Ländern eine entsprechende Ausrichtung auf «Vorbild» und «Maß» verlangt wird, daß sich also bestürzenderweise
die postulierte Ästhetik eines Staiger und eines Stalin prinzipiell
nur wenig voneinander unterscheidet. Ein solcher Hinweis war
gewiß nicht bösartig gemeint, legt jedoch den Finger auf einen
wunden Punkt in der Literaturtheorie Emil Staigers.

«Was soll mir der Raritätenkasten von toxischen Exaltationen,

Perversionen, Kriminalistik?» fragt Staiger erbittert[98]. Diese moderne Literatur widerspricht seinem klassisch-übernommenen «Sinn der Kunst». Er will eine Gestaltung des «gesamten Menschen», obgleich er weiß, daß es diesen einheitlichen Menschen schon lange nicht mehr gibt. So bleibt ihm das humanistische Postulat: der ganze Mensch – er sei! Aber selbst dieses Postulat gehört einer historischen Geistestradition an, die mit Nietzsche ihren Ausklang nahm. Selbst das *Ideal* eines «gesamten Menschen» existiert nicht mehr. Was *kann* noch bleiben?

Der Aufsatz «Die Kunst in der Fremde der Gegenwart» (oder, wie er auch hätte heißen können: «Der Fremde in der Kunst der Gegenwart») schließt eher resignierend mit dem Wort: «Geduld![99]» In *Musik und Dichtung* («Goethe und Mozart») kennzeichnet Staiger Goethes poetische Verfahrensweise als einen bewußten Versuch, «mit behutsamer Hand zu idealisieren, zurückzudrängen, was nur modern ist». Ein solches Unterfangen beschreibt er als «ein entsagungsvolles Geschäft, das keine unbeschränkte Bewegung, kein wohlig freies Atmen erlaubt, bei dem der Dichter sich nicht von seiner Umgebung getragen, sondern eher in einem schmerzlichen Widerspruch fühlt.» Das sind Worte, die sich in hohem Maße auch auf Staigers Literaturtheorie beziehen lassen. Da scheint die Bewegtheit einer wenn auch noch so verhaltenen persönlichen Klage mitzuschwingen. Freilich würde dann auch der Nachsatz an unmittelbarer Bedeutung für eine kritische Darstellung der Staigerschen Literaturtheorie gewinnen. Er lautet: «So wird die klassische Poesie in Deutschland zu einem Erzeugnis der Bildung[100].» Damit scheint Staiger zugleich seine eigene klassische Literaturtheorie zusammengefaßt zu haben.

Fritz Strich:
Der historische Augenblick
als künstlerische Gegenwart

Deutsche Klassik und Romantik oder Vollendung und Unendlichkeit · Ein Vergleich (1922)

In der 1949 erschienenen vierten Auflage der ersten großen Studie Fritz Strichs, *Deutsche Klassik und Romatik oder Vollendung und Unendlichkeit*, nimmt der Autor in seinem Vorwort zu dem vor fast dreißig Jahren entstandenen Vergleich zweier großer Stilepochen gleichsam historisch Stellung. Dabei erweisen sich seine aus solchem Anlaß geäußerten Bemerkungen für eine Untersuchung der Prinzipien Strichscher Literaturgeschichte von grundsätzlicher Bedeutung.

«Daß sich mein eigener Standpunkt seit 1929 nicht unwesentlich gewandelt hat», schreibt er, «ist ja wohl selbstverständlich.» (9) Das könnte zunächst nur als apologetische Selbstkritik aufgefaßt werden. Aber Strich spricht hier nicht nur vom eigenen Wandel, sondern in erster Linie von einer Wandlung der Geschichte. «Der Grund, der die Wandlung bedingte», erklärt er, «liegt nicht nur darin, daß ich um zwanzig Jahre älter wurde, sondern daß gerade die Geschichte dieser zwanzig Jahre so furchtbare Erfahrungen mit sich brachte.» (ebd.)

Diesem Geschichtserlebnis möchte Strich nachträglich in seiner stilgeschichtlichen Analyse Rechnung tragen. «Um es kurz zu sagen: Die Wandlung geschah in meiner Stellung zur Romantik», berichtet er. «Wenn es damals eine Aufgabe war, das eigene Recht der Romantik gegenüber der Klassik ins Licht zu stellen, so gestehe ich heute, daß mich die Entwicklung der Geschichte dazu geführt hat, in der deutschen Romantik eine der großen Gefahren zu erkennen, die dann wirklich zu dem über die Welt hereingebrochenen Unheil führten». (ebd.) Das sind entscheidende Worte eines Literaturhistorikers, dessen Werk sich programmatisch mit dem Verhältnis der Dichtung zur Zeit auseinandersetzt.

Bereits sein erstes Buch steht unter diesem Thema. Die stilgeschichtliche Studie *Deutsche Klassik und Romantik* antizipiert

Strichs wichtige literaturtheoretische Untersuchung *Der Dichter und die Zeit*. Damit ist bereits wesentliches über Strichs Definition des Zeitbegriffes angedeutet. Trotz seiner verspäteten Einsicht, daß zwischen Kunst und Leben ein unmittelbar historisches Abhängigkeitsverhältnis geistiger Prägung zu existieren scheint[1], daß also die geschichtliche Wirklichkeit bei der Betrachtung literarischer Kunstwerke mit berücksichtigt werden sollte, befaßt sich Strich nach wie vor mit der Zeit als bloßem Vehikel des Geistes und beklagt jene historischen Epochen, in denen sie ungestaltetes Chaos bleibt. Daraus ergibt sich sein methodologischer Rösselsprung, in einem stilgeschichtlichen Vergleich eine Auseinandersetzung mit dem zeitbezogenen Geist einer historischen Epoche einzuschließen, wobei er sich einzig auf die ästhetische Wiedergabe dieser geistesgeschichtlichen Haltung beschränkt. Strich setzt einen existentiellen Geist voraus, der sich als Sein und Zeit in der Geschichte zu verwirklichen vermag. Die Geschichte bleibt für ihn wesensgemäß abhängiger Ausdruck dieses Geistes. Daß es einen nicht metaphysisch vorausgesetzten Geist geben könnte, der erst vom Menschen in geschichtlicher Entfaltung und Gestaltung eigenständig geschaffen wird, zieht Strich nicht in Erwägung. An einen Geist, der somit höchster Ausdruck *unseres* existentiellen Zeitbewußtseins wäre, wagt er nicht zu glauben. Seine Geistesgeschichte ist somit – eigenartiges Paradox – gleichermaßen eindimensional und metaphysisch.

Für Strich bleiben Kunst und Geschichte Ausdrucksmittel des verwirklichten Geistes. Er lehnt es ab, auf die Wirklichkeit eines kunst- oder geschichtsimmanenten Geistes näher einzugehen. Textkritische Deutungen bietet seine Literaturwissenschaft nicht. In *Kunst und Leben* heißt es einmal: «Wissenschaft beginnt in dem Augenblick, in welchem man sich vom Text zu entfernen anfängt und nicht mehr an ihm klebt[2]». Nicht der Geist des sprachlichen Kunstwerkes, das geistig gestaltete, das gestaltete geistige Sein der Dichtung interessiert ihn, sondern der Geist, der sich in der Geschichte der Dichtkunst zeitstilistisch manifestiert. Strich leugnet die Existenz eines werkimmanenten Geistes: Literatur bleibt für ihn geistesgeschichtliche Ausdruckskunst.

Wie weitreichend sich die Folgen einer derartigen Literaturbetrachtung erweisen, legt das Vorwort zur vierten Auflage deutlich offen. Hier wird sich Strich zum ersten Male der Konsequenz seiner geistesgeschichtlichen Ästhetik voll bewußt. Ausgerechnet der hi-

storischen Erfahrung verdankt er die Einsicht, daß der stilgeschichtliche Geist der deutschen Romantik «im Bereich des
Lebens verführen und irreleiten kann». (9) Strich muß sich entscheiden, ob sich der absolute Weltgeist in zwei voneinander
getrennten Wirkungsbereichen offenbart, oder ob eine untrennbare Abhängigkeit zwischen der geistigen Selbstgestaltung eines
Volkes in Kunst und Geschichte existiert. Trotz der «furchtbaren
Erfahrungen» beschließt er, sich um so nachdrücklicher auf das
Studium der ausschließlich ästhetischen Manifestation des Geistes
zu beschränken. Die Wiederauflage von *Deutsche Klassik und
Romantik* steht inhaltlich wie methodologisch mit den im Vorwort
geäußerten Bedenken in wunderlichem Widerspruch. Seine geistesgeschichtliche Literaturbetrachtung geht nach wie vor jeder
konkret historischen Fragestellung aus dem Wege, indem sie die
Geschichte selbst ästhetisiert und enthistorisiert.

Nichtsdestoweniger wird durch Strichs Einführung das ganze
Problem der Verbindlichkeit einer schöpferisch-imaginativen
Gestaltung des Geistes berührt. Hier nehmen die deutsche Klassik
und Romantik in der Tat eine besondere Stellung ein, beziehen
sich doch beide geschichtlich und geistesgeschichtlich auf eine Kultur und Gesellschaftsform der Vergangenheit, die mit der unmittelbaren historischen Gegenwart in nicht unerheblichem Widerspruch steht. Die klassische Antike war eine Lebensform, die der
Dichter auch in der Tragik noch feiern konnte und wollte. Das
katholische Mittelalter verfügte über einen entsprechend geschlossenen Gemeinschaftsgeist. Die deutsche Klassik und
Romantik aber entwickeln sich gleichermaßen aus einer enthistorisierten, ästhetisierten geistigen *Sehnsucht* nach der Geschlossenheit einer vergangenen geschichtlichen Epoche. Weder in der
Klassik noch in der Romantik hat es in Deutschland ein entsprechend harmonisches Verhältnis zwischen Gesellschaft und Künstler gegeben wie beispielsweise in dem elisabethanischen Zeitalter
der englischen Literatur. Aber gerade weil der deutsche Dichter
immer wieder sein geistiges Bewußtsein individuell gestaltet, eine
geistige Existenz in subjektiver Einbildungskraft künstlerisch verwirklicht, ist für ihn die sozial-ästhetische Wirkung seines Werkes
von ganz besonderer Bedeutung. Er spricht nicht aus und mit dem
Volk, sondern macht ihm einstweilen «etwas vor». Trotzdem wäre
es ein fatales Mißverständnis, würde man das geistige Bewußtsein
des klassischen und romantischen Dichters als derivativ bezeich-

nen. So einfach liegen die Dinge nicht. Ihr geistiges Urerlebnis bleibt vielmehr die *Sehnsucht*. Sie entspringt dem Bewußtsein einer existentiell-geistigen Antithetik von Sein und Zeit, die sich in ihrer dichterischen Gestaltung als geistige Geschichtsästhetik offenbart. Die Klassik sucht ihre Sehnsucht dadurch zu überwinden, daß sie die Geschichte enthistorisiert und ontologisiert; die Romantik dagegen erlebt die Geschichte selbst als unstillbare Sehnsucht, die sie als unendlichen Geist ästhetisiert und verabsolutiert. Strich definiert die deutsche Klassik und Romantik als geistige Vollendung und Unendlichkeit eines seinerseits historischen Geschichtsbewußtseins. Die Klassik weiß sich als ewiges Sein in der Geschichte des Geistes geborgen; die Romantik glaubt an das historische «Volk in der Zeit», das in der Geschichte seine unendliche Heimat findet. Sein und Zeit stehen sich als geistige Existenzen in der deutschen Klassik und Romantik antithetisch gegenüber. In seinem Verhältnis zur Zeit bringt der klassische und romantische Dichter eine existentielle Sehnsucht zum Ausdruck.

Goethe sucht seinem Bewußtsein durch Sein Ausdruck zu verleihen: sein Verhältnis zur Zeit verwandelt sich in Tätigkeit. Ganz bezeichnend bemerkt Strich: «Goethes Tätigkeit war nicht der Gegensatz von Ruhe, sondern von Sehnsucht ... Die Tätigkeit, wie Goethe sie verstand, schließt alle Sehnsucht ab und aus.» (91) Freilich trifft das nur als Postulat zu. Sein Entbehren ist die Absage des Geistes an die geschichtliche Zeit. Über die romantische Sehnsucht erklärt Strich: «Daß die romantische Liebe eine so unstillbare Sehnsucht war, kam daher, daß sie keinen Gegenstand besaß und also keine Grenze ... Man kann auch wohl umgekehrt sagen, diese Liebe hatte keinen Gegenstand, der sie erschöpfen und begrenzen konnte, weil sie von Urbeginn eine unendliche Sehnsucht war.» (84) Der sowohl «klassische» als auch «romantische» Hölderlin stimmt aus dem Erlebnis griechischer Geistesgemeinschaft vaterländische Gesänge an, um seine Sehnsucht zu stillen. «Und hier», interpretiert Strich, «wo seine Sehnsucht erlosch und er entzündet wurde von der Gegenwart der deutschen Länder, Städte, Flüsse, kam ein wahrhaft Klassisches in seine Dichtung: eine Gegenwärtigkeit, eine Hingabe an den Gegenstand, wie man es nur noch bei den griechischen Dichtern findet, wenn sie Griechenland sangen.» (103)

In ihrer Stellung zur Geschichte also erkennt Strich «eine der großen Gefahren» der deutschen Romantik. Für sie ist das wahre

Volk «nicht das räumliche Volk, sondern das Volk in der Zeit, das historische, und sein Vaterland ist die Geschichte». (104) Strich aber mußte erfahren, wie grauenvoll sich diese geistige Geschichtsästhetik historisch zu verwirklichen vermochte. Der Weg vom zeitmythologisierten Vaterlandserlebnis der Romantik zur «geschichtlichen Sendung» der Instigatoren des Dritten Reiches ist so weit nicht. Der «ästhetische Zauber» der romantischen Poesie begegnet der historischen Verwirklichung ihres Geistes im Inferno von Auschwitz. Auch das, muß sich Strich insgeheim eingestehen, hat etwas mit geistesgeschichtlicher Kritik zu tun. Aber über solche in seinem Vorwort etwas unwillig und vorübergehend in Erwägung gezogenen Zusammenhänge kommt Strich nicht hinaus.

Stattdessen enthistorisiert und ästhetisiert er den geschichtlichen Geist, um nunmehr auf stilgeschichtlicher Basis ontologische *Grundbegriffe* zu bestimmen. Er nennt sie absolut «das Urwesen des menschlichen Geistes« (12), das «in der immer anderen Erscheinung gesehen werden» muß, «in der es aus dem ewig wechselnden Strom der Geschichte auftaucht». Im Zeitwort offenbart sich mit aller Deutlichkeit die inhaltliche und methodologische Geschichtsfeindlichkeit der Strichschen Literaturwissenschaft: die immer anderen Erscheinungen tauchen aus der Geschichte *auf*, erheben sich über sie, sind gleichsam der geistige Phönix, der über der Asche der «Vergänglichkeit» schwebt. Strichs geistesgeschichtliche Literaturtheorie handelt von der Geschichte des schönen Geistes: sie propagiert eine schöngeistige Literaturgeschichte. Die Philosophie überragt die Geschichte an Bedeutung, die Ästhetik schließt eine wesenseigene Ethik in sich ein. Der absolute Schöngeist ersetzt die dialektische Gegenüberstellung von Werk, Gesellschaft und Geschichte.

Strich hegt keinen Zweifel, «daß sich ein und der gleiche Menschengeist in den verschiedenen Künsten auf verschiedene Weise zum Ausdruck bringt». (17) Seine geistesgeschichtlichen Grundbegriffe können und wollen ihre Verwandtschaft mit Heinrich Wölfflins Ästhetik nicht verleugnen. Gemeinsam müssen sie durchaus als Vorläufer der Staigerschen Grundbegriffe der Poetik betrachtet werden, wobei interessant ist, daß auch Staigers theoretisches Hauptwerk *Die Zeit als Einbildungskraft des Dichters* wiederholt auf den musikalischen Charakter der geistigen Konzeption des sprachlichen Kunstwerkes hinweist[3]. Nicht unerwartet, sind die Bestimmungen rein ästhetischer Grundbegriffe bislang kaum ohne Hilfe der Philosophie ausgekommen. Während Strich kunsttheoretische Einsichten Wölfflins auf die eigene Literaturwissenschaft anwendet, bleiben die Staigerschen Grundbegriffe der Ontologie Martin Heideggers verpflichtet. Ob das allzu polemisch anmutende Begriffspaar «Fortschritt und Reaktion in der deutschen Literatur» des marxistischen Literatursoziologen Georg Lukács eigenständiger bezeichnet zu werden verdient, ist zumindest fraglich. Da scheinen Hans Mayers Antithesen «Innenwelt und Außenwelt», Kunst der natürlichen Poesie und Poesie der künstlichen Paradiese vergleichsweise selbständiger, wenngleich auch er seine Terminologie außerhalb der Dichtkunst anwendet.

Für Fritz Strich sind Grundbegriffe «nichts anderes als Bezeichnungen für wesentliche Grundhaltungen des menschlichen Geistes, für jene Strebungen, die überhaupt den Geist zum Geiste machen». (15) Wie sehr er sich auch hier zwischen» einer existentiellen Polarität von Sein und Zeit bewegt, verdeutlicht in Inhalt und Ausdruck die folgende Erklärung: «Sie sind die menschlichen Urphänomene, mit deren Metamorphosen in Zeiten, Völkern, Genien sich die Geschichte beschäftigt.» (ebd.) Die geistigen Ahnen dieses Gedankens und Ausdrucks sind niemand anders als Goethe und Hegel, in deren Werk sich die Dualität von Sein und Zeit am nachdrücklichsten verwirklicht. Gleichzeitig aber kann nicht übersehen werden, daß sich auch bei der Bestimmung von Grundbegriffen Klassik und Romantik in stilgeschichtlicher Zeitbezogenheit erneut gegenüberstehen. In der Tat versteht Strich Stil als ästhetischen Bewußtseinsausdruck des Verhältnisses von Geist (= Bewußt-Sein) und Zeit. «Wenn ich hier von geistigen Grundhaltungen spreche, die mit den Grundbegriffen bezeichnet werden», erläutert er, «so hatte ich mich natürlich mit ihren künstlerischen Ausdrucksformen, in denen sie erscheinen, zu beschäftigen, denn sie offenbaren sich auch sonst in sämtlichen Gebieten der Kultur. Mein Buch ist Stilvergleichung». (16) So dient Strich der Stilvergleich zur Bestimmung geistiger Grundbegriffe. Er hegt keinen Zweifel daran, «daß die grundbegriffliche Durchdringung der ganzen Geschichtswissenschaft die Geschichte des Geistes erst als das offenbar machen wird, was sie wirklich ist: die stilistische Verwandlung des geistigen Willens zur Verewigung». (364) Mit dieser Erklärung unterstreicht Strich den engen Zusammenhang zwischen Stilgeschichte und Geistesgeschichte. Zugleich hofft er

damit auch die wissenschaftliche Methode seiner eigenen stilgeschichtlichen Untersuchung *Deutsche Klassik und Romantik* gerechtfertigt zu haben. Geschichte zählt bei ihm nur als zeitliche
Manifestation des Geistes. Historisch aufeinander folgende Gei-
sterepochen kennzeichnen sich in Kunst und Dichtung durch Stil.
In jedem Stil, in jeder Geistesgestaltung verkörpert sich der «Wille
zur Verewigung». Im Einklang mit dem Thema seiner Studie ist
der Geist selber somit für Strich von einer existentiellen Polarität:
er ist sowohl zeitlich als auch ewig. Weder hier noch in *Der Dichter
und die Zeit* läßt sich Strich auf eine philosophische Definition
der Zeit ein[4]. Folglich bleibt die Frage, ob nicht auch umgekehrt
der Geist Ausdruck einer Zeit sein könne, unbeantwortet. Daß
Vollendung und Unendlichkeit Ausdruck einer Sehnsucht sein
können, die auf ganz konkret historische Ursachen zurückführen,
zieht Strich nirgends in Erwägung. Am konkreten Studium der
Geschichte, an gesellschaftspolitischen Verhältnissen eines Zeitalters (nicht nur einer Stilepoche) zeigt er nicht das geringste Interesse; für ihn gilt in oberster und letzter Instanz allein der Geist,
als dessen Ausdruck alles menschliche Streben und Gestalten nurmehr geschichtliche Erscheinung seiner umfassenden Wirklichkeit
bedeutet.

Strichs Bestimmung der Grundbegriffe hängt also unmittelbar
mit seiner Geschichtsauffassung zusammen. Seine eigene «historische Erfahrung» faßt er wie folgt zusammen: «Es muß in der
Geschichte des Geistes etwas geben, was nicht vergeht, sondern
immer zur Auferstehung bereit ist, wenn es von brüderlichem
Geiste gerufen wird, etwas, das so notwendig menschlich, so ewig
gültig sein muß, daß es immer wieder aus dem Strom der Zeiten
aufzutauchen vermag.» (19) Hier haben wir alles beisammen:
Erfahrung wandelt sich zum Postulat («Es *muß* in der Geschichte
des Geistes etwas geben ...» und «... so ewig gültig sein *muß* ...»),
die Geschichtsfeindlichkeit eines *Auftauchens* aus der Zeit, das
metaphysische Vokabular («... sondern immer zur Auferstehung
bereit ist ...») und klassisch-romantische Synthese im Hölderlin-
Stil («vom brüderlichen Geiste gerufen» und «Strom der Zeiten»).
Die Konstante der Geschichte bleibt für Strich der existentielle
Urgeist. Bei der Lektüre «zeitloser» Dichtung erkennt sich der
ewig menschliche Geist in all seinen verschiedenen Manifestationen selbstbespiegelnd wieder. Innerhalb des Rahmens seiner Literaturgeschichte braucht Strich daher zwischen Stilgeschichte und

Geistesgeschichte nicht scharf zu trennen. Das aber heißt: Inhalt und Methode seiner Betrachtung fallen zusammen. Auch das erinnert an die Einheit der klassischen Ästhetik, in der sich angeblich «Gehalt und Gestalt», Inhalt und Form, Thema und Ausdruck entsprechen. «Die Geschichte des menschlichen Geistes», erklärt Strich, «ist also die unendliche Verwandlung des ewig einen Typus Mensch.» (20) Mit dieser Aussage umfaßt er sowohl den Geist der Klassik als auch die geistige Weltanschauung der Romantik: der Vollendung «des ewig einen Typus Mensch» steht die «unendliche Verwandlung» seiner Erscheinung gegenüber. Folgerichtig definiert er die wesensmäßige Aufgabe der Geschichtswissenschaft: «die Dauer und den Wechsel des Geistes, seine Dauer im Wechsel und seinen Wechsel in der Dauer zu erfassen». (ebd.) Dabei deuten Inhalt und Ausdruck erneut auf eine bewußte Gefolgschaft sowohl der Hegelschen als auch der Goetheschen Ästhetik.

So paradox es klingen mag: Grundbegriffe gehören Strich zufolge nicht in die Philosophie, sondern in die solchermaßen erfaßte Geschichtswissenschaft. (Wobei erinnert werden muß, daß sich Strich ausdrücklich auf eine enthistorisierte Geistesgeschichte bezieht, auf eine nurmehr katalysatorische Zeit, deren Entfaltung das Wesen des Geistes offenbart.) Sie allein vermag die Verwirklichung der «ewigen Substanz des Menschen» zu erkennen, jene wandellose Form, «die zeitlos durch die Zeiten geht». (ebd.) Diese ewige Substanz des Menschentums vermittelt die Geschichte «mit den Grundbegriffen». (ebd.) Grundbegriffe erfassen also das, was Zeit in Geschichte umsetzt. Sie sind geistige Offenbarungen des Menschen. «Sie will mit ihnen das erfassen und bezeichnen», erläutert Strich, «was den Mensch zum Menschen macht, den Geist zum Geist, und ruhender Pol in der Flucht der Erscheinungen ist». (ebd.) In der Geschichte selber begegnen sich Sein und Zeit. Der Geist verwandelt historische Zeit in geschichtliches Sein. Gleichwohl gilt es auch für Strich, «die Eigentümlichkeit einer Zeit, einer Nation, einer Persönlichkeit, zu der die ewig geistige Substanz sich bricht, wie Licht in Farben, den unendlichen Gestaltenwechsel des einen Menschengeistes zu erfassen». (ebd.) Das Goethe-Vokabular, das sich hier bis auf die Farbenlehre erstreckt, ist unüberhörbar. Aufschlußreicher jedoch ist, daß Strich die Einheit «einer Persönlichkeit, einer Zeit, einer Nation» als seine Definition des Stils unterbreitet hat. (17) Erwartungsgemäß folgt seine programmatische Erklärung: «Die Geschichtswissenschaft also, welche den Gestaltenwechsel des Geistes darstellen möchte, ist Stilgeschichte ...». (20) Der Stil ist – wie die Geschichte – zeitgebunden *und* von zeitloser Gültigkeit. Stilepochen dürfen daher (als Geistesepochen) nicht nur literaturgeschichtlich miteinander verglichen werden. Grundbegriffe menschlichen Seins stehen einander gegenüber. Aus solchem Verständnis heraus lautet der Titel seiner Studie *Deutsche Klassik und Romantik oder Vollendung und Unendlichkeit.*

Strich kennzeichnet die deutsche Klassik und Romantik aus der geistig-zeitlichen Perspektive seiner geistesgeschichtlichen Literaturwissenschaft. «... der klassische Mensch vermag, was ewig und das heißt für ihn: vollendet ist, schon in der Zeit, im Strom des Lebens zu erleben und zu gestalten. Zeit und Ewigkeit ist für ihn kein Widerspruch, das Ewige ist schon in der Zeit». (24) Das existentielle Geschichtsbewußtsein der deutschen Klassik findet künstlerisch im geschichtlichen Augenblick des geistigen Willens zur Verewigung Ausdruck. Ihre Kunst verwandelt Zeit in Sein. «Derjenige Geist ist nun der klassische», bestimmt Strich, «der den Widerspruch von Raum und Zeit zur Harmonie zu bringen vermag». (ebd.) Mit der «Harmonie» ist eine rein ästhetische gemeint. Das Jetzt und Hier ist der Klassik geistig ein Immer und Überall. So ist es der Stil selber, in dem sich die geistige Synthese künstlerisch verwirklicht. Durch den Stilvergleich sucht Strich auch dem historischen Zeitverlauf Rechnung zu tragen, ohne dabei einer annalischen Geschichtsschreibung zu verfallen.

Die romantische Dichtung charakterisiert Strich als die künstlerische Verwirklichung eines Geistes, «wo die Gesetze des Raumes und der Zeit keine Gültigkeit haben», und er zeigt, «wie sich der romantische Geist in die mystische Idee einer unendlichen Zeit verlor, in der alle Vergangenheit gegenwärtig, alle Zukunft schon lebendig ist». (25) Auch dieser Stil ist somit Synthese geistigen Verewigungswillens. Wo Raum und Zeit aber keine Gültigkeit mehr haben, ändert sich nicht nur die historische Geschichtsauffassung, sondern gleichzeitig auch der dichterische Stil – die poetische Geschichte. Künstlerisch gibt sich der romantische Geist in Traum und Märchen kund. Politisch bedeutet diese Unendlichkeit der Zeit und des Raumes für die Romantik, daß «das wahre Volk ... nicht das räumliche Volk, sondern das Volk in der Zeit, das historische» sein mußte, «und sein Vaterland» ist «die

Geschichte». (104) Durch die Verabsolutierung der Zeit wird sie selbst zum Unendlichkeitserlebnis. «Wenn sie das Vaterland in seiner Geschichte sah«, bemerkte Strich über die Romantik, «so war überhaupt die Geschichte ihr Vaterland«. (ebd.) Der «Klassiker» und «Romantiker» Hölderlin läßt seinen Empedokles «in die Natur zurück» kehren «und in das zweite Element des einen, ungeteilten Lebens: die Geschichte. Er macht sich ... zum Opfer der Geschichte». (106)

Strich unterscheidet innerhalb der deutschen Klassik und Romantik zwei ausgeprägte Geistesrichtungen. Goethe und Schiller werden als Polarität von Realismus und Idealismus verstanden. Dem entspricht die Gegenüberstellung einer christlichen und einer dionysischen Unendlichkeitserfahrung in der Romantik. Innerhalb beider Stilepochen gibt es also wiederum «Pole der Menschheit». Ihre Antithetik hebt sich jeweils wieder in eine höhere Einheit auf: das geistige Verhältnis zur Zeit umfaßt innerstilistische Divergenzen. «Mochte auch Goethe das Urbild als Idee und Schiller als Ideal erleben«, argumentiert Strich, «so war doch beides eben das zeitlose Menschentum; und beide machten es in sich selbst und in ihrer Dichtung zur Realität». (28) Indem Strich jedoch Klassik und Realismus miteinander gleichsetzt, zerstört er die Dynamik seiner geistes- und stilgeschichtlichen Dialektik.

Dementsprechend wird die Romantik auf die Formel des Idealismus reduziert. Strichs Stilvergleich bleibt also klassisch orientiert. Die stilgeschichtliche Polarität der Klassik führt von sich aus zu einer neuen Ästhetik. Strich geniert sich deshalb nicht, vom «magischen Realismus Schillers» zu sprechen, dem er «die Idee des magischen Idealismus von Novalis» entgegenstellt. (29)

Er ist davon überzeugt, «daß Stile, Geistesströmungen, wenn auch in völliger Verwandlung wiederkehren». (19) So bezeichnet er nicht nur die deutsche Romantik, sondern darüber hinaus auch die Gotik und den Barock als «romantische Stilperioden», in denen ihrerseits zwischen christlichen und dionysischen Strömungen unterschieden werden müsse. (25) Damit entwickelt Strich für die Stilgeschichte, was Emil Staiger für die einzelnen Gattungsformen nachgewiesen hat: daß es «romantische Stilperioden» unabhängig von der kunstgeschichtlichen Epoche der Romantik gibt, so wie beispielsweise Lyrisches auch außerhalb des Genres Lyrik in Erscheinung tritt.

Die dionysische und die christliche Romantik, vertreten durch

Hölderlin und Kleist einerseits und Friedrich Schlegel und Novalis andrerseits, bestimmen ihr eigenständiges Wesen in erster Linie darin, daß der dionysische Geist im Gegensatz zum christlichen seinen Erlösungsdrang nicht transzendiert. Gemeinsamer Ausgangspunkt aber ist ihnen die Erfahrung, daß ein unendlicher Geist in der historischen Entfaltung der Zeit verendlicht ist. Die ästhetische Auflösung dieses gemeinsamen Zeiterlebnisses bleibt antithetisch; synthetisch bleibt auch im Stil allein der Geist. Letztlich bedient sich Strich daher auch nicht länger der irreführenden literaturgeschichtlichen Termini, sondern stellt stattdessen eine ausschließlich geistige Antithetik auf: «Vollendung ist unwandelbare Ruhe – Unendlichkeit: Bewegung und Verwandlung. Vollendung ist geschlossen, Unendlichkeit aber offen.» (26) Strich verfügt über eine lange Liste derartiger Gegenüberstellungen. Sie findet ihren Abschluß in der fragwürdigen Formulierung: «Vollendung ... erscheint im Bilde. Unendlichkeit aber deutet sich im Sinnbild an.» (ebd.) Strich bestreitet, daß durch das Sinnbild ein Ideal in der begrenzten Gestaltung eines Kunstwerkes «sich ganz verwirklichen, ganz real werden kann». Ein solches Urteil impliziert nur allzu deutlich Strichs geistesgeschichtliche Bestimmung des Wesens und der Aufgabe der Kunst. (Gerade das Sinnbild kann ja in der Dichtung eine Idee vergegenwärtigen, die das Bild nurmehr zu *repräsentieren* vermag. Strich meint jedoch gar nicht das *Bild*, sondern das zeitlos-geistige *Urbild*, die bildliche Erscheinung einer urphänomenalen Existenz. Strichs geistiges Urphänomen setzt aber – im Gegensatz zu Goethes, hier ist Strich Hegelianer! – den Glauben an die metaphysische Existenz des Geistes voraus.)

So führt Strichs Stilvergleich der deutschen Klassik und Romantik dazu, geistesgeschichtliche Grundbegriffe als Ausdruck des einen Verewigungswillens ästhetisch auszutauschen. «Man darf», erklärt Strich, «die Klassik ... trotz Goethes und Schillers Gegensätzlichkeit als Realismus bestimmen, die Romantik aber als Idealismus; denn hier wird nun wirklich ein Ideal aufgestellt, das seinem Wesen nach unendlich ist und niemals verwirklicht, nie eine Realität sein kann, weil es eben das Unendliche selbst, das nie Vollendete ist.» Ist es in Anbetracht eines solchen Vergleiches zu kleinlich, Strichs Sprachgebrauch zu rügen, der die Romantik trotz entgegengesetzter Behauptung «wirklich ein Ideal» aufstellen läßt?

Zum Abschluß seines Kapitels «Grundbegriffe» bedient sich

Strich einer Anzahl Konzepte, die in der deutschen Literaturtheorie der Gegenwart eine zentrale Rolle spielen. Wie schon etliche Male vorher bezieht sich Strich hier auf einen «geschichtlichen Augenblick», in dem sich der Gegensatz von Klassik und Romantik «mit einer sonst nie erreichten Klarheit in das wache Bewußtsein des menschlichen Geistes« drängt. Er kennzeichnet diesen Moment mit den Worten: «die Zweiheit wird sich ihrer selbst bewußt». (30) Da es sich hierbei ausdrücklich um eine geistige Antithetik handelt, bedeutet das nichts anderes, als daß sich der Geist im Hegelschen Sinne selbsterkennend gegenübersteht. Das «Phänomen des Stilwandels» sieht Strich denn auch als *zeitliches* Bewußt-*Sein* im Bereiche der Ästhetik. Seine grundbegriffliche Betrachtung will «nur die Vorbedingung aller historischen Darstellung schaffen: eben die Erkenntnis jener geistigen Substanz, die aller Stilwandlung zugrunde liegt». (ebd.) So mündet Strichs geistesgeschichtliche Methode des Stilvergleiches in eine Phänomenologie des Stilwandels. Das eigentliche Problem des Stilwandels wird indes bei Fritz Strich nicht behandelt. Er stellt «um der Klarheit willen das Fertige dem Fertigen» entgegen, weist jedoch absichtsvoll darauf hin: «man kann das allmähliche Entstehen eines neuen Stiles schon innerhalb des älteren Schritt für Schritt verfolgen, man kann auch in jedem Stile einen Willen zur gesamtmenschlichen Synthese sehen». (ebd.) Auch das ist geistesgeschichtlich gemeint: der klassische Idealismus eines Schiller faßt in der dionysischen Romantik eines Hölderlin Wurzel, um schließlich einer gesamten Stilepoche ihr geistiges Gepräge zu verleihen. Der dionysische Geist erlebt seinerseits in Nietzsche seine «Auferstehung». So manifestieren sich in der Stilgeschichte grundbegriffliche Seinserfahrungen, in denen sich der Geist ästhetisch widerspiegelt. Fritz Strichs geistesgeschichtliche Deutung des Stilwandels muß als wichtiger Vorläufer der werkimmanent-ontologischen Literaturgeschichte Emil Staigers erkannt werden[5].

In seinem Kapitel mit dem bezeichnenden Namen «Die Synthese» stellt Strich die deutsche Klassik und Romantik antithetisch als geistige Zeitalter gegenüber. «Wenn in diesem Versuch der Gegensatz der Stile, wie er sich um die Wende des 18. und 19. Jahrhunderts bildete, so dargestellt wurde, daß hier wirklich die Pole des Menschentums sich schieden», beginnt er seine Ausführungen, «so darf doch gewiß nicht übersehen werden, wie sich die Pole auch berührten und zur Versöhnung strebten». (330)

Sträfliches Imperfekt! Obgleich es keineswegs zufällig ist, daß sich Strich hier auf die geschichtliche Wende des 18. und 19. Jahrhunderts bezieht, bleibt auch in diesem Vergleich eine konkret historische Auseinandersetzung außerhalb des Rahmens seiner Betrachtung. Es geht ihm nach wie vor um die zeitliche Manifestation des Geistes, nicht etwa um den Geist einer Zeit, einer gesellschaftshistorischen Epoche. Nirgendwo verrät sich diese Anschauung deutlicher als in Inhalt und Aussageform seiner Erklärung: «Es ist wie ein Symbol, daß Goethe ja auch mit der Dauer seines eigenen Lebens, welches die klassische wie die romantische Epoche umfaßt, den Bogen über die Kontraste spannte. Er lebte die beiden Zeiten, und beide lebten auch in ihm.» (331) Ganz unmißverständlich wird Goethe selber hier als geistesgeschichtliche Synthese aus Klassik und Romantik gedeutet. Diese Einsicht gewinnt Strich jedoch nicht aus einer Untersuchung Goethescher Stellungnahme zu historischen Ereignissen, sondern in erster Linie aus einem stilgeschichtlichen Wandel. Wieder einmal liefert Strich einen Beleg dafür, daß er zwischen Stilgeschichte und Geistesgeschichte nicht streng zu unterscheiden gewillt ist. Zwar gibt er zu, daß jeder Stil Ausdruck seiner Zeit bedeutet, aber diese Zeit wird selber wiederum geistesgeschichtlich interpretiert. Einen konkreten Zusammenhang zwischen gesellschaftshistorischer Wirklichkeit und literarischer Selbstgestaltung solchen existentiellen Bewußtseins (etwa im Sinne des von Hans Mayer geprägten «historischen Augenblicks der Selbstdarstellung») stellt Strich nicht her.

Stilgeschichtlich erwägt Strich vorübergehend eine geistige Synthese in der Ästhetik des Jungen Deutschland «Man könnte nun vielleicht meinen», bemerkt er etwas unverbindlich, «daß nach dem von Hegel gelehrten Gesetz der Geschichte: auf Thesis und Antithesis folge stets die höhere, versöhnende Synthese, die Einigung sich erst nach dem Ablauf der klassischen und romantischen Periode vollzogen habe, und man sie also nicht in der Klassik oder der Romantik, sondern in jener geistigen Bewegung suchen müsse, die man das junge Deutschland nennt.» (333) In der Tat bezeichnet Strich das Junge Deutschland als «einen dritten Zeitstil». Die Vieldeutigkeit des zeitlichen Konzepts wird jedoch offenkundig, wenn er hinzufügt: «Die neue Gottheit aber, zu der das junge Deutschland betet, heißt: die Zeit.» (ebd.) Strich definiert ihre veränderte Bedeutung wie folgt: «Die Zeit: das heißt die eigne

Zeit, die eigne Gegenwart, der eigene Augenblick.» (334) Mit anderen Worten: dem Jungen Deutschland geht es um die historisch konkrete Zeit, um den geschichtlichen Augenblick der einmalig-eigenen Existenz, nicht wie der Klassik um den Zenit eines geistig verwirklichten Augenblicks, um die Offenbarung der Ewigkeit in dem Strom des Vergänglichen. Die Zeit wird in der Dichtkunst Ausdruck eines gesellschaftspolitischen Gegenwartsbewußtseins. Ästhetisch heißt das für Strich (und die aus der Malerei geborgte Terminologie ist bezeichnend): «Die Dichtung wird impressionistisch.» (ebd.) Deutlich schwingt Empörung und Mißbilligung mit, wenn Strich bemerken muß: «Aber die künstlerische Form ist überhaupt nicht mehr das Ziel der Dichtung; das neue Zeiterlebnis macht sie politisch, tendenziös.» (ebd.) Immerhin ist es das erste Mal, daß Strich, wenn auch mit offensichtlichem Bedauern, erkennt, wie unmittelbar sich die historische Zeit auf den dichterischen Stil (und damit auf den Geist) auswirkt. Freilich behält sein Kompositum «Zeiterlebnis» jene Zweideutigkeit, die sowohl eine historisch-gesellschaftspolitische Auslegung als auch eine ästhetisch-geistesgeschichtliche Interpretation zuläßt.

Daran ändert sich im Prinzip auch nichts, wenn es später heißt: «Die rein ästhetische Verwirklichung galt dieser Zeit nichts mehr.» (335) Auch das läßt sich geistesgeschichtlich auslegen. Deutlicher spricht schon Strichs Bekenntnis: «Denn was hier aufgeopfert wurde, das war nicht weniger als überhaupt der geistige Trieb zur Ewigkeit, der sich in diesem dritten Stile ganz verlor.» (ebd.) Mit unbeabsichtigter Deutlichkeit veranschaulicht Strich hier die Grenzen der eigenen geistesgeschichtlichen Methodik, die dem neuen Stilphänomen nicht mehr beizukommen vermag. «Man glaubte nur noch an die Zeit und wollte nur noch ihre Forderung erfüllen.» (ebd.) Mit einer historisch konkreten Zeit, die sich selber zum Geist erhebt, kann und will sich Strichs Ästhetik nicht befassen. Sobald sich der geschichtliche Augenblick zu sehr der gesellschaftshistorischen Wirklichkeit nähert, verliert er für Strich an stilistischer und geistiger Bedeutsamkeit. So kommt es, daß stilgeschichtlich und geistesgeschichtlich das Junge Deutschland nicht als Synthese der klassischen und romantischen Ewigkeitserfahrung gelten kann. Für Strich wäre das eine nurmehr «zeitliche» Synthese. Die geistig harmonische Verbindung erkennt Strich vielmehr in dem «Symbol» Goethe, in dem beide Zeiten lebten, weil er beide Zeiten lebte. Daran ist bemerkenswert, wie nicht nur die historische und die geistige Zeit, sondern letztlich gar die geschichtliche Erscheinung Goethes selbst ästhetisch harmonisiert wird. *In Goethe erkennt Strich das geistesgeschichtliche Sein, die ästhetische Verewigung eines dichterisch gestalteten Menschenbildes.* Geschichte, Geist und Dichtung werden programmatisch enthistorisiert.

Gedanklich wie methodologisch ist Hegel in Strichs Literaturwissenschaft der geistige Gegenpol zu Goethe. «Wenn sich aus diesem neuen Zeiterlebnis überhaupt die Möglichkeit zu einer wahrhaft geistigen Kultur ergeben sollte», erklärt Strich über das Junge Deutschland, «so war es nur auf jenem Wege möglich, welchen Hegel einschlug». (336) Nur so kann für ihn die aktuelle Augenblicksbedeutung zugleich gegenwarts- und ewigkeitsbezogen bleiben, nur so kann für ihn auch die zeitnahe Geschichtspolitik dem Bereich des zeitlosen Geistes einverleibt werden. Aus der Hegelschen Relativierung des historischen Ausdrucks leitet Strich die stilgeschichtliche Einsicht ab: «Auch in der Geschichte der Kunst entwickelt sich der Geist zu immer höherer Vollendung, und also ist auch jener Kunststil einer Zeit nur eine Stufe.» (ebd.) Obgleich Strich mit Recht die Fragwürdigkeit dieser Hegelschen These des ästhetischen Fortschritts hervorhebt, benutzt er sie nichtsdestoweniger, um die eigene geistesgeschichtliche Methode der Literaturwissenschaft zu rechtfertigen. Weil Hegel glaubt, «daß sich in keiner Kunst die wirkliche Synthese herzustellen vermag (also auch nicht in Goethes?), sondern daß sich diese nur in der unendlichen Geschichte des absoluten Geistes vollziehen kann», stellt Strich in seinem Gefolge die Behauptung auf: «Die Geistesgeschichte allein ist die Einheit jener beiden Ewigkeiten, ist die eine Ewigkeit.» (ebd.) Daraus hat Strich die kühne Folgerung gezogen, daß die Geistesgeschichte selber als stilgeschichtliche Synthese zu gelten habe. Seine geistesgeschichtliche Literaturkritik entspricht somit einem ästhetischen Historismus: alle Kunststile sind als geistiger Ausdruck ihrer Zeit gleich gültig und gleich sinnvoll.

Strichs «Rechts-Hegelianismus» sucht sich dennoch von der philosophischen und literarischen Idee der Synthese zu distanzieren. «Diese Idee der Synthese», kritisiert er, «hat nur bei Hegel und Hebbel ein allzu rationales Element in sich, das die Geschichte vergewaltigt». (337) Für Geschichte kann hier ohne weiteres Geist eingesetzt werden. An eine im Verlauf stilistischer Epochen immer höhere Vollendung des Geistes vermag auch Fritz Strich nicht zu glauben. «Nicht Stufen werdender Vollendung sind die Stile», betont er, «sondern nur die immer neuen, anderen Manifestationen jenes einen Triebes zur Verewigung. Aber», fügt er besonnen hinzu, «auch das ist ja Synthese.» (ebd.) Auf solche Weise gelingt es ihm, auch Hegels Weltgeist zu enthistorisieren und (im Einklang mit Hegel) zu phänomenologisieren. Strich erkennt die «Tragik des Geistes» darin, «daß er nur in der Form der Geschichte seine Triebe zur Vollendung und Unendlichkeit ganz zu verwirklichen vermag». (ebd.) Dieses Leiden an der Zeit erinnert von fern an Schopenhauers Theorie der Willensverneinung. Von dem Geist einer geschichtlichen Tragik, einer zeitimmanent-existentiellen Not und Schuld spricht der Literaturhistoriker nirgends. *In Hegel erkennt Strich die geistesgeschichtliche Zeit, die philosophische Verewigung eines historisch gestalteten Menschenbildes.*

Strichs Literaturgeschichte bewegt sich zwischen der Polarität von Sein und Zeit, zwischen Goethe und Hegel, die sich in seiner geistesgeschichtlichen Methode synthetisch berühren. Hegel lehrte ihn, in der Unendlichkeit des Geistes auch seine Vollendung zu erkennen.

Der Dichter und die Zeit (1947)[6]

Im Jahre 1947 veröffentlicht Fritz Strich eine Reihe von Reden und Vorträgen, die er unter dem bezeichnenden Titel *Der Dichter und die Zeit* zusammenfaßt. Auch Fritz Strichs Literaturgeschichte besinnt sich auf das Abhängigkeitsverhältnis von Entstehungsgeschichte und Wirkungsgeschichte eines literarischen Kunstwerks. Aber er bemüht sich nicht um eine gesellschaftspolitische Definition der Zeit. In seinem Vorwort erläutert Strich die vier Bedeutungsstufen des zeitlichen Begriffes, mit denen er sich in seiner Literaturwissenschaft auseinandersetzt.

«Dichtung, so schien mir, dürfe nicht mehr ein Traumreich bleiben, in das man sich aus dem Chaos der Zeit hinüberflüchtet», erklärt er und fährt fort: «Sie sollte vielmehr auf jenen überzeitlichen Standpunkt erheben, von dem aus man die eigene Zeit zu messen, das verwirrte Auge zu orientieren und dem ins Chaos blickenden Geist die Kraft zur Bannung und Beschwörung zu geben vermag. Dies ist der erste Sinn von dem, was ich im Titel dieser Sammlung die Zeit nenne: es ist unsere eigene Zeit und Gegenwart.» (10) Bereits hier fällt auf, daß Strich wiederholt vom *«Chaos der Zeit»* spricht, in das allein der schöpferische Wille des Dichters Übersicht und Ordnung hineinzugestalten vermag. In Erfüllung des Hölderlinwortes

> Was bleibet aber, stiften die Dichter

erhebt Strich den auserlesenen Dichter zum «zeitlosen» Propheten einer Allgegenwart. Weiter fällt auf, daß auch hier von Anfang an der «Geist» in den Mittelpunkt der Betrachtung gestellt wird. Bei Fritz Strich wird historische Literaturwissenschaft zur phäno-menologischen *Geistesgeschichte.*

Die historische Genesis des poetischen Geistes ergänzt und ver-tieft die Einsicht seiner zeitlosen Gültigkeit. «Es zeigte sich», schreibt Strich, «daß die Frage nach dem Dichter und unserer Zeit auch die nach dem Dichter und seiner Zeit war. Dies ist der zweite, aber im Grunde gar nicht verschiedene Sinn des Titels dieser Sammlung ...». (ebd.)

Überraschenderweise arbeitet auch Fritz Strich in seinen litera-turgeschichtlichen Studien mit dem Konzept des «historischen Augenblicks», verleiht ihm jedoch erwartungsgemäß eine unter-schiedliche Bedeutung als Hans Mayer. So heißt es im Vorwort weiter: «Der dritte Sinn von Zeit aber, den der Titel meint, ist die Zeit als Schicksal, dem auch der größte Dichter nicht entgehen kann ... Hier und da und dort taucht gleicher Geist und gleicher Stil auf, ohne das die Dichter etwas von einander wissen: sie sind gebunden durch das Band der Zeitgenossenschaft, des *historischen Augenblicks,* in den sie hineingeboren sind.» (11) Mayer unter-scheidet den «historischen Augenblick» in künstlerischer Selbst-gestaltung von der Unmittelbarkeit des geschichtlichen Ereignis-ses. Seine Dialektik stellt Zeit-Geist und historisches Geschehen gegenüber, um *in der Literatur* «den geschichtlichen Augenblick der Selbstdarstellung» zu erkennen. Strich setzt sich dagegen mit dem Problem des *Zeitstils* auseinander, in dem sich der «histori-sche Augenblick» schicksalhaft in der Kunst ausdrückt. Fritz Strich setzt dabei «Geist» und «Stil» geradezu gleich, so daß sich in der Literatur-Geschichte der Geist einer Zeit offenbart. Obwohl beide Theoretiker mit dem Begriff des historischen Augenblicks operie-ren, wandelt sich auf Grund ihrer unterschiedlichen Geschichts-

159

konzeption die Akzentuierung von Strich zu Mayer. Bei genauerem Hinsehen erweist es sich nämlich, daß für Mayer die höchste Instanz das sich bewußt gewordene repräsentative *«Selbst»* ist, während Strich sich letztlich auf die historische Manifestation des absoluten *Geistes* beruft. So erklärt Strich beispielsweise in seinem Beitrag: «Der junge Schiller»: «Aber wie es immer in der Geschichte ist: Erst wenn die allgemeine Forderung des historischen Augenblicks, die in die Zukunft weisende Idee der Zeit in einem genialen Menschen zündet, ... gewinnt sie die Kraft zur Verwirklichung ... Ein solcher Zusammenfall von Forderung der Zeit und eigener Art eines Genius, solche Gunst der Stunde, der Geschichte ist es, die einem Menschen seine historische Sendung gibt.» (234) In wiederkehrenden Wendungen wie «Idee der Zeit» (vgl. auch 235) wird der Zeit eine durchaus geistige Bedeutung zuerkannt. Strich spricht denn auch bewußt von der «Forderung der Zeit». Der «historische Augenblick» der Dichtung im Mayerschen Sinne wird Strich zufolge allein durch die «Gunst der ... Geschichte» möglich. Alle Kunst ist damit für Strich schicksalhafte Gnade, ein Geschenk des Geistes an die Zeit.

Schließlich aber führt Strichs Untersuchung des Verhältnisses von Dichtung und Zeit zur Erkenntnis, daß sich das Wesen der Dichtung nicht aus der historischen Perspektive allein bestimmen läßt. «Es gilt», bemerkt er infolgedessen, «nach dem überzeitlichen Wesen der Dichtung zu fragen, nach ihrem Urphänomen, das all ihren zeitlichen Metamorphosen zu Grunde liegt ... Dies ist der vierte Sinn des Titels meiner Sammlung.» (11) Es bedarf keiner besonderen Hervorhebung, daß sich Strich hier erneut wortwörtlich der Goetheschen Gedankensprache bedient. So ist es auch kein Zufall, daß Strich sich im vorangegangenen Abschnitt des Vorwortes ausdrücklich auf «Goethes Idee der Weltliteratur» bezieht, um seiner Hoffnung auf einen geistigen Bund und einen geistigen Wettkampf im Zeichen einer schicksalhaften Zeitgenossenschaft Ausdruck zu verleihen. Wir erinnern in diesem Zusammenhang daran, daß Strichs Buch *Goethe und die Weltliteratur* kaum ein Jahr zuvor erschienen war. Fritz Strichs Literaturtheorie und -geschichte orientiert sich wie Hans Mayers an der geistigen Vergegenwärtigung Goethescher Dichtung und an der geistigen Geschichtsphilosophie Hegels. Faszinierend daran ist, daß dieser gleiche Einfluß zu durchaus entgegengesetzten Literaturtheorien geführt hat. Fritz Strichs vorangegangenes Buch, *Deutsche Klassik und Romantik* (1922), hat dieses geistesgeschichtliche Erbe methodologisch wie gedanklich noch eindeutiger zum Ausdruck gebracht.

Die vier Bedeutungsstufen des Verhältnisses der Dichtung zur
Zeit lassen sich wie folgt zusammenfassen. Für Strich ist die Zeit
an sich chaotisch. Aber der existentielle Weltgeist verwirklicht sich
in dieser Zeit, ordnet somit das vergängliche Chaos und erfährt
in der Dichtung seine ästhetische Selbstgestaltung. Aus dieser
grundsätzlich Hegelschen Deutung ergibt sich Strichs Geschichtsauffassung: das Verhältnis des Dichters zu seiner Zeit bestimmt
in hohem Maße auch das Verhältnis unserer Zeit zu seiner Dichtung. Wo sich der Geist mit der Zeit schöpferisch vereinigt, offenbart sich in der Erfüllung der Zeit eine geistesgeschichtliche Wirklichkeit von ontologischer Bedeutung. Die historische Darstellung
der Idee (Strich nennt sie «Wahrheit») stellt ihrerseits eine überzeitliche, urphänomenale Verwirklichung des existentiellen Weltgeistes dar. In der Dichtung treffen diese verschiedenen Zeitstufen
zusammen. Auch bei Strich wird insofern zwischen Entstehungsgeschichte und Wirkungsgeschichte des sprachlichen Kunstwerkes
unterschieden.

Auf Grund einer solchen Differenzierung teilt Strich sein Buch
in drei gesonderte Abschnitte ein. Unter der Überschrift «Vom
überzeitlichen Wesen der Dichtung» befaßt er sich einführend mit
der symbolischen Gestaltung einer «der Wirklichkeit immanenten
Wahrheit». (29) In der Dichtung verwirklicht sich der Geist als
sinnbildliche Widerspiegelung. Die symbolische Realität seiner
vergegenwärtigten Identität macht das Wesen der Dichtung
«überzeitlich». Zugleich aber ist Dichtung für Strich «menschliches Urphänomen». (57) Auch aus diesem Grunde ist ihr Wesen
«überzeitlich», weil Strich die Grundeigenschaften und Existenzbedingungen des Menschen für unveränderlich hält. (Ob er damit
recht hat, muß allerdings nachdrücklich in Frage gestellt werden.
Es kann kein Zweifel herrschen, daß die historische Entwicklung
dem geistesgeschichtlichen Literaturhistoriker das Gegenteil bewiesen hat.)

Nach diesem recht allgemein, «ästhetisch» gehaltenen
Abschnitt setzt sich Strich im folgenden Teil mit der «Zeit als
Schicksal» auseinander. Erwartungsgemäß wird er jedoch auch
in dieser Studie kaum historisch konkreter. In seiner kulturhistorischen Vorlesung[7] untersucht Strich den europäischen Barock als

Beispiel eines schicksalhaften Zeitstils. In der barocken Kunst sieht er bezeichnenderweise «die ästhetische Erlösung *in* der Zeit». (117) Interessant bleibt, daß Strich hier (besonders in seinen Ausführungen über Shakespeare) erstmalig Geschichte und Gesellschaft miteinander in Zusammenhang zu bringen sucht. Der «ins Chaos blickende Geist» seiner ersten Zeitdefinition erscheint hier erstmals im gesellschaftlichen Gewande. «Wo solche gestufte und geschichtete Ordnung aufhört», erklärt Strich über Shakespeares dramatische Verwirklichung einer sozialhistorischen Idee, «da droht das Chaos. Gewiß, man darf nicht übersehen», fährt er fort, «daß Shakespeare auch das furchtbare Chaos auftut, in welches adliger Mut, der zu Übermut wird, adliger Herrscherwille, der zu Machtrausch wird, die menschliche Gesellschaft stürzt ... Aber immer, wenn die Zeit aus den Fugen gerät, wird sie in Shakespeares Dramen nicht von niederen und neu aufrückenden Klassen wieder eingerenkt, sondern ein ritterlicher Held erscheint als Retter, und so hat Shakespeare doch der sich auflösenden Gesellschaft das Bild der aristokratisch gestuften Rangordnung entgegengestellt ...». (131) Sein abschließender Bezug auf Corneille will zeigen, daß «Zeitstil» auch sozialhistorische Gemeinsamkeiten des dichterischen Geistes zum Ausdruck bringen kann. Während Strich im Abschnitt «Vom überzeitlichen Wesen der Dichtung» eine allgemeine Ästhetik aufstellt, schließt also seine zeitstilistische Untersuchung «Die Zeit als Schicksal» den gesellschaftlichen Geist einer bestimmten Stilepoche zumindest vorübergehend mit ein.

In deutlicher Dialektik stellt Strich den dritten Teil seiner Sammlung unter das Thema «Der Dichter und die Zeit». Daß dieser Titel die vorangegangenen Aspekte des Zeitbegriffes mit einschließen soll, geht schon daraus hervor, daß Strich diese Überschrift auch als Gesamtthema seines Buches gewählt hat. Der erste Teil seiner Sammlung setzt sich mit dem Wesen der *Dichtung* auseinander, der zweite Abschnitt untersucht die Bedeutung der *Zeit*, der dritte und eigentliche Haupt-Teil faßt die vorangegangenen Studien synthetisch zusammen, um unter solchen Voraussetzungen nunmehr einzelne Dichter im Verhältnis zu ihrer und unserer Zeit eingehender zu berücksichtigen. Die Gegenwartsbezogenheit dieser Abhandlungen drückt sich zum Teil bereits in den Überschriften aus, so etwa in den wiederkehrenden Titeln «Zu Lessings Gedächtnis» und «Zu Hölderlins Gedächtnis» oder «Goethe und unsere Zeit» und «Adalbert Stifter und unsere Zeit».

Es gibt keinen anschaulicheren Weg, Fritz Strichs literaturwissenschaftliche Methode darzustellen, als die bewußte Entwicklung dieser drei Abschnitte seines Buches gedanklich nachzuvollziehen. Dabei wird sogleich deutlich, daß der Ursprung seiner geistesgeschichtlichen Literaturtheorie in der klassischen Ästhetik liegt. «Das Symbol in der Dichtung» ist im Grunde nichts anderes als eine ergänzende Darlegung des Goetheschen Symbolbegriffes. Das Allgemein-Menschliche einer solchen Sinnbildhaftigkeit sieht Strich als Offenbarung eines umfassenden Geistes. «Ich bin als Mensch», schreibt er, «ein Wesen des Geistes, und Geist, von dessen Geist ich bin, ist gar nichts anderes als der Wille und der innere Zwang zu allgemeiner, objektiver, allverbindlicher Gültigkeit. Dieser Geist in mir wird durch das gültige Gebilde des Gedichtes ausgesprochen.» (18) Für Strich treffen beim Lesen eines Gedichtes zwei wahlverwandte geistige Wirklichkeiten aufeinander. Im Geist des Gedichtes erkennt sich der Geist des Lesers wieder. Ganz deutlich entwickelt Strich hier Goethes Ästhetik und Hegels Phänomenologie des Geistes zu einer *synthetischen Theorie der Literaturgeschichte.* In der Begegnung mit dem sprachlichen Kunstwerk steht sich der Geist selbsterkennend gegenüber.

Wie weitreichend Strich der Goetheschen Ästhetik verpflichtet bleibt, zeigt sich nicht nur an seiner Definition des Symbols und der Dichtung ganz allgemein, sondern am deutlichsten daran, daß Goethes Äußerungen auf diesem Gebiet auch die Gedankenfolge der eigenen Ausführungen maßgebend bestimmen. So zitiert er beispielsweise Goethes Gegenüberstellung von Symbol und Allegorie, um sodann seinerseits ihren geistigen Unterschied darzustellen. Als Beispiel eines symbolischen Gedichtes zitiert Strich Goethes *Meeresstille*, als Beispiel eines allegorischen Gedichtes Eichendorffs *Der Pilot*. Bezeichnend daran ist wiederum, daß er – wie Goethe – den Begriff Symbol auf den Gesamtcharakter eines literarischen Kunstwerkes anwendet. Programmatisch distanziert er sich von einer Lyrik, die durch aufgespaltene Dingsymbolik Vielfältigkeit und Tiefe eines Erlebnisses mitzuteilen sucht. Über den Symbolismus – durch ein Verlaine-Gedicht veranschaulicht und dem Goetheschen *Ein gleiches* kontrastierend gegenübergestellt – erklärt Strich: «Es ist eine Kunst der Beschwörung, der Magie. Denn die moderne Magie heißt eben: Suggestion.» (17) So spricht er auch nicht über das Symbol im Gedicht, sondern vom Symbol *in der Dichtung*». In seiner Analyse des Eichendorff-Gedichtes betrachtet er zwar vorübergehend einzelne Bilder («Wellen und Sterne, Schiff und Segel, Paradiesvögel, Morgen und Dämmerung, Heimat und Anker»), um ihnen eine allegorische Bedeutung zuzusprechen, weicht dann aber in dem unmittelbar folgenden Vergleich mit dem Goethe-Gedicht einer eingehenderen Betrachtung der Dingsymbolik deutlich aus. Über Eichendorffs *Der Pilot* bemerkt Strich: «Es spricht in *irdisch-sinnlichen Bildern* von überirdisch-übersinnlichen Welten», dagegen hat «*das symbolische Gedicht* Goethes» für ihn «seine Bedeutung ganz in sich selbst, in der *Urbildlichkeit des dargestellten Bildes* ...». (23) Ganz unmißverständlich ist im letzten Falle mit dem Bild das gesamte Gedicht gemeint. So fährt er denn auch fort: «*Das Symbol in der Dichtung* ist also die allgemeine Gültigkeit des besonderen Falles, der Zusammenfall von Urbild und Bild, von Urphänomen und Phänomen, die Dauer im Wechsel, die Einheit in der Mannigfaltigkeit, die Idee in der Erscheinung.» (ebd.) Angesichts einer solchen Definition wird man wohl sagen dürfen, daß es sich bei diesem Beitrag eher um eine veranschaulichende Darlegung Goethescher Ästhetik als um eine eigene literaturtheoretische Begriffsdeutung handelt.

Für Strich ist das symbolische Gedicht nicht nur urphänomenale Erscheinung, sondern darüber hinaus auch Sinnbild des «schaffenden Geistes». (24) Mit der ebenfalls Goethe verpflichteten Einsicht, daß die Bedeutung des Symbols über den Bereich des Urphänomens hinausreicht[8], nähert sich Strich zugleich auch wieder der Hegelschen Geistesphilosophie. Der Satz: «Daß jedes Urphänomen seinerseits nur das Phänomen eines noch allgemeineren und mehr noch unter sich begreifenden Urphänomens ist, und daß ein jedes, in immer höhere und allgemeinere Zusammenhänge eingeordnet, endlich in ein nicht mehr teilbares Ur und All hinaufragt» (25), ist in völligem Einklang mit Hegels Phänomenologie des Geistes. Hans Mayer hat in seinem Aufsatz «Goethe und Hegel» gezeigt, daß eine solche Annäherung an Hegel im Wesen der Goetheschen Weltanschauung liegt. Strichs methodologische Verbindung legt also im Grunde nur nachzeichnend dar, was sich geistesgeschichtlich bereits vollzogen hat. Strich drückt hier nurmehr mit eigenen Worten die Annäherung des *Urphänomens* an das *Absolute* aus, das wachsende Verständnis Goethes für Hegels Geistesphilosophie, das dann ja auch die persönlichen Beziehungen der beiden großen Deutschen enger gestalten sollte⁹. So muß Strichs Behauptung verstanden werden, daß «die symbolische Dichtung kraft ihrer inneren Unendlichkeit ... das Unendlichkeitserlebnis» gewährt. (26) Damit nimmt er eine Goethesche und Hegelsche Religionserfahrung in seine Ästhetik auf. Von hier aus ist es nur ein kleiner Schritt zur Feststellung, «daß solch symbolische Dichtung durchaus nicht nur eine poetische Fiktion, sondern eine Wahrheitsoffenbarung sein will.» (28) Die *unendliche* Wahrheit wird zur «*ewigen* Wahrheit». (29) Weil Strich Goethes sinnbildliche Weltanschauung vorbehaltlos teilt, kann er schließlich sagen: «Die symbolische Dichtung ist die bildhafte Gestaltung dieser der Wirklichkeit immanenten Wahrheit». (ebd.) Inwieweit das *Dingsymbol* an solcher Sinnbildhaftigkeit ontologischen Charakters schöpferisch teilzuhaben vermag, wird allerdings nirgends erläutert.

Eigenartig mutet es an, wenn Strich im folgenden bemerkt, daß die «symbolische Dichtung keiner Deutung und Erklärung» bedarf. (30) Für einen Literaturhistoriker, der «der Wissenschaft von der Dichtung» die Aufgabe stellt, «den Dichtern ihre Bestimmung zurückzugeben», die sie in «Zeiten, da das Chaos drohte und immer noch droht» haben: «das Chaos zu bannen, die Dämonen zu beschwören» (12), bedeutet die Interpretation eines sprachlichen Kunstwerkes geistesgeschichtliche Bestimmung seines überzeitlichen Gehaltes. Aus diesem Grunde werden für ihn Geist und Deutung der Dichtung nahezu eins. In ihrem Bezug zum Geist verhalten sich Kunst und Interpretation wie Erkennung und Anerkennung. In Fritz Strichs Literaturwissenschaft soll sich der künstlerisch gestaltete Geist geschichtlich nochmals selbsterkennend gegenübertreten. Seine Studien sind in diesem Sinne geistesgeschichtliche Widerspiegelungen der Dichtung. Sie bleiben insofern durchaus Reflexion.

Strichs Nach-Denken und Einfühlen läßt die werkimmanente Betrachtungsweise außer acht. Er sprengt den engen Rahmen einer Textanalyse, um stattdessen eine ästhetische Geistesgeschichte zu entwickeln. Immer stehen seine Darstellungen unter einem geistesgeschichtlichen Thema: Goethe und die Weltliteratur, Der Dichter und die Zeit, Deutsche Klassik und Romantik (oder Vollendung und Unendlichkeit), Kunst und Leben. An die Stelle einer kritischen Bewertung des einzelnen Kunstwerkes oder einer dichterischen Gesamtschöpfung tritt die ästhetische Manifestation eines sich historisch entfaltenden Geistes. Diese enge Ver bindung zwischen Geist und Geschichte sei nur an zwei Beispielen veranschaulicht.

Um den Ursprung der symbolischen Dichtung aufzuzeigen, setzt sich Strich vorübergehend mit der Archetypenlehre C. G. Jungs auseinander. Das veranlaßt ihn zu folgender Äußerung: «Ich meine ..., daß bereits an den Toren der menschlichen *Geschichte*, und zwar mit ganz besonders jugendfrischer, schöpferischer Kraft der Mensch als solcher sich auswirkt, und daß sich aus dem, was überhaupt den *Menschengeist zum Menschengeist* macht, das archaische Weltbild gestaltet.» (34) Hier wird ganz unmißverständlich auf ein ursächliches Abhängigkeitsverhältnis von Geist und Geschichte bestanden. (In der Wendung «der Mensch als solcher» mag sich freilich auch die Gefahr einer pompösen Banalität und mit ihr die Fragwürdigkeit einer allzu absoluten Geisteswissenschaft andeuten.) Strich fährt fort: «Was aber macht den *Geist zum Geist?* Daß er das Chaos seiner Eindrücke nach *den geistigen Kategorien der Dauer* und der Einheit zu einem Welt*bild* ordnet ...». (ebd.) Mit dem «Chaos seiner Eindrücke» kann im Sinne des Vorwortes nur die schicksalhafte Zeitgenossenschaft des Dichters gemeint sein. Über typische Erfahrungen und seelische Reaktionen schreibt Strich: «Der Geist ermöglicht erst diese. Keine Archetypen ohne diese geistigen Formen.« (ebd.) Strich erkennt also im künstlerischen und natürlichen Bild eine geschichtliche Manifestation des Geistes. Während das Bild historisch begrenzt und geschichtlich umrissen bleibt, konstituiert seine geistige Bedeutung das überzeitliche Wesen der Dichtung. Sie zu erfassen und darzustellen, ist die eigentliche Aufgabe der Strichschen Literaturwissenschaft. In seiner *Deutung* enthüllt sich die geistige *Bedeutung* des dichterischen Kunstwerkes. Zur Rechtfertigung seiner geistesgeschichtlichen Methode erklärt Strich: «... der Mensch wandelt sich in der *Geschichte*, und seine *geistigen* Formen füllen sich mit wechselndem Gehalt.» (ebd.) Schicksalhafte Zeitgenossenschaft bedeutet stilgeschichtlich eine historische Gemeinsamkeit geistigen Ausdrucks.

Absichtsvoll spricht Strich immer wieder vom «Goetheschen Geist» (37). Goethes Entwicklung als Dichter wird als geistiger Prozeß verstanden, der sich in der Dichtung künstlerisch manifestiert. «Wenn Goethe im zweiten Teil des Faust, in der Figur des Homunkulus den reinen, tätigen Geist bezeichnete, der sich erst in organisch natürlicher Entwicklung einen Körper gewinnen muß, um eine lebendige Gestalt zu werden» (37–38), so glaubt Strich ehrlicherweise, darin die Prämisse einer geistesgeschichtlichen Ästhetik wiederzuerkennen, der es denn auch in konkret-historischen Fragen allzu häufig an Substanz mangelt. Andrerseits hat Goethe «am Ende des Faust, in Fausts Himmelfahrt dargestellt, daß der Geist sich endlich wieder von seinem Körper lösen muß, um wieder reiner, körperloser Geist zu werden.» (38) Obwohl Strich im Goetheschen Gefolge die Notwendigkeit der geistigen *Gestaltung* betont, erweckt er wiederholt den peinlichen Eindruck, als bedeute geistige *Nachgestaltung* bereits eine reinere Form der Anschauung. Zwar nennt er Dantes, Shakespeares und Goethes Versuch, «das Urbild ohne Bildlichkeit vor das Auge des Geistes zu beschwören», unmögliches Begehren, kann aber nichtsdestoweniger daraus schließen: «Das ist ein Zeichen dafür, daß der Menschengeist auf seinen höchsten Gipfeln nicht mehr an Kunst und Schönheit sein Genüge finden kann, sondern die Wahrheit selber hüllenlos von Angesicht zu Angesicht erschauen möchte». (ebd.) Aus diesem unaufgelösten Widerspruch läßt sich nur eines schließen: Strich kommt es letztlich nicht auf die Dichtung, sondern vornehmlich auf den Geist an. Auch darin entspricht seine Literaturwissenschaft also durchaus der Hegelschen Ästhetik. Das Thema seiner Sammlung *Der Dichter und die Zeit* muß als solche Gegenüberstellung von Geist und Geschichte verstanden werden. Strich versteht die Dichtung als geistig-historisches Ausdrucksmittel. In ihr offenbart sich, sowohl historisch als auch überzeitlich, der existentielle Weltgeist. Im Geist der Dichtung verwirklicht sich somit ein welthistorisches Prinzip.

In seinem Aufsatz «Dichtung und Sprache» sucht Strich das überzeitliche Wesen der Dichtung in der sprachlichen Darstellung nachzuweisen. Bezeichnenderweise beginnt Strich damit, daß er «die magische Sprache» nicht als Nachahmung, sondern wortspielerisch als «eine Vorahmung der Wirklichkeit» versteht (43). Immer wieder beruft er sich auf «die magische Kraft des Wortes», zitiert den Beginn des Johannesevangeliums, bezieht sich auf den Namen- oder Sprachzauber primitiven Menschentums und identifiziert sich mit Novalis' Bekenntnis zu mit wunderbarer Kraft begabten Zauberworten. (ebd.) Nicht nur der Dichter, meint Strich, auch der Leser erfährt, «daß dichterische Sprache eine magische Beschwörung ist, welche die Dinge, die sie benennt, wirklich erst ins Leben ruft.» (44) Damit steht Strich im stärksten Widerspruch zu Georg Lukács und Hans Mayer, für die das Primat der Wirklichkeit gerade auch an die Sprache die Forderung einer wirklichkeitsgetreuen Wiedergabe stellt. Strich sieht in der Dichtung nicht nur Sprachschöpfung, sondern eine durch Sprache geschaffene Wirklichkeit. «... jeder sprachschöpferische Genius», erklärt er, «ist ein Schöpfer neuer Wirklichkeiten, äußerer und innerer, die, solange ihre Sprache lebendig bleibt, dem Menschengeist nicht mehr verloren gehen.» (45) Die dichterische Sprache gestaltet also eine *geistige* Wirklichkeit. Strich spricht von der Leidenschaft des Dichters, «Dinge kraft ihrer Benennung dem Bereich des Geistes zu gewinnen ... und dem Chaos Gestalt zu geben.» (44–45) Diese letzte, leitmotivisch wiederkehrende Wendung ist jedoch in Strichs Schriften keineswegs von gleichbleibender Bedeutung. Während er im Vorwort von «Zeiten» spricht, «da das Chaos drohte und immer noch droht» (12), sieht er später im Bereich der Wissenschaft eine geistige Wirklichkeit «das gestaltlose Chaos der sinnlichen Eindrücke nach den Kategorien von Raum und Zeit» (44) ordnen. In unserem oben angeführten Zitat bedeutet das Chaos das Unbenannte und in diesem Sinne geistig Unverwirklichte. Strich macht es nicht deutlich, ob sich diese «Benennung» auf bereits existierende Dinge bezieht, die durch Sprache in die Sphäre geistiger Realität erhoben werden, oder ob die dichterische Aussagekraft Teil der poetischen Einbildungskraft bleibt und somit selbst Dinge zu erschaffen vermag, die in natürlicher Existenz nicht wahrgenommen werden können. Nicht nur in der Kunst, auch in der Wissenschaft gestaltet die Sprache «nach Kategorien des menschlichen Geistes eine geistige Wirklichkeit». (44)

Strichs Bezug auf Novalis scheint jedenfalls kennzeichnend für sein Verständnis der dichterischen Sprache. Auffällig häufig spricht er in seinen literaturwissenschaftlichen Aufsätzen von «dem Zauber der Dichtung» (44), «dem magischen Zeitalter» der Dichtung (57), dem «magischen Geist» und «dem urmenschlichmagischen Erlebnis einer ... alldämonischen Welt» (ebd.), dem «Wunderwerk sprachlicher Darstellung» (59), dem Wesen wahrer Dichtung, «magisch eine dichterische Welt» zu erschaffen (65) usw. Die Beispiele ließen sich unschwer vervielfachen. Dieser «echten» Magie der Dichtung stellt Strich wiederholt den «falschen Zauber dichterischer Umschreibung» entgegen. (57) Es ist die rhetorische Eigenschaft minderwertiger Dichtung, «bezaubern» zu wollen, statt eine «magische Welt» zu erschaffen. (65)

Damit greift Strich wieder ein Thema auf, das er bereits in dem vorangegangenen Aufsatz «Das Symbol in der Dichtung» berührt hat: daß Dichtung nicht sprachliches Füllhorn und luxuriöser Bilderreichtum sei, sondern geistige Schöpfung und existentielles Gestalten. Er wendet sich wider «jene verhängnisvolle Poetik ..., die da lehrt, daß es die Aufgabe der Dichtkunst sei, innere Anschauungsbilder in der Einbildungskraft zu wecken», gegen eine Ästhetik, die wähnt, «plastische Anschaulichkeit» sei «der kritische Maßstab», nach dem die Dichtung beurteilt werden könne und müsse. (50)

Hier steht Strich im stärksten Widerspruch zur angelsächsischen Literaturkritik. An einer poetischen Einbildungskraft, die sich im Gedicht durch metaphorischen Ausdruck und symbolkräftige Bilderfülle offenbart, kritisiert er vor allem «die völlige Willkür, den Mangel an Notwendigkeit in dem von Sprache angeregten Bild der Phantasie». (51) Es scheint Strich nie in den Sinn gekommen zu sein, daß das Wesen wahrhaftiger Poesie gerade darin bestehen könne, sprachbildlich zu überzeugen, metaphorisch *und* symbolisch nicht nur geistig zu suggestieren, sondern zwingend zu verwirklichen und zu gestalten. Erschreckend einseitig und unberührt klingt es, wenn Strich stattdessen erklären kann: «Auch gehört es nicht zur Wesensbestimmung der Dichtersprache, daß sie dem geistigen Gehalt eine bildhaft-metaphorische Form gebe.» (55) Verdächtig an seiner ganzen Behandlung dieses Themas ist schon die Tatsache, daß immer wieder die gleichen Gedichte als «Belege» angeführt werden: Goethes *Ein gleiches*, Hölderlins *Hälfte des Lebens*, Goethes *Meeresstille* und Eichendorffs *Der Pilot*. Daß alle diese Gedichte eher Ausnahmeleistungen als typische Formen im lyrischen Gesamtwerk der Dichter darstellen, scheint Strich nicht im mindesten zu berühren. Es wäre ein leichtes, Goethes *Epirrhema* und *Antepirrhema* als Gegenbeispiel einer geistig-organischen Dingsymbolik bildlichen Ausdrucks anzuführen. Strich muß wissen, daß die Mehrheit aller Gedichte weder durchgängig symbolisch noch völlig allegorisch sind, daß seine Gegenüberstellung von Goethes *Meeresstille* und Eichendorffs *Pilot* allzu einseitig und unverbindlich ist. Goethes *Ein gleiches*, argumentiert Strich, enthalte auch nicht eine einzige Metapher und fragt: «Aber ist es darum vielleicht kein Gedicht zu nennen?» (56) Die Antwort darauf ist so primitiv wie die Frage: natürlich ist auch das ein Gedicht. Nur sollte daraus nicht der falsche Schluß gezogen werden, daß alle Gedichte ihre Bildersprache aufzugeben haben. So wie Strich nicht bereit ist, dem historischen Augenblick eine geistig schöpferische Eigenständigkeit zuzugestehen, so weigert er sich, dem Sprachbild, metaphorisch oder symbolisch, eine entsprechende Identität zuzuerkennen. Literaturtheorie und Geschichtsphilosophie bleiben eng miteinander verbunden[10]. Strichs Argument ist eine einzige *tour de force*: er erinnert uns (wieder im Goetheschen Gefolge) daran, daß «die Sprache als solche ... seit ihrem Ursprung tief metaphorisch» sei. (ebd.) Wir haben bereits auf die Fragwürdigkeit seiner Wendung «der Mensch als solcher» (34) hingewiesen. Mit ähnlicher Einfältigkeit bedient sich Strich wiederholt der Phrase «die Sprache als solche» (vgl. auch S. 65). Für jemanden, der Dichtung als «menschliches Urphänomen» erläutern möchte (575), scheinen derartige Verallgemeinerungen, die sich als Verabsolutierungen geben, zu gehaltlos, um das Verhältnis von Mensch und Sprache überzeugend darlegen zu können.

Eine Poetik, erklärt Strich, die metaphorischen Ausdruck mit zur wesentlichen Charaktereigenschaft der Lyrik zählt, «zeigt damit nur, daß sie im Grunde gar nicht Poetik ist, sondern Rhetorik ...». (56) Das ist die ästhetische Konsequenz der Strichschen Dichtungstheorie. Das Bild hat keinen wirklichen Sinn, der Sinn des Bildes hat keine eigene Wirklichkeit, die Wirklichkeit des Sinns, das heißt die geistige Realität, hat kein Bild, kann nur in bildloser Sprache wiedergegeben werden. Wir erinnern hier noch einmal an Strichs frühere Bemerkung, Goethe habe im zweiten Teil des *Faust* «das Urbild ohne Bildlichkeit vor das Auge des Geistes zu beschwören» gesucht. (38) Auf seinen höchsten Gipfeln, hatte Strich behauptet, könne «der Menschengeist ... nicht mehr an Kunst und Schönheit sein Genüge finden ...». (ebd.) So wird das poetische Bild für ihn zur «Rhetorik», zur Überredekunst. Dieses Argument Strichs wurde in der englischen Literatur fast zwei Jahrhunderte früher, unter gleichem stilgeschichtlichen Bezug, vom Literaturkritiker Samuel Johnson unterbreitet. Auch Johnson bezog sich auf den Barock, um den «dichterischen Intentionen ... kühl berechnende Rhetorik» nachzuweisen. (56) «Die Verwechslung von Poetik und Rhetorik», schreibt Strich, «hat auch in der Dichtkunst selbst schweren Schaden angerichtet, wofür der Barock zeugen kann.» (ebd.) Die Tatsache aber, daß im barokken Gedicht die Metaphorik sehr häufig zu bloßem Redeschmuck *ausartete,* kann wohl kaum als Argument gegen den metaphorischen Ausdruck in der Dichtung überhaupt genügen.

Strich erhöht die Verwirrung, indem er zwischen erlebter und erkünstelter Metaphorik unterscheidet. «Der Dichter», gibt er zu bedenken, «kennt die Metapher nicht. Denn das, was man so nennt, ist für ihn nicht metaphorischer Ausdruck, sondern die sprachliche Gestaltung seines wahrsten, echtesten, unmittelbarsten Erlebnisses.» (56–57) Das ist zweifellos richtig, doch bleibt solche dichterische Gestaltung (beziehungsweise Darstellung) für den Literaturwissenschaftler, -kritiker und -historiker zumindest terminologisch metaphorischer Ausdruck. So wie Strich nicht zwischen Sprache als *Wesen* und Sprache als *Ausdruck* sinnvoll-konsequent unterscheidet, so trennt er auch nicht zwischen Wesen und Ausdruck der dichterischen Metapher. «Die Poetik», erklärt er, «begründet die Notwendigkeit der Bilder und Gleichnisse damit, daß sie der Dichtung Anschaulichkeit geben. Aber ganz abgesehen davon, daß dies nicht die Aufgabe der Dichtung ist, schafft die Metaphorik gar nicht Anschauung, sondern verhindert oder zerstört sie geradezu, weil sie ja nur als Übertragung erlebt wird und das ist noch ihre beste Entschuldigung.» (56) Nichtsdestoweniger ist ein symbolkräftiges Bild oder eine phantasievolle Metapher nicht bloße Anschauung, sondern darüber hinaus dichterische Verwirklichung einer geistigen Erfahrung, einer Idee. Wenn sie tatsächlich, wie Strich meint, «nur als Übertragung erlebt wird», ist das entweder auf die Schwäche des Gedichtes oder auf den Mangel an literarischem Feingefühl und Empfindungsvermögen auf Seiten des Lesers zurückzuführen. Das *Wesen* der überzeugenden, poetisch gelungenen Metapher ist nämlich nicht nur ein sich selbst genügender *Ausdruck,* sondern verbindlicher *Ausdruck des Wesens.* In einem metaphorisch verwirklichten Gedicht kennt auch der Leser die Metapher nicht. Sie ist dann zum «objektiven Korrelat» (im Eliotschen Sinne) einer subjektiven Erfahrung geworden. Gerade deshalb vermag ja auch der Leser am «wahrsten, echtesten, unmittelbarsten Erlebnis» teilzuhaben. Freilich ändert das nichts daran, daß sich der Literaturkritiker in *seiner* Terminologie weiterhin des Fachausdruckes Metapher bedienen wird und muß. In seiner Interpretation jedoch wird er die eigene Teilnahme am sprachlich verwirklichten und verdichteten Erlebnis bezeugen können. Fatal bleibt es, daß Strich im metaphorischen Ausdruck wie Heinz Werner (trotz seiner einschränkenden Bemerkung über die Herleitung der Metapher aus dem Tabu) grundsätzlich das Wesen einer «Umschreibung» erkennt. Was Wunder, daß er schließlich etwas emotionell eine Poetik herbeiwünscht, «die mit dem falschen Zauber dichterischer Umschreibung gänzlich aufräumt». (57)

Keineswegs zufällig gerät Strich wieder in den gleichen Konflikt, wenn er das Wesen der dichterischen Sprache als «Darstellung» bezeichnet. Er weiß: «Dies Wort ist ein terminus technicus der heutigen Sprachwissenschaft und soll in ihr den Unterschied von Ausdruck bezeichnen, von Ausdruck des Gefühls, der subjektiven Empfindung und Erregung, während unter Darstellung die objektive Aussage, die Mitteilung eines vom Sprecher unabhängigen Tatbestandes verstanden wird. Aber der Gebrauch des Wortes Darstellung in dieser Sphäre,» erklärt Strich, «ist höchst anfechtbar». (57–58) Auch hier geht es also wieder um einen Begriff, der terminologisch und phänomenologisch zwei unterschiedliche Bedeutungsgrade besitzt. Dichterische Darstellung erkennt Strich überraschenderweise dort, wo aller Gehalt der Sprache in der Sprache selber zu gegenwärtiger Gestalt gelangt[11]. Wie sich das mit seiner Metaphernfeindlichkeit und dem symbolischen Gesamtcharakter der Dichtung vereinbaren läßt, bleibt ungeklärt. Als Beispiel einer solchen sprachlichen Darstellung zitiert er Hölderlins *Hälfte des Lebens*. Einschränkend bemerkt er: «Gewiß: in einem Goetheschen Gedicht herrscht andere Sprachgestaltung.» (60) Erwartungsgemäß wird *Ein gleiches* zum dritten Male angeführt. Es muß deutlich werden, daß sich Strich es mit dem Hölderlin-Gedicht wiederum allzu leicht macht. Tatsächlich:

> Mit gelben Birnen hänget
> Und voll mit wilden Rosen
> Das Land in den See

kann und muß, auf einer Stufe zumindest, als «Darstellung» bezeichnet werden. Hier werden Land, Birnen und Rosen im gegenseitigen Abhängigkeitsverhältnis dargestellt. Schwieriger wird es schon mit den folgenden Zeilen:

> Und trunken von Küssen
> Tunkt ihr das Haupt
> Ins heilignüchterne Wasser.

Wenn auch diese Sprache nur «darstellt», so ist Strichs Konzept der sprachlichen Darstellung so umfassend, daß es *jede* Form der dichterischen Sprache mit einbezieht. Dann ist aber auch die Bezeichnung des Hölderlin-Gedichtes als «sprachliche Darstellung» nicht mehr besonders sinnvoll. (60)Denn Strich gibt zu: ein unterschiedliches Erlebnis muß auch sprachlich unterschiedlich dargestellt werden. Damit ist aber jede praktisch anwendbare Definition der dichterischen «Darstellung» hinfällig geworden.

Wo eine ganze Gesellschaft und ein gesamtes Zeitalter ein geistiges Erlebnis teilen, spiegelt sich die schicksalhafte Zeitgenossenschaft auch sprachlich wider: gleicher Geist drückt sich im gleichen Sprachstil aus. So kann Strich feststellen: «Es ist eine Frage des Stils, wie die Zeit nach dem unterschiedlichen Zeiterlebnis der Dichter sprachliche Form gewinnt ...». (62) Damit meint Strich jedoch etwas gänzlich anderes als Emil Staiger in seiner Studie *Die Zeit als Einbildungskraft des Dichters.* Strich meint damit eine Zeit, die sprachliche Form annimmt[12]. Die Geschichte gewinnt im sprachlichen Kunstwerk geistige Gestalt. Staiger dagegen bezieht sich auf die Zeit *der Dichtung*, nicht auf das historische, sondern auf das dichterische Zeiterlebnis. Das ist eine andere Stilgeschichte als Strichs; sie ist im wesentlichen werkimmanent, denn sie ästhetisiert und ontologisiert die Zeit in nahezu musikalischem Sinne. Staigers Literaturgeschichte setzt sich nicht wie Strichs mit literarhistorischen Bewegungen auseinander, sondern mit der inneren Bewegung des sprachlichen Kunstwerkes selbst: indem das Bewußtsein der Zeit ästhetisiert wird, wird sie zugleich auch ontologisiert. Strichs Stilgeschichte ist nicht wie Staigers existentiell-anthropologische Interpretation, sondern geistesgeschichtliche Literaturwissenschaft. So schreibt er beispielsweise: «Eine Frage des Stils ist es, ob der Barock, um höchste Absolutheit zu erreichen und das Meer der Unendlichkeit auszuschöpfen, die Dinge und Gefühle mit immer neuen, anderen Namen, Bildern, Gleichnissen und Beiworten bezeichnet und variiert ...». (63) Immer wieder kommt es ihm darauf an, welcher «Geist die Sprache ... fortentwickelt». (ebd.) Nur wird diese geistige Aussage nicht (im Widerspruch zu seiner Theorie der sprachlichen «Darstellung») aus dem Gedicht selbst herausgelesen, sondern außerhalb des Kunstwerkes im Zeitgeist, im historischen Augenblick, in der Epoche vor-gefunden.

Wie sehr Strich dadurch in ästhetische Schwierigkeiten gerät, zeigt sich schon daran, daß er einerseits das geistige Erlebnis, die historisch-geistige Erfahrung des Barockdichters bestimmend interpretieren kann, andrerseits jedoch hervorhebt, «Die Verwechslung von Poetik und Rhetorik hat auch in der Dichtkunst selbst schweren Schaden angerichtet, wofür der Barock zeugen kann.» (56) Hier stehen offensichtlich Geistesgeschichte und Poetik in unheilbarem Widerspruch zueinander. Diese «möglichst weitgetriebene Metaphorik», deren geistiger Gehalt Strich bereits gedeutet hat, ist nichtsdestoweniger ein Beispiel «zu kühl berechnender Rhetorik». (ebd.) Es will scheinen, als ob die Metaphernfreudigkeit des Barocks nicht nur im Widerspruch zur Poetik aus der Rhetorik stammt, sondern darüber hinaus auch sprachlich unmittelbarer Ausdruck des Zeiterlebnisses bleibt. Für Strich ist die «dichterische Sprache ... Darstellung dichterischen Geistes». (65) Das impliziert, daß Sprache «Darstellung» des Geistes ist. Den Geist des barocken Zeitalters hat Strich bereits dargelegt, seine sprachliche Wiedergabe jedoch als undichterisch bezeichnet. «Es gibt,» wiederholt er, «eine rhetorische Sprache, die zu vielen Verwechslungen mit Dichtung führt.» (ebd.) Dennoch kann er unbekümmert schreiben, Schillers «Dichtersprache neigt in der Tat dazu, sich in Rhetorik zu verwandeln». (ebd.) Wieder ist Strich einfach begrifflich nicht sauber genug. Entweder ist eine der Rhetorik verpflichtete Sprache unter keinen Umständen «Dichtersprache», oder sie ist Ausdruck eines «undichterischen Geistes». Schon daß zwischen der barocken Rhetorik und der Schillerschen Rhetorik kein Unterschied gemacht wird, muß bedenklich stimmen.

Dabei ist es offensichtlich gar nicht nötig, sich mit dem so schwer definierbaren Begriff der Rhetorik auseinanderzusetzen. Denn ob ein metaphorischer Ausdruck «dichterische Sprache» ist oder nicht, läßt sich doch viel einfacher und überzeugender unter unmittelbarem Bezug auf ein konkretes Gedicht entscheiden. Natürlich hat Strich recht: auch in der Einbildungskraft des Dichters kann oft Willkür herrschen. Das kann aber nur nachgewiesen werden, wo der geistesgeschichtlichen Untersuchung eine eingehende Textanalyse vorausgeht. Es scheint sinnvoller, die Unverbindlichkeit einer Metapher im Zusammenhange mit der übrigen Sprachgestaltung des Gedichtes zu belegen, als allgemein-abstrakte, geistesgeschichtliche Betrachtungen über das Wesen der Sprache und ihr Verhältnis zur Dichtung aufzustellen. So ist auch nicht einzusehen, warum die *Wirkung* der Sprache «rhetorisch», das *Gestalten* der Sprache hingegen «dichterisch» sein soll. Alles Gestaltete wirkt. Strich jedoch unterscheidet zwischen einer metaphorischen Sprache, die «bezaubern möchte», und solcher Sprache, die «magisch eine dichterische Welt» erschafft. (65) Im ersteren Falle soll es sich um rhetorische Wirkung, im letzteren Falle um dichterisches Gestalten handeln.

Strichs Ausführungen bleiben bedenklich, gerade weil er «von der Sprache als solcher» (ebd.) und nicht über das *konkrete* Verhältnis einer dichterischen Ausdrucksweise zu ihrem sprachimmanenten Gehalt und poetischen Geist spricht. Das Ergebnis ist eine heillose Verwirrung. Hinzu kommt, daß Strich immer wieder vom «reinen Menschentum» spricht. Seiner Stilgeschichte kommt es «darauf an, wo der wahre Mensch gefunden wird.» (67) Dem fügt er die Einsicht hinzu: «... nur darstellende Sprache spricht den reinen und ganzen Menschen an, den geistig-leiblichen.» (ebd.) Man ist jedoch versucht, in den Zeilen

Edel sei der Mensch, hilfreich und gut

eine andere «darstellende Sprache» zu erkennen, als beispielsweise in einem Rilke-Gedicht. «Den reinen und ganzen Menschen» scheint eine solche Zeile nicht nur «anzusprechen», sondern auch vorauszusetzen; wobei es geistesgeschichtlich von Interesse wäre, daß Begriffe wie «edel», «hilfreich» und «gut» einen sozialpolitischen und moralischen Bedeutungswandel untergangen haben und so gerade durch ihren Mangel an Metaphorik unverbindlich, ja willkürlich bleiben.

Strich beschließt seinen Aufsatz über «Dichtung und Sprache» mit einer sprachlich wie gedanklich an Goethe geschulten Dialektik, indem er erklärt: «Das Urphänomen, das durch alle ihre Metamorphosen sich selber gleich bleibt, ist die Darstellung, und so ergibt es sich, daß die Wissenschaft von der Dichtung notwendigerweise die Synthese von Wesensbestimmung und Stilgeschichte sein muß.» (70) Die Ästhetik allgemein und die Literaturwissenschaft insbesondere soll aus der historischen Vielfalt stilistischer Möglichkeiten als sich bewußt werdender Geist in der Zeit das Wesen des Kunstwerkes bestimmen. Aber Strich sieht nicht, daß eine solche Definition ihrerseits geschichtlich bedingt bleiben muß, also keineswegs absolute Gültigkeit für sich in Anspruch nehmen kann. Sein Versuch, mit einer geistesgeschichtlichen Literaturwissenschaft das Wesen der dichterischen Sprache und damit zugleich das Wesen der Dichtung zu erfassen, schlägt aus diesem Grunde fehl. Da ist Staiger relativ erfolgreicher, wenn er aus werkimmamenter Interpretation das Wesen beispielsweise des Lyrischen abzuleiten vermag, um diese Einsicht dann bei der Gattungsbestimmung der Lyrik auf eine eher pragmatische als absolute Poetik anzuwenden. Strichs Definition der Literaturwissenschaft als Synthese «von Wesensbestimmung und Stilgeschichte» setzt gehaltlich wie methodologisch eine Gegenüberstellung von Geist und Geschichte, von Sein und Zeit voraus.

Sein und Zeit in der deutschen Literaturtheorie der Gegenwart

In der Dichtungstheorie der deutschen Klassik gewinnt die Zeit erstmals eine ontologisch-ästhetische Doppelbedeutung. Während die Zeit in der Scheidekunsttheorie Lessings noch äußerliches Unterscheidungsmerkmal zwischen Malerei und Dichtung bleibt[1], wohnt dem anthropologischen Historismus Herders bereits die Erkenntnis verschiedener Seinsmöglichkeiten inne. Erst im klassischen Idealismus jedoch wird die Zeit ästhetisch und geschichtsphilosophisch zum unmittelbaren Ausdruck einer allumfassenden Weltanschauung.

Goethe gilt der erfüllte Augenblick als urphänomenales Sein symbolischer Bedeutung. Seine «Gelegenheitsgedichte» gestalten das historische Erlebnis in der Form einer ästhetischen Ontologie. Ich habe in meinem Buch *Symbol als Idee. Studien zu Goethes Ästhetik*[2] darzustellen versucht, wie sich in der Goetheschen Welt- und Kunstanschauung Idee und Geist sinn-bildlich vergegenwärtigen. Im symbolischen Augenblick verwirklicht sich für Goethe der ewige Geist des Seins.

Dagegen systematisiert Hegels Ästhetik die anthropologische Geistesgeschichte und historisiert die Ontologie der Kunst. Seine symbolische, klassische und romantische Kunstform ist gleichermaßen historisch und ontologisch. Er sieht in ihr jedoch nicht in erster Linie eine geschichtliche Wirklichkeitserfahrung, sondern vornehmlich verschiedene Grade und Methoden einer geistigen Selbstdarstellung der Idee. Er methodologisiert auf solche Weise was der Mensch bereits gewesen ist, nicht was er überhaupt sein kann. Seine totale Vergeistigung der Kunst geht auf Kosten ihrer Autonomie. Hegels dialektische Ästhetik macht die Kunstgeschichte zu einem logischen Prozeß. Für ihn ist die Kunst nicht endlich, weil sie zeitlich ist, sondern sie existiert in der Zeit, weil sie endlich ist.

Ivan Dubsky hat in seiner wichtigen Abhandlung «Über Hegels und Heideggers Begriff der Zeit»[3] die enge Beziehung zwischen dem klassischen Idealismus und der zeitgenössischen Philosophie besonders anschaulich nachgewiesen. Die deutsche Gegenwartsliteratur hat sich von Thomas Mann bis Max Frisch thematisch wie stilistisch mit dem Verhältnis von Sein und Zeit ausgiebig beschäftigt. So kann es nicht verwundern, daß sich auch die moderne deutsche Literaturgeschichte mit der Zeit als zentrales Kriterium ihrer Dichtungstheorie auseinandersetzt.

Wir haben uns hier auf die folgenden Werke der vier repräsentativsten Literaturtheoretiker deutscher Sprache beschränkt: Georg Lukács' Essaybände *Goethe und seine Zeit* (1947), *Deutsche Realisten des 19. Jahrhunderts* (1951) und *Skizze einer Geschichte der neueren deutschen Literatur* (1953); *Hans Mayers Von Lessing bis Thomas Mann* (1959) und *Zur deutschen Klassik und Romantik* (1963); *Emil Staigers Die Zeit als Einbildungskraft des Dichters* (1939), *Grundbegriffe der Poetik* (1946), *Geist und Zeitgeist* (1946) und *Die Kunst der Interpretation* (1955); *Fritz Strichs* Studie *Die deutsche Klassik und Romantik* (1922) und die Sammlung *Der Dichter und die Zeit* (1947).

Obgleich sie gemeinsam das Wesen der Zeit als Wirklichkeitserfahrung in Literatur und Geschichte interpretieren, deckt sich ihre Theorie der Zeit in den seltensten Fällen. Nirgends kommt die unterschiedliche Deutung des zeitlichen Phänomens nachhaltiger zum Ausdruck als in der Begegnung mit Goethe, die denn auch ausnahmslos eine zentrale Stellung im kritischen Gesamtwerk einnimmt.

Bei einer Gegenüberstellung des *Strich*-Aufsatzes «Goethe und unsere Zeit»[4] und der *Lukács*-Essays *Goethe und seine Zeit* wird zunächst der programmatisch unterschiedliche Titel ins Auge fallen. Diese Akzentuierung ist keineswegs zufällig. Wir beschränken uns hier auf einige wenige Auszüge aus den jeweiligen Arbeiten.

Georg Lukács propagiert eine «Doppellinie des Historischen und des Systematisch-Ästhetischen» in der Auseinandersetzung mit der Kunsttheorie der deutschen Klassik. Es gilt, «sowohl historisch wie systematisch eine kritische Distanz zu den Äußerungen der großen Künstler über ihre eigene Praxis zu gewinnen»[5]. Über die Goethesche und Schillersche Ästhetik heißt es: «Die Widersprüche ihrer Kunsttheorie ... entspringen dieser Situation an der Wende zweier Entwicklungsabschnitte der bürgerlichen Gesellschaft. Ohne eine solche historische Analyse der gesellschaftlichen Grundlagen der Widersprüchlichkeit ihrer Kunsttheorien, können diese für unsere Zeit unmöglich lebendig gemacht werden. Erst wenn wir den historischen Zusammenhang, die gesellschaftliche

Basis dieser Anschauungen klar erkannt haben, wenn wir diese Anschauungen nicht isoliert, sondern als Elemente eines heroischen Kampfes von großen bürgerlichen Künstlern gegen den der Kunst feindlichen Charakter der kapitalistischen Gesellschaft, für einen großen Realismus begreifen, kann der aktuelle Gehalt dieser Anschauung für uns lebendig werden[6].» In diesem Sinne ruft *Lukács* zur «historisch-systematischen Bearbeitung» der klassischen Kunsttheorie auf[7].

In welcher Weise wird hier über Goethe und *seine Zeit* gesprochen? *Lukács'* Literaturgeschichte orientiert sich an der systematischen Erfassung gesellschaftshistorischer Prozesse. Im Sinne des Marxismus führt solche Historisierung der Literatur zu ihrer dialektischen Aktualisierung. Goethes Zeit meint hier also nicht etwa die Authentizität einer deskriptiv wiedererweckten Vergangenheitsepoche, sondern die dialektische Bezugnahme auf ein vorläufig historisches Menschenbild. Durch die Vorausbestimmung seiner gesellschaftsutopischen Synthese führt *Lukács'* historisch-dialektische Literaturbetrachtung zur politisch befangenen Kulturideologie.

Bei *Fritz Strich* geht es um etwas ganz anderes. Der Essay «Goethe und *unsere Zeit*» versucht auf seine Weise eine direkte Beziehung zwischen unserer und Goethes Epoche herzustellen. Statt sich dabei einer historischen Dialektik zu bedienen, hebt er vereinfachend diejenigen Züge des Goetheschen Zeitbildes hervor, die er auch in der eigenen Gegenwart vorzufinden glaubt. Bei *Strich* besteht offensichtlich ein enger Zusammenhang zwischen der klassischen Ästhetik Goethes und der eigenen Theorie deutscher Literaturgeschichte, aber diese nurmehr epigonenhafte Verbindung ergibt sich aus der absoluten Ästhetisierung, der konsequenten Enthistorisierung der Literatur. Wie kompromißlos *Strich* gewisse Probleme der Goethezeit mit der eigenen zeitgenössischen Situation in Zusammenhang bringt, veranschaulicht die folgende Behauptung: «Wenn seine Zeit mit ihrer Not ihn unbekümmert ließ, dann würde auch die unsere ihn unbekümmert lassen, dann braucht auch unsere Zeit sich nicht um ihn zu kümmern. Dann ist das Band zerrissen. Denn sage ich es gleich: Die Zeit, die wir die unsere nennen, ist auch seine Zeit, und keineswegs ist Goethes Tod der Abschluß einer Zeit, der Goethezeit, und der Beginn der unsrigen. Nein, wo beginnt denn unsere Zeit, wenn nicht mit der französischen Revolution ...[8].» Strichs geistesgeschichtliche

Methode lehnt es ab, die Literatur, ja die Geschichte selbst zu historisieren. Was groß und wahr ist in der Kunst, gehört allen Zeiten an.

Über Goethes Verhältnis zu seiner eigenen Zeit erklärt *Strich*: «Er war gewiß nicht teilnahmslos. Vielmehr, um seinen eigenen Ausdruck zu gebrauchen: die weltgeschichtliche Gegenwart nahm seinen Geist völlig ein[9].» Hegel hätte hier dialektisch philosophiert: Goethes Gegenwart nahm den Weltgeist historisch ein. *Strich* folgt der Goetheschen Ästhetik, in der das Kunstwerk die Vergegenwärtigung der Weltgeschichte schöpferisch gestaltend zur Darstellung bringt. Konsequenterweise zögert er deshalb auch nicht, den *Egmont* als einen «welthistorischen Moment» zu bezeichnen[10]. Daher bleibt die weltgeschichtliche Gegenwart, von der Goethe spricht, in der Begegnung mit der Dichtung lebendig. *Der historische Augenblick bleibt künstlerische Allgegenwart.* Wir denken an das Schiller-Wort: «Was unsterblich im Gesang soll leben, muß im Leben untergehn» und an Hölderlins Verkündigung: «Was bleibet aber, stiften die Dichter». Im Gegensatz zur Geschichte bleibt die Kunst lebendige Gegenwart. *Strich* spricht von den «großen Bewegungen des Welttheaters» im «dichterischen Gleichnis» und fügt hinzu: «... wer noch heute Augen hat, kann seine eigene Zeit, die unsrige, in diesem Spiegel gleichnishaft erkennen[11].»

Die unmittelbare Gemeinsamkeit mit der Goethezeit wird in *Strichs* geistesgeschichtlicher Betrachtung historisch weder dialektisch aktualisiert, noch komparatistisch konkretisiert, sondern allein «phänomenologisch» hergestellt. Im Gegensatz zu *Staiger* hebt *Strich* hervor, er habe sich «mit der Zeit als philosophischem Begriff und ihrer Bedeutung für das Formproblem der Dichtung nicht beschäftigt»[12]. Mit *Heideggers* Ontologie hat seine Sammlung *Der Dichter und die Zeit* wenig gemein. Nicht minder absichtsvoll ist *Strichs* Distanzierung von jeglicher sozialpolitischen Interpretation der Zeit, wie das bei *Lukács* der Fall ist. Über Goethes Dichtung erklärt er nachdrücklich: «War ja doch schon sein Motiv zur Zeitgestaltung nicht ein politisches Motiv. Er wollte sich vielmehr durch die Gestaltung dieser Zeit von ihr befreien, rettende Distance zu ihr gewinnen, und sich über sie erheben, um seine innere Freiheit sich zu retten, um seiner dichterischen Sendung willen; und wie löst sich denn in seinen Zeitgestalten der Zeitkonflikt? ... durch einen Bund von Mensch zu Mensch[13].» Erst die «dichterische Sendung» schafft (für *Strich*) das Ideal einer menschlichen Gemeinschaft.

Ewig gültige Menschenwerte stellen sich so ästhetisiert und verabsolutiert dem geschichtlichen Fortschritt der Generationen gegenüber und werden im «heiligen Gefäß» der Dichtkunst bewahrt. «Ich wollte», beschließt *Strich* sein Vorwort, «in den Zeiten, da das Chaos drohte und immer noch droht, der Wissenschaft von der Dichtung die Aufgabe stellen, den Dichtern ihre Bestimmung zurückgeben, die sie gerade in solchen Zeiten haben: das Chaos zu bannen, die Dämonen zu beschwören[14].» Für ihn lehrt *nicht* das Leben, sondern allein die Kunst; nicht die Aufgabe und Bedeutung einer sozialhistorischen Verwirklichung des Menschen interessiert *Strich*, sondern in erster Linie die geistesgeschichtliche «Bestimmung» der auserlesenen Dichter.

Das Menschenbild in *Hermann und Dorothea* sieht *Strich* denn auch gleichermaßen antihistorisch und antisozial poetisch konzipiert: «Von dem politisch-welthistorischen Hintergrund lösen sich rein menschliche Gestalten ab, und die von der Revolution vertriebene Dorothea tritt in einen neu, rein und ewig menschlichen Lebensraum,» (geschrieben 1933! Über *Wilhelm Meister* schreibt *Strich* im gleichen Aufsatz, im gleichen Jahr: «Der Führer dieses allgemeinen Bundes aber heißt ‹das Band›, die Bundeshymne lautet: ‹Heil dem Führer, Heil dem Band!›») «an dessen sicherer Mauer sich der aufgewühlte Wogengang der Weltbewegung bricht[15].» Es ist wohl kein Zufall, daß *Strich* sich im Goetheschen Gefolge glaubt, wenn er keine unseligere Zeit als die der Revolution heraufbeschwören kann, während *Lukács* in ihr gerade das fortschrittliche Prinzip der historischen Dialektik begrüßt. Goethe «wollte seine Zeit der alle Geister fesselnden Gewalt der Politik entreißen, um echter Menschenbildung ... Raum zu schaffen,» erklärt *Strich*. Er fährt fort: «Denn er wußte, daß der Weg zu dem vollkommenen Staat nur über ein vollkommenes Menschentum hinführen kann, weil nicht die äußere Wandlung eines Zustandes, sondern nur die innere Menschenbildung auch zur Bildung eines wahren Staates fähig macht ...[16].» *Lukács* dagegen behauptet wiederholt: «Goethe hat den sozialen und politischen Inhalt der Französischen Revolution stets bejaht ...[17].» Seine Ablehnung beziehe sich «nur auf die plebejischen Methoden bei der Durchführung der Revolution, auf bestimmte plebejische Forderungen ...[18].»

Bei *Strich* wird der historische Augenblick in der Dichtkunst zum erlebten Ewigkeitswert im Goetheschen Sinne erhoben. Bei *Lukács* wird eine historisch-systematische Dialektik der Kunstentwicklung im Hegelschen Sinne verfolgt. «Unsere» Zeit meint bei *Strich* Goethes Zeit: «bedroht vom Sturze aller Dinge, aufgeschreckt von Kriegen, Revolutionen und Reaktionen»[19]. Aber sie meint auch die lebendige Gegenwart des Goetheschen Geistes und Werkes, in der das Heilmittel solcher Zeiten zu finden ist. Es ist deshalb mehr als bloß rhetorisches Wortspiel, wenn *Strich* seine Festrede zur Hundertjahrfeier des Dichters mit dem Wunsche beschließt: «Das Jahr, es möge seinen Namen sich verdienen, es werde wie es heißt: das Goethejahr ...[20].» «Seine» Zeit dagegen bedeutet bei *Lukács* die historisch-dialektische Vorstufe unserer eigenen Zeit im Sinne des Hegelschen «Ansich der Verwirklichung».

Es bedarf keiner besonderen Betonung, daß die unterschiedliche Auffassung der Zeit als ästhetisches, ontologisches und historisches Prinzip bei *Strich* und *Lukács* naturgemäß zu einem sich widersprechenden Goethebild geführt hat. Es wäre jedoch allzu vereinfachend, wollte man in der Literaturgeschichte *Fritz Strichs* eine getreue Nachfolge Goethescher Ästhetik und in den kritischen Schriften *Georg Lukács'* eine unbedingte Jüngerschaft Hegelscher Kunst- und Geisteswissenschaft erkennen. Es kann in unserer Gegenüberstellung nurmehr um Akzentverschiebungen im gemeinsamen Erbe gehen. *Lukács* hat die *Hegelsche* Dialektik nie ihrem Wesen gemäß verstanden. *Mario Rossi* hat mit Recht hervorgehoben, daß Hegel «zu keiner wahrhaften sozialen Perspektive» gelangt – «was auch Lukács dagegen einwenden mag» –, daß vor allem «eine revolutionäre Bedeutung der Hegelschen Dialektik ... überhaupt nicht erwiesen werden» kann und daß eine Dialektik, die ein Sollen einschließt und die Geschichte «aufschließt», «eine von der Hegelschen verschiedene Dialektik erarbeiten heißt»[21]. *Strich* ist seinerseits der Hegelschen Ästhetik und Phänomenologie des Geistes keineswegs fremd geblieben. In seiner «Deutschen Klassik und Romantik» unterschreibt er offensichtlich die Hegelsche Erkenntnis: «Auch in der Geschichte der Kunst entwickelt sich der Geist zu immer höherer Vollendung, und also ist auch jeder Kunststil einer Zeit nur eine Stufe[22].» So nennt er sein Kapitel über das Junge Deutschland «Die Synthese», nimmt aber gleichzeitig die Gelegenheit wahr hervorzuheben, daß die Idee der Synthese bei Hegel «ein allzu rationales Element in sich» birgt, «das die Geschichte vergewaltigt»[23].

Was bei *Lukács* zum historisch-dialektischen Materialismus wird, ästhetisiert und ontologisiert *Strich* als ewiges Werden in der Zeit: «Nicht Stufen werdender Vollendung sind die Stile, sondern nur die immer neuen, anderen Manifestationen jenes einen Triebes zur Verewigung. Aber auch das ist ja Synthese[24].»

So offenbart sich in *Strichs* «stilistischer Verwandlung des geistigen Willens zur Verewigung»[25] eine an Hegel geschulte ästhetische Ontologie, während *Lukács* Hegels idealistische Dialektik in Frage stellt, weil «sie die Gestalten der Geschichte unmittelbar in logische Kategorien verwandelt»[26]. In dieser Beziehung sind sich *Strich* und *Lukács* also durchaus einig. Sowohl *Strich* als auch *Lukács* setzen sich mit der Frage: wie stehen wir zur Goethezeit?[27] in literaturgeschichtlicher und geschichtsphilosophischer Weise auseinander. Für beide enthält das Problem die Doppelfrage: wie stehen wir zu Goethe und wie stehen wir zur Zeit? *Strich* deutet Goethes Dichtung selbst als welthistorischen Augenblick, als die künstlerische Verewigung des geschichtlich entfalteten Weltgeistes. *Lukács* interpretiert aus dem literarhistorischen Geistesphänomen Goethe einen gesellschaftspolitischen Materialismus in dialektischer Entfaltung; er lehnt es entschieden ab, «die historischen Elemente der Kunst zu zeitlosen Wesenheiten aufzubauschen»[28]. Beide aber beziehen sich in ihrer literaturgeschichtlichen und dichtungstheoretischen Auseinandersetzung mit Goethe auf seinen ontologischen Gegenpol, auf die geistesphänomenologische Kunstphilosophie Georg Wilhelm Friedrich Hegels.

In der Literaturgeschichte *Emil Staigers* und *Hans Mayers* fließen die beiden großen Geistesströmungen Goethe und Hegel noch organischer zusammen. Ihre Theorie der Literatur vertieft die kritische Auseinandersetzung mit dem historischen und ontologischen Doppelcharakter des dichterischen Kunstwerkes. So ist es kein Zufall, daß gerade *Hans Mayer* eine programmatisch anmutende Abhandlung über Goethe und Hegel schreibt[29]. Er hat die Konsequenz einer grundsätzlichen Verwandschaft in der Polarität Goethes und Hegels für eine deutsche Literatur-Theorie der Gegenwart bisher am deutlichsten erkannt und ausgesprochen. *Mayers* eigene Schriften legen von der Immanenz einer solchen Spannung direktes Zeugnis ab. In seinem Aufsatz «Goethe und Hegel» sind Thema und Methode der Betrachtung eins. «Es geht,» erklärt Mayer programmatisch, «um das gegenseitige Verhältnis zwischen unserem größten Dichter und dem größten Denker unserer klassischen deutschen Philosophie»[30]. Seine Literaturtheorie steht im Zeichen eines gegenwartsbezogenen Erbes, einer historisch-dialektischen Gegenwärtigkeit des deutschen Idealismus. Goethes und Hegels geistige Stellung zueinander läßt sich jedoch weder historisch noch phänomenologisch, weder dokumentarisch noch methodologisch verbindlich erfassen, ohne gleichzeitig nach dem kunstgeschichtlichen Abhängigkeitsverhältnis von Sein und Zeit zu fragen. Es geht um die Bedeutung, die der Literaturhistoriker dem Wesen der Zeit zuerkennt. So fährt *Mayer* denn unmittelbar fort: «Da aber weder Goethe noch Hegel in unserer Gegenwart als abgelebte Gestalt zu gelten haben, da gerade sie, in allen Veränderungen nachfolgender Entwicklung, *geprägte Form* darstellten, die weiter und weithin wirken sollte, ist *der Rückblick auf die menschlichen Beziehungen* zwischen Dichter und Philosoph notwendig, will man den Prozeß weiter verfolgen, der in Goethes Geist ... diese tiefe Verbindung herzustellen vermochte[31].»

«Geprägte Form», die historisch gewirkt hat und auch in Zukunft weiterhin einen geschichtlich lebendigen Einfluß auf den Geist der Menschheit ausüben, das heißt durch dialektische Aktualisierung über ihre eigene Gegenwärtigkeit verfügen wird: in solcher Anschauung manifestiert sich *Mayers* eigene literarhistorische Synthese der Polarität Goetheschen Urphänomens und Hegelschen Absoluten. Sie ist die Vergegenwärtigung historischer Werte, das Ausbrechen aus dem Nacheinander der Zeit in die Unmittelbarkeit eines geschichtlichen Bewußtseins. Die Dialektik dieser aktualisierten historischen Perspektive ist unübersehbar. Vor allem «der Rückblick auf die menschlichen Beziehungen» aber ist von der *Mayerschen* Literaturtheorie nicht zu trennen. Damit ist nun aber nicht die biographisch-persönliche Bindung von Mensch zu Mensch gemeint, sondern eher die Freundschaft der Geister, so wie Goethes Verhältnis zu Schiller in erster Linie ein Geistesbund ist und als solcher geschichtlich «fortlebt». In diesem Sinne kann *Mayer* dann auch festhalten, daß Goethe erst «nach persönlicher Berührung mit Hegel»[32] die Verwandtschaft seines Urphänomens mit dem absoluten Geist des Philosophen zu erkennen glaubte. Bei seiner Begegnung mit Schiller erging es ihm bekanntlich nicht anders. Die *Phänomenologie des Geistes*,

hebt *Mayer* hervor, hat Goethe in Buchform nicht gelesen[33].
Mayers Literaturgeschichte ist zumindest teilweise solche geistige
Biographie. Als Ganzes reiht sie sich bewußt in den umfassenden
Bereich der Geisteswissenschaften ein.

In Goethes ästhetischem Aufsatz *Einfache Nachahmung der
Natur, Manier, Stil* erkennt *Mayer* das Prinzip einer Hegel-ver-
wandten Dialektik, jedoch nur, um sogleich die Polarität selbst
in ihrem dialektischen Verfahren hervorzuheben. Über Goethes
und Hegels Verhältnis zur Geschichte schreibt er: «Der Dichter
Goethe ... besaß noch eine andere, vielleicht tiefere Einsicht in
die geschichtlichen Zusammenhänge als der Historiker Goethe.
Abermals wäre dabei zu zeigen, daß Goethes starkes Verhältnis
zur Realität der Außenwelt ihn auch über Hegel hinauszuführen
vermochte[34].» Goethes Geschichtserkenntnis ist tiefer und dialektischer, weil sie nicht deterministisch bleibt, sondern praktische
Erfüllung anstrebt. *Mayer* nennt Goethes dialektische Geschichts-
anschauung ein «schöpferisches Prinzip der Veränderung durch
den Menschen, als Einheit aus Erkennen und Wirken»[35]. Sie ist
insofern durchaus revolutionär.

Jetzt wird deutlich, warum Goethe und Hegel in der kritischen
Literaturgeschichte *Mayers* als «geprägte Form» bezeichnet werden. Der Ausdruck spiegelt die Dynamik historischen Erkennens
und Wirkens unmittelbar wider. Wie immer in *Mayers* Literaturtheorie bleiben Entstehungsgeschichte und Wirkungsgeschichte
aufeinander bezogen. So kommt es, daß *Mayer* eigentlich immer
auch (besonders deutlich in dem Aufsatz «Fragen der Romantikforschung») eine Geschichte der deutschen Literaturgeschichte in
die Auseinandersetzung mit einzelnen Autoren oder Stilepochen
einbezieht Literaturgeschichte erweist sich als Wirkungsgeschichte, wobei es nach den *Gründen* der gezeitigten Wirkung zu
fragen gilt. Eine phänomenologische Literaturwissenschaft ver-
einfacht und verfälscht, weil sie sowohl die entstehungs- als auch
die wirkungsgeschichtlichen Faktoren nicht gebührend berücksichtigt. Gleichermaßen fatal scheint ihm ein literaturgeschichtlicher Historismus, dem alle Geschichte und alle Literatur gleich
wichtig ist. Goethe und Hegel vergegenwärtigen sich in seinem
Werk als lebendige Tradition. Der «Rückblick auf die menschlichen Beziehungen» wird bei *Mayer* zu einer geistigen Wahlver-
wandtschaft. Aufrufend hält er einer systematischen Literaturtheorie der deutschen Gegenwart die Mahnung entgegen:

«Unüberhörbar steht Goethes Gedanke menschlicher Tätigkeit und schöpferischer Weltgestaltung auch vor den Nachlebenden[36].»

In seinen Studien *Zur deutschen Klassik und Romantik* führt *Mayers* Abhandlung über Goethes *Dichtung und Wahrheit* erneut zur zentralen Auseinandersetzung mit dem «geschichtlichen Augenblick der Selbstdarstellung». Er widmet dem programmatischen Thema einen gesonderten Abschnitt in seiner Untersuchung[37]. *Mayer* hebt hervor, daß «dieses Werk geschichtlicher Darstellung auch im Entstehungsprozeß als historisch-chronologischer Ablauf behandelt» wird[38]. Damit aber ist auch *Mayers* Arbeitsmethode beschrieben.

Nach der entstehungsgeschichtlichen Darlegung des «historiographisch-literarischen Großunternehmens»[39] erklärt er: «Bleibt zu fragen, welche Anlässe und geistigen Vorgänge diesen eigentümlichen Entstehungsprozeß verursachen konnten[40].» Als Antwort zeigt er, wie die historischen Ereignisse der Napoleonischen Vorherrschaft in Europa in der dichterischen Autobiographie zur geistesgeschichtlichen Wirklichkeit heranwachsen. Deutlich geht es *Mayer* im Goetheschen Gefolge um ein sozial-historisches Bewußtsein. «Es genügt nicht», betont *Mayer*, «daß es Goethe in vielen Jahren der Distanz zum eigenen Schaffen gelungen war, sich selbst ‹historisch zu werden›, wenn es nicht gelang, diese Geschichtlichkeit der eigenen Gestalt auch vor den Zeitgenossen und Nachlebenden zu erklären»[41]. Das geschichtliche Sein als historisches Werden erkennen und begreifen zu lehren, ist die tiefste gesellschaftsbezogene Aufgabe der Kunst. Es gilt, ein repräsentativ-historisches Bewußtsein zu erwecken. Aus der Polarität von Dichtung und Wahrheit, aus der systematischen Gegenüberstellung von Literatur und Geschichte entsteht das gegenwartsbezogene, historisch verwirklichte Sein.

So ist es denn verständlich, warum sich *Hans Mayer* so leidenschaftlich gegen *Friedrich Meineckes* These stellt, aus Goethes dichterischer Autobiographie seien die biographischen Möglichkeiten des kommenden Historismus gewachsen[42]. *Mayer* unterscheidet streng zwischen geschichtlichem Denken und antiquarischem Historismus. Für ihn hängt die Wahl des Titels *Dichtung und Wahrheit* unmittelbar mit Goethes «geschichtlicher Gesamtanschauung» zusammen. Sie unterscheidet sich von der Hegelschen vor allem darin, daß die Dichtung hier «das große geschichtliche Gesamtprinzip» meint. Und damit sind wir wieder beim Kern der *Mayerschen* Literaturtheorie angelangt: Dichtung wird ihm zum «synthetischen Prinzip» des historischen Geistes. Umfassender und unmittelbarer als in Philosophie oder Geschichte glaubt *Mayer* sich in der Literaturwissenschaft in lebendiger Verbindung mit der «geprägten Form». Für *Mayer* ist Literatur immer auch Geschichtsschreibung, selbst da, wo sie diesen Grundzug ihres Wesens leugnet. Eine Theorie der Literaturgeschichte ist mithin ohne die Voraussetzung eines historischen Bewußtseins undenkbar.

Im Gegensatz zu den bisher besprochenen Vertretern einer deutschen Literaturtheorie der Gegenwart bekennt sich *Emil Staiger* ausdrücklich zur Philosophie *Martin Heideggers*. *Staigers* Einsicht in das ästhetisch-ontologische Doppelwesen der Zeit ermöglicht ihm einerseits eine grundsätzlich werkimmanente Deutung der Dichtung. Andrerseits führt seine Ästhetik dazu, alles menschliche Denken und Handeln letztlich als umfassend stilistisches Phänomen zu begreifen.

Zunächst entwickelt *Staiger* eine Dichtungstheorie, die unter direktem Einfluß *Gustav Beckings*[43] in der Zeit die individuelle Einbildungskraft des Dichters erkennt. In einem Gedicht Brentanos, Goethes und Kellers offenbaren sich drei verschiedene «Tempora», die ihrerseits als künstlerischer Bewußtseinsausdruck einer geistigen Weltanschauung zu gelten haben. Solche stilistische Einheit findet ihren unmittelbaren Ursprung in dem Erlebnis einer existentiellen Polarität von Sein und Zeit.

Die dichterische Einbildungskraft gestaltet die erfahrene Zeit durch die Darstellung ihres eigenen Seins. Sie weist Möglichkeiten individueller Sensibilitäten als anthropologische Verhaltensformeln aus. Hier ist, in Goethes Worten, das Temperament die ausdrucksmäßige Entscheidung. Es genügt *Staiger* jedoch nicht, den Rhythmus eines Gedichtes nurmehr vom metrischen Standpunkt her zu untersuchen, sondern es gilt für ihn, in der Bewegung ein charakteristisches Verhältnis zwischen Sein und Zeit zu erkennen[44]. So *glaubt* Goethe nicht nur an den Ewigkeitscharakter des erfüllten Augenblicks, seine Dichtung *ist* eine solche historische Vollendung von zeitloser Gültigkeit. *Staiger* sieht in ihr die Verwirklichung einer Seinsphilosophie, zumindest einer Seinserfahrung. Daraus folgt, daß sich für ihn in jedem ausgeprägten Stil ein neues Verhältnis zur ontologischen Zeit kundgibt und im Wandel künstlerischer Einbildungskraft eine Vielfalt menschlicher

Lebensformen entfaltet. Und so erklärt *Staiger* denn auch programmatisch: «Die Literaturgeschichte steht, wie alle Geisteswissenschaften, unter der Frage: ‹Was ist der Mensch?› Wie alle Geschichte unterrichtet sie über Möglichkeiten des Menschen, die nacheinander im Wandel der Zeiten Wirklichkeit geworden sind[45].» Aus der Einsicht einer anthropologischen Geschichtswissenschaft führt diese literarhistorische Ästhetik direkt zur stilphänomenologischen Ontologie, die dann ihrerseits in geistesgeschichtlicher Perspektive betrachtet wird. Auch bei *Emil Staiger* manifestiert sich somit die lebendige Polarität Goethes und Hegels.

Es ist ein Hauptanliegen der *Staigerschen* Literaturtheorie, nachzuweisen, daß nicht allein der Ausdruck eines individuellen dichterischen Bewußtseins, sondern endlich auch die poetischen Gattungsformen als zeitorientierte stilistische Phänomene die Möglichkeiten des Menschen gestalterisch zur Darstellung bringen. In den *Grundbegriffen der Poetik* wird in solcher Absicht vom lyrischen, epischen und dramatischen Stil gesprochen. Kein sprachliches Kunstwerk wird ausschließlich dem einen Gattungsbegriff angehören; *Staiger* weist darauf hin, daß vielmehr alle drei Seinsformen, wenn auch in unterschiedlichem Maße, an der dichterischen Gestaltung des Geistes teilhaben. Denn ganz entsprechend kann sich die Vielzahl menschlicher Bewußtseinsformen und Daseinsmöglichkeiten erst in der geistigen Totalität des Lebens erschöpfen. Ausdrücklich besteht *Staiger* darauf, daß «die Gattungsbegriffe als literaturwissenschaftliche Namen für Möglichkeiten des menschlichen Daseins» zu gelten haben[46]. So wird auch hier wieder der zeitorientierte Gattungsstil anthropologisiert.

Der Gattungsstil darf somit als der ideelle Geist bezeichnet werden, der sich in der Einmaligkeit der künstlerischen Individualität und des dichterischen Werkes ästhetisch und historisch vergegenwärtigt. Sein und Zeit verschmelzen zu stilistischer Synthese. Offensichtlich besteht hier eine enge prinzipielle Verwandtschaft zu Hegels symbolischer, klassischer und romantischer Kunstform einerseits und seiner anthropologischen Gattungsästhetik andrerseits. Es handelt sich hierbei nämlich um die historische Manifestation einer geistigen Zeit. Die Geschichte verwirklicht eine Idee des Seins. Die Darstellung dieses Prozesses erfaßt *Staiger* durch Phänomenologisierung und anthropologische Geistesgeschichte. Fraglos geht es auch *Hegel* um die wandelbaren Daseinsformen des Menschen: jede vollendete Möglichkeit des Seins ist für ihn eine verwirklichte Idee. *Staiger* erklärt ganz entsprechend: «Ich habe … vom Lyrischen, Epischen und Dramatischen eine Idee[47].» Das besagt doch wohl, daß eine lyrische, epische oder dramatische Selbstgestaltung des Seins der Phänomenologie des Geistes angehört. *Staigers* Fundamentalpoetik leistet einen literaturwissenschaftlichen Beitrag zur philosophischen Anthropologie. Seine Gattungsbegriffe sind Ausdruck eines ontologischen Zeitbewußtseins: «das lyrische Dasein erinnert, das epische vergegenwärtigt, das dramatische entwirft[48].» Dabei geht es ihm nicht um eine simple Aufteilung der Gattungen in Vergangenheit, Gegenwart und Zukunft, sondern sie haben bereits als Ausdrucksformen des gleichbleibend Seienden zu gelten. Die künstlerische Imagination verwandelt Zeit in Sein: die historische Geschichte wird zur literarischen Geschichte. Aber auch das dichterisch verwirklichte Sein wird getragen vom grundlos fließenden Strom des Vergänglichen.

Staiger sieht die Dichtung historisches Sein in geistige Zeit verwandeln. Faszinierend daran ist, wie er die Gesellschaft in poetische Gattungsformen *ästhetisiert*, die auch als anthropologisierter Bewußtseinsausdruck der abstrakten Systematik, dem unhistorischen Bereich einer Phänomenologie des Geistes verhaftet bleiben.

So wie sich die Musikästhetik eines sprachwissenschaftlichen Terminus bedient, wenn sie von den verschiedenen «Sätzen» eines Tonkunstwerkes spricht, so bedeutet *Staigers* Zeit als Einbildungskraft des Dichters gleichsam die musikalische Einheit einer geistigen Zeit. Sowohl in der Musik als auch in der Dichtung werden Inhalt und Form in der Allgegenwart einer solchen geistigen Zeit eins. (*Heidegger* würde sagen, der Geist zeitigt.) Nur so ist es zu verstehen, daß mit Zeit bei *Staiger* eben nicht das einmalig Vorübergehende, sondern das bewußt Beständige, nicht die sterbliche Hülle, sondern das geistige Wesen gemeint ist. Sie gilt als Ausdruck der existentiellen Spannung zwischen Sein und Bewußtsein. Jede wahre Dichtung wird somit zur Darstellung einer in *Heideggers* Ontologie als «ursprüngliche Zeit» bezeichneten Seinserfahrung. Jeder Dichter hat in diesem Sinne unmittelbar teil an dem Prozeß geistiger Selbsterkenntnis. Er schafft sich dabei nicht nur «eine eigene Welt», sondern schließt – um uns einer Goetheschen Wendung zu bedienen – durch sein Werk ein neues menschliches Organ auf. Die individuelle und die gattungshafte Bezogenheit zur ontologischen Urzeit vereinigt sich in einem Stil, der das geistige Sein des Menschen im Bereich dichterischer Vorstellungskraft gestaltet. Die Literaturgeschichte gehört somit der allumfassenden 'Geistesgeschichte an. Die historische Geisteswissenschaft *Staigerscher* Prägung bleibt Herder am tiefsten verpflichtet. Über den Historiker erklärt *Staiger* in *Geist und Zeitgeist:* «Die Überlieferung ist ihm heilig als Hort der Möglichkeiten des Menschen[49].» Weil die Dichtkunst diese geistige Verwirklichung am unmittelbarsten und lebendigsten vergegenwärtigt, muß ihre Geschichte zum direkten Erlebnis eines erfüllten Seins werden. *Staiger* betont: «... die Wandelbarkeit der Einbildungskraft ... vermittelt ... allein die Geschichte[50].» Diese Einbildungskraft aber hat er in seinem kritischen Hauptwerk mit der Zeit «als das tiefste Wesen des menschlichen Geistes»[51] gleichgesetzt. Die *er-lebte* Zeit wird zur subjektiv reinen Einbildungskraft des Geistes. Die *gelebte* Zeit setzt nurmehr die natürlich-historischen Grenzen des sich manifestierenden Geistes. Denn diese objektive, nurmehr geschichtliche Zeit vermag die Wirklichkeit des Geistes eben nicht zu umfassen. In diesem Sinne bleibt der Geist stets unzeitgemäß. In der Literaturgeschichte wird sich die Zeit als Einbildungskraft des Dichters selbst historisch.

Die geistige Seinsbezogenheit des Kunstwerkes wird zum eigenen «Geschehen». Goethes Geist wurde sich selbst historisch. Die Geschichte des Goetheschen Geistes hingegen (und mit ihm die Geschichte der deutschen Literatur) verwirklicht sich als ein Prozeß der Vergegenwärtigung. *Staigers* kontroverser Ausspruch, daß es in Wahrheit nicht darum ginge, ob heute Goethe vor uns, sondern ob die eigene Gegenwart vor ihm bestehen könne, erklärt sich aus der kritiklos-historischen Vergegenwärtigung literarischer Geistesgeschichte (vgl. die drei Bände *Goethe*) oder, umgekehrt ausgedrückt, aus dieser historisch-kritischen Distanz zum Zeitgeist, die ein neues Bild des Menschen nicht aus dem Grunde gutheißt oder gar bevorzugt, weil es das gegenwärtig vorherrschende ist. Eine progressive Geistesgeschichte bleibt *Staiger* eine höchst fragwürdige Wissenschaft.

Wohin die Konsequenz seiner Überzeugung geführt hat, mag man im mittlerweile berüchtigten Zürcher Literaturstreit nachlesen. Vor allem hat die Kontroverse mit *Max Frisch* gezeigt, daß *Staigers* anthropologisch-ontologische Literaturgeschichte das verlorene Ideal einer geschlossenen Seinsgemeinschaft beklagt. In Abwandlung eines Hofmannsthalwortes erklärt *Staiger*, die Wirklichkeit sei die fable convenue der Avantgardisten und wiederholt nachdrücklich: «Wir nehmen das heute gültige Bild des Menschen nicht als Fatum hin.» Die zeitgenössischen Künstler wissen nicht, behauptet *Staiger*, «daß ein schöpferisches Verhältnis vom Menschen zum Menschen waltet, daß unser wirkliches Wesen sich in hohem Grade nach dem bestimmt, was der Nächste von uns erwartet und hofft, daß also die Güte, – sagen wir ganz altmodisch sogar: die Tugend feiern die Tugend heraufbeschwören heißt, wie umgekehrt das Wühlen im Niedrigen und Gemeinen Gemeines erweckt»[52]. Das ist die Haltung eines bewußt konservativ-«reaktionären» Literarhistorikers. Aber ist es wirklich wahr, daß die zeitgenössische Literatur von solcher Sorge unbeeinflußt bleibt? *Frisch* ist bekanntlich von einer ganz entsprechenden Erkenntnis heimgesucht worden, die er im *Tagebuch 1946–1949* wie folgt notiert: «In gewissem Grad sind wir wirklich das Wesen, das die andern in uns hineinsehen, Freunde wie Feinde. Und umgekehrt: auch wir sind die Verfasser der andern; wir sind auf eine heimliche und unentrinnbare Weise verantwortlich für das Gesicht, das sie uns zeigen ... Wir halten uns für den Spiegel und ahnen nur selten, wie sehr der andere seinerseits eben der Spiegel unsres erstarrten Menschenbildes ist, unser Erzeugnis, unser Opfer[53].» Diese grundsätzlich gleiche Einsicht aus dem Munde *Emil Staigers* und *Max Frischs* macht die Kluft zwischen der zeitgenössischen deutschen Literaturtheorie und -praxis um so schmerzlicher.

In der Literaturgeschichte *Georg Lukács'*, *Hans Mayers*, *Emil Staigers* und *Fritz Strichs* geht es nach wie vor um die großen Fragen des klassischen Idealismus. Für einige von ihnen stellen sie sich zumindest in einer historisch veränderten Akzentuierung. Was jedoch alle vier Vertreter miteinander verbindet, ist die gemeinsame Suche nach einer systematischen Erfassung der geistigen Gegenwärtigkeit geschichtlicher Literatur. Die Polarität von Hegel und Goethe, von deterministischer Geistesgeschichte und historisch erfülltem Augenblick erweist sich als Grundzug der deutschen Literaturtheorie der Gegenwart. Im Grunde geht es noch immer um die abwägende Gegenüberstellung von Idee und Erfahrung. Wie die Literatur selbst propagiert die Literaturgeschichte entweder die Idee der Erfahrung oder die Erfahrung der Idee.

Georg Lukács materialisiert Hegels systematische Geistesgeschichte und erhebt sie zur sozialhistorisch determinierten Methode einer nachbürgerlichen Literaturgeschichte.

Hans Mayers geschichtliches Denken läßt ihn den Geist der Dichtung als «geprägte Form» erfahren. Die Dichtung bleibt in solcher Dialektik zu allen Zeiten geschichtlich lebendig. Für ihn bleibt auch die historische Vergegenwärtigung noch gegenwartsbezogen: er liest Literatur und Geschichte »im Lichte unserer Erfahrung». Das heißt: der Literarhistoriker wird sich selbst historisch. Bei *Mayer* treffen Goethe und Hegel am deutlichsten zusammen. Für ihn ist die Theorie der Literaturgeschichte eine geisteswissenschaftliche Synthese aus Soziologie und Geschichte.

Emil Staiger spricht der literarischen und geschichtlichen Vollendung einer geistigen Seinsform des Menschen ewige Gültigkeit zu. Seine Literaturgeschichte zeigt nicht, was der Mensch einmal war, sondern die Vielfalt dessen, was er immer sein wird. Die große Dichtung gilt ihm als Selbsthistorisierung des schöpferischen Geistes. Das menschliche Sein gestaltet eine geistige Zeit. In der Einbildungskraft des Dichters findet dieses Abhängigkeitsverhältnis repräsentativen Ausdruck.

Fritz Strich endlich widersetzt sich einer historisierten Hegelschen Dialektik und Auslegung der Phänomenologie des Geistes am nachdrücklichsten. Für ihn bleibt der Goethesche Augenblick ewige Wirklichkeit, auf der sich keine höhere Wahrheit dialektisch fortsetzen läßt.

Anmerkungen

Vorwort

1 G. W. F. Hegel, *Ästhetik,* Bd. II, hrg. von Friedrich Bassenge, Berlin u. Weimar, 1965, S. 277.
2 a.a.O., S. 381f.
3 a.a.O., S. 492.
4 a.a.O., S. 495.
5 G. Lukács. *Goethe und seine Zeit,* Bern 1947, S. 30.
6 a.a.O., S. 15.
7 a.a.O., S. 16.
8 a.a.O., S. 15.
9 F. Strich, *Der Dichter und die Zeit,* Bern 1947, S. 29.
10 a.a.O., S. 32.
11 a.a.O., S. 34.
12 Vgl. M. Jurgensen, *Symbol als Idee. Studien zu Goethes Ästhetik,* Bern u. München 1968.
13 H. Mayer, *Deutsche Literaturkritik im zwanzigsten Jahrhundert,* Stuttgart 1965, S. 29f.
14 a.a.O., S. 40.
15 a.a.O., S. 30.
16 ebd.
17 a.a.O., S. 33.
18 a.a.O., S. 16.
19 H. Mayer, *Zur deutschen Klassik und Romantik,* Pfullingen 1963, S. 275.
20 a.a.O., S. 57.
21 a.a.O., S. 132.
22 a.a.O., S. 136.
23 *The Critical Moment. Essays on the Nature of Literature,* London 1964, S. 114: «... would be fair to say that in my efforts to understand works of literature and explain them I was at first influenced mainly by Thomas Mann and Georg Lukács.» (H. Mayer, «Critics and the Separation of Powers».)
24 a.a.O., S. 113f.
25 a.a.O., S. 114.
26 H. Mayer, *Von Lessing bis Thomas Mann,* Pfullingen 1959, S. 94f.
27 a.a.O., S. 179.
28 a.a.O., S. 304.
29 a.a.O., S. 327f.
30 H. Mayer, *Zur deutschen Klassik und Romantik,* a.a.O., S. 69–71.
31 a.a.O., S. 231.

32 a.a.O., S. 258.

33 a.a.O., S. 292–297, S. 301f.

34 Insbesondere eine vergleichende Gegenüberstellung der Mayerschen Termini «Innenwelt» und «Außenwelt» mit den Lukács-Begriffen «äußere Wirklichkeit» (245), «Außenwelt» (243, 111, 25), «Äußeres» (179) und «Inneres des Menschen» (172), «Realismus nach innen» (59) und «innere Lebensführung» (50) dürfte von Interesse sein. Desgl. Lukács' Wendungen «innere Dialektik» (37/39), «äußere Erscheinungsmomente der inneren Tragödien» (38), «innere Dramatik des ... historischen Übergangs» (37), «äußerliche wie innerliche Konflikte» (31) etc. (*Deutsche Realisten des 19. Jahrhunderts*, a.a.O.)

35 G. Lukács, *Deutsche Realisten des 19. Jahrhunderts*, Bern 1951, S. 114.

36 a.a.O., S. 17.

37 ebd.

38 *Neue Zürcher Zeitung*, 25. und 29. Oktober 1947.

39 G. Lukács, *Deutsche Literatur in zwei Jahrhunderten* (Bd. 7, G. L. Werke), Neuwied u. Berlin 1964, S. 15–17.

40 E. Staiger, *Die Zeit als Einbildungskraft des Dichters*, 3. Aufl., Zürich 1953, S. 17.

41 a.a.O., S. 198.

42 Vgl. insbesondere T. S. Eliot, *Selected Essays*, London 1961, *The Use of Poetry and the Use of Criticism*, London 1969, sowie F. R. Leavis, *The Common Pursuit* (Peregrine Books) Harmondsworth/Middlesex 1962.

43 Vgl. «It is for this and no other reason that my books deal exclusively with German literature.» E. Staiger, «Time and the Poetic Imagination», in: *The Critical Moment. Essays on the Nature of Literature*, a.a.O., S. 135.

Georg Lukács: Dichtung als Geschichte des gesellschaftlichen Seins

1 H. E. Holthusen, «Was ist kritisches Verstehen?», in: *Colloquia Germanica* III/1968, S. 233f.

2 Vgl. «Da lese ich zum Beispiel bei Georg Lukács ... unter vielen anderen haarsträubenden Bemerkungen ...» etc., a.a.O., S. 234.

3 ebd.

4 ebd.

5 G. Lukács, *Deutsche Realisten des 19. Jahrhunderts*, a.a.O., S. 190.

6 G. Lukács, *Skizze einer Geschichte der neueren deutschen Literatur*, Neuwied u. Berlin 1964, S. 13.

7 ebd.
8 G. Lukács, *Deutsche Realisten des 19. Jahrhunderts*, a.a.O., S. 234.
9 a.a.O., S. 216.
10 a.a.O., S. 112.
11 a.a.O., S. 149.
12 a.a.O., S. 108.
13 a.a.O., S. 89.
14 a.a.O., S. 82.
15 a.a.O., S. 55.
16 a.a.O., S. 53.
17 a.a.O., S. 7.
18 ebd.
19 Für eine repräsentativere, Lukács' Gesamtentwicklung nachzeichnende Auswahl vgl.: Georg Lukács, *Schriften zur Literatursoziologie*, ausgewählt und eingeleitet von Peter Ludz, 3. Aufl., Neuwied u. Berlin, 1968. Vgl. auch die dort zusammengestellte Bibliographie, S. 503–531.
20 Lukács nennt das «objektive» «Gattungs»kritik; vgl.: «Diese Gestaltungsweise ist mit der Objektivität, mit dem Vorherrschen des Gattungsschicksals eng verknüpft.» (ebd.)
21 Vgl. insbesondere den Aufsatz «Tendenz oder Parteilichkeit», in: *Die Linkskurve* IV/6 (1932), S. 13–21, Wiederabdruck in: G. L., *Schriften zur Literatursoziologie*, a.a.O., S. 109–122, auf den wir im Folgenden ausführlicher eingehen werden.
22 Wir verweisen hier auf den einsichtsvollen Aufsatz von Peter Ludz, «Marxismus und Literatur – Eine kritische Einführung in das Werk von Georg Lukács», in: G. L., *Schriften zur Literatursoziologie*, a.a.O., S. 19–68.
23 Vgl. die interessante Einführung von George Lichtheim in dessen *Lukács* («Fontana Modern Masters», London 1970) und Horst Althaus' kluge Studie *Georg Lukács* (Bern 1962).
24 G. Lukács, *Literatursoziologie*, hrg. von P. Ludz, a.a.O., S. 119. (Ursprünglich in: *Die Linkskurve*, IV/6 (1932), S. 13–21.)
25 ebd.
26 a.a.O., S. 113.
27 a.a.O., S. 118.
28 ebd. Dagegen glaubt Lukács in Gotthelf «tendenziöse Entstellungen der (Schweizer) Wirklichkeit, tendenziöse Verleumdungen des Fortschritts» zu erkennen. Vgl. *Deutsche Realisten des 19. Jahrhunderts*, a.a.O., S. 221.
29 a.a.O., S. 121.
30 a.a.O., S. 120.
31 a.a.O., S. 121

32 Gemeint sind die Bemühungen, «bis zu den letzten Prinzipien der Eigenart und der Trennung der literarischen Genres vorzudringen». Lukács spricht von der «Kultur der idealistischen Dialektik». (49 f.)
33 Vgl. S. 173 ff.
34 Ludz bezieht sich auf Lukács' Behauptung (in: *Der historische Roman*, Berlin 1955, S. 120), daß die Verwirklichung der sozialen Kräfte von der Gesetzlichkeit der (dramatischen) Form umgrenzt ist.
35 Vgl. G. Lukács, *Der historische Roman*, a.a.O., S. 119 f.
36 Vgl. G. Lukács, *Literatursoziologie*, a.a.O., S. 63 f.
37 a.a.O., S. 64 f.
38 a.a.O., S. 64.
39 Vgl. E. Staiger, *Die Zeit als Einbildungskraft des Dichters*, a.a.O.
40 M. Frisch, *Tagebuch 1946–1949*, Frankfurt am Main 1962, S. 285.
41 a.a.O., S. 234.

Hans Mayer: Der geschichtliche Augenblick der Selbstdarstellung

1 Vgl. H. Mayer, *Thomas Mann. Werk und Entwicklung*, Berlin 1950, S. 7–12.
2 Siehe S. 99.
3 Siehe S. 100.
4 Mayers Erklärung: «Wir sind keine Hegelianer» (*Thomas Mann. Werk und Entwicklung*, a.a.O., S. 7) widerspricht seiner eigenen literatur-theoretischen Verpflichtung Hegel gegenüber keineswegs. Sie protestiert vielmehr gegen die dogmatische Anwendung eines philosophischen Systems und richtet sich insofern nicht gegen Hegel, sondern gegen die verschiedenen Richtungen der «Hegelianer».
5 Siehe S. 59.
6 Vgl. M. Jurgensen, *Symbol als Idee. Studien zu Goethes Ästhetik*, a.a.O., S. 68–97.
7 Vgl. dagegen E. Staiger, *Geist und Zeitgeist*, S. 11–28.
8 Vgl. H. Mayer, *Thomas Mann. Werk und Entwicklung*, Berlin 1950.
9 Vgl. dagegen E. Staigers Konzept einer ästhetisch-ontologischen «Zeit als Einbildungskraft des Dichters».
10 In: *The Critical Moment. Essays on the Nature of Literature*, a.a.O., S. 108–116.

Emil Staiger:
Die Zeit als Einbildungskraft des Dichters

1 E. Staiger, *Die Zeit als Einbildungskraft des Dichters*, 3. Aufl., Zürich 1963, S. 11.
2 a.a.O., S. 9.
3 Vgl. die Einführung des Sammelbandes *The Critical Moment. Essays on the Nature of Literature*, a.a.O., S. 16.
4 Zuletzt wieder im Zürcher Literaturstreit, vgl. *Sprache im technischen Zeitalter* 22/1967.
5 E. Staiger, *Die Zeit als Einbildungskraft des Dichters*, a.a.O., S. 9f.
6 a.a.O., S. 13.
7 a.a.O., S. 15. Vgl. dagegen G. Lukács: «Die Geschichte der Literatur ist nur ein Teil, ein freilich wichtiges Moment des Ganzen, aber doch nur ein Moment.» (*Skizze einer Geschichte der neueren deutschen Literatur*, a.a.O., S. 12.)
8 a.a.O., S. 16.
9 a.a.O., S. 18.
10 ebd.
11 a.a.O., S. 9.
12 a.a.O., S. 70.
13 a.a.O., S. 71.
14 a.a.O., S. 73.
15 a.a.O., S 74.
16 a.a.O., S. 75.
17 Staiger stellt seinen Interpretationen den vollen Text (hier in der «Godwi» Version und der Fassung der Ausgabe 1852) des Gedichts voraus.
18 Über Musik und Phantasie vgl. auch E. Staiger, *Musik und Dichtung*, 3. Aufl., Zürich 1966.
19 E. Staiger, *Die Zeit als Einbildungskraft des Dichters*, a.a.O., S. 88.
20 ebd.
21 ebd.
22 a.a.O., S. 93.
23 a.a.O., S. 96.
24 a.a.O., S. 99.
25 a.a.O., S. 102.
26 a.a.O., S. 103.
27 a.a.O., S. 105.
28 a.a.O., S. 219.
29 Vgl. M. Jurgensen, *Symbol als Idee. Studien zu Goethes Ästhetik*, a.a.O., S. 98–139.
30 a.a.O., S. 120.

31 a.a.O., S. 121f.
32 Vgl. G. W. F. Hegel, *Ästhetik*, Bd. I, a.a.O., S. 284–288.
33 *Hermann und Dorothea, Die Natürliche Tochter.*
34 E. Staiger, *Die Zeit als Einbildungskraft des Dichters.* a.a.O., S. 128.
35 ebd.
36 a.a.O., S. 135.
37 ebd.
38 ebd.
39 Vgl. H. E. Holthusen, «Was ist kritisches Verstehen?», in: *Colloquia Germanica* III/1968, S. 233–240.
40 Vgl. *The Critical Moment. Essays on the Nature of Literature* (Einleitung), a.a.O., S. 13f.
41 Vgl. G. Lukács, «Der Briefwechsel zwischen Goethe und Schiller», in: *Goethe und seine Zeit*, a.a.O., S. 48–78.
42 E. Staiger, *Die Zeit als Einbildungskraft des Dichters*, a.a.O., S. 145.
43 a.a.O., S. 147.
44 E. Staiger, *Grundbegriffe der Poetik*, 7. Aufl., Zürich u. Freiburg i. Br. 1966, S. 237.
45 a.a.O., S. 253.
46 a.a.O., S. 254.
47 a.a.O., S. 112.
48 a.a.O., S. 219.
49 a.a.O., S. 219f.
50 M. Heidegger, *Sein und Zeit*, Halle 1927, S. 346: «Wie die Zukunft primär das Verstehen, die Gewesenheit die Stimmung ermöglicht, so hat das dritte konstitutive Strukturmoment der Sorge, das Verfallen, seinen existentialen Sinn in der Gegenwart».
51 a.a.O., S. 220.
52 a.a.O., S. 225.
53 ebd.
54 Vgl. vor allem die Arbeiten von G. Wilson Knight, D. A. Traversi, F. R. Leavis und T. S. Eliot; vgl. vor allem auch: P. Crutwell, *The Shakespearean Moment*, New York 1960.
55 E. Staiger, *Die Zeit als Einbildungskraft des Dichters*, a.a.O., S. 151.
56 a.a.O., S. 152.
57 a.a.O., S. 163.
58 ebd.
59 a.a.O., S. 167.
60 a.a.O., S. 171.
61 E. Staiger, *Geist und Zeitgeist*, a.a.O., S. 55.
62 E. Staiger, *Die Zeit als Einbildungskraft des Dichters*, a.a.O., S. 195.
63 a.a.O., S. 198ff.
64 a.a.O., S. 213.
65 a.a.O., S. 214.

66 Trotz akademischer Vorlesungen, Besprechungen und der Zürcher
   Preisrede hat sich Staiger vor einer ernsthaft-systematischen Auseinandersetzung mit der zeitgenössischen Literatur ferngehalten. Vgl.
   dagegen die Aufsätze Fritz Strichs über Matzig und Steffen. (*Kunst
   und Leben*, Bern 1960)
67 a.a.O., S. 218.
68 a.a.O., S. 220.
69 Vgl. E. Staiger, *Die Kunst der Interpretation*, a.a.O., S. 12.
70 E. Staiger, *Grundbegriffe der Poetik*, a.a.O., S. 224.
71 E. Staiger, *Die Zeit als Einbildungskraft des Dichters*, a.a.O., S. 51.
72 a.a.O., S. 178.
73 E. Staiger, *Die Kunst der Interpretation*, a.a.O., S. 11.
74 a.a.O., S. 12.
75 Vgl. auch E. Staiger, *Die Zeit als Einbildungskraft des Dichters*,
   a.a.O., S. 9. E. Staiger, *Grundbegriffe der Poetik*, a.a.O., S. 254. Staiger bezieht seine Literaturtheorie auf eine «unvergängliche humanistische Wahrheit». Lukács u. a. sehen «humanistische» Werte eher
   als historische Bewußtseinsstufen. So unterscheidet sich Staigers
   Begriff des *Fortschritts* erheblich von literatursoziologischen Defini-
   tionen.
76 E. Staiger, *Die Kunst der Interpretation*, a.a.O., S. 33.
77 ebd. Vgl. auch *Die Zeit als Einbildungskraft des Dichters*, a.a.O.,
   S. 220.
78 E. Staiger, *Die Kunst der Interpretation*, a.a.O., S. 33.
79 E. Staiger, *Geist und Zeitgeist*, a.a.O., S. 32.
80 T. S. Eliot, «Tradition and the Individual Talent», in: *Selected Essays*,
   London 1961, S. 13–22.
81 E. Staiger, *Geist und Zeitgeist*, a.a.O., S. 33.
82 a.a.O., S. 32.
83 a.a.O., S. 33.
84 a.a.O., S. 56.
85 E. Staiger, *Grundbegriffe der Poetik*, a.a.O., S. 19.
86 a.a.O., S. 18.
87 E. Staiger, *Stilwandel*, Zürich u. Freiburg i. Br. 1963, S. 14.
88 E. Staiger, *Musik und Dichtung*, a.a.O., S. 9.
89 a.a.O., S. 57f.
90 E. Staiger, *Geist und Zeitgeist*, a.a.O., S. 32.
91 E. Staiger, *Musik und Dichtung*, S. 60f.
92 a.a.O., S. 59.
93 ebd.
94 E. Staiger, *Geist und Zeitgeist*, a.a.O., S. 43.
95 ebd.
96 a.a.O., S. 44.
97 ebd.

98 a.a.O., S. 45.
99 a.a.O., S. 59.
100 E. Staiger, *Musik und Dichtung,* a.a.O., S. 61.

Fritz Strich: Der historische Augenblick als künstlerische Gegenwart

 1 Vgl. auch Fritz Strich, *Kunst und Leben*, Bern u.München 1960.
 2 a.a.O., S. 7.
 3 Die Rolle, die bei Staigers Grundbegriffen der Poetik die Musik spielt, übernimmt bei Strichs geistesgeschichtlichen Grundbegriffen die Malerei und Bildhauerei.
 4 Vgl. Fritz Strich, *Der Dichter und die Zeit*, Bern 1947, S. 10ff.
 5 Vgl. Emil Staiger, *Stilwandel. Studien zur Vorgeschichte der Goethezeit*, Zürich u. Freiburg i. Br. 1963.
 6 Auszüge aus den folgenden Ausführungen wurden erstmals in einem Vortrag vor dem Kongreß der *Australian Universities' Language and Literature Association* im Jahre 1971 in Perth, Western Australia verwendet.
 7 Die Sammlung *Der Dichter und die Zeit* besteht aus Reden, Vorträgen und Vorlesungen.
 8 Vgl. Manfred Jurgensen, *Symbol als Idee. Studien zu Goethes Ästhetik*, Bern u. München 1968.
 9 Vgl. dazu S. 62ff.
10 Es gibt für Strich keine eigenständige Geschichte und kein eigenständiges (Sprach)Bild, weil er die Geschichte als Sprache oder Bild des Geistes sieht. Geschichte, Bild und Sprache verfügen über keine immanent geistige Identität.
11 Also gibt es doch sprachimmanenten Geist?
12 Strich gesteht dem Zeiterlebnis stilistisch eine Sprachform zu, sieht aber nicht, daß damit die geistige Identität geschichtsimmanent ist.

Sein und Zeit in der deutschen Literaturtheorie der Gegenwart

 1 G. E. Lessing, «Laokoon oder Über die Grenzen der Malerei und Poesie», in: *Werke*, hrg. von W. Stammler, München 1959, S. 875ff.
 2 M. Jurgensen, *Symbol als Idee. Studien zu Goethes Ästhetik*, a.a.O.

3 I. Dubský, «Über Hegels und Heideggers Begriff der Zeit», in: *Hegel-Jahrbuch*, München 1961, S. 73–85.

4 In: F. Strich, *Der Dichter und die Zeit*, a.a.O., S. 149–171.

5 «Der Briefwechsel zwischen Goethe und Schiller», in: G. Lukács, *Goethe und seine Zeit*, a.a.O., S. 49.

6 a.a.O., S. 77.

7 ebd.

8 F. Strich, *Der Dichter und die Zeit*, a.a.O., S. 152.

9 a.a.O., S. 154.

10 ebd.

11 a.a.O., S. 155.

12 a.a.O., S. 12.

13 a.a.O., S. 155f.

14 a.a.O., S. 12.

15 a.a.O., S. 155.

16 a.a.O., S. 158.

17 G. Lukács, *Goethe und seine Zeit*, a.a.O., S. 140; vgl. auch S. 15 und S. 139.

18 ebd.

19 F. Strich, *Der Dichter und die Zeit*, a.a.O., S. 153.

20 a.a.O., S. 169.

21 M. Rossi, «Drei Momente der Hegelschen Dialektik: Ihre Entstehung, ihre Formulierung, ihre Auflösung», in: *Hegel-Jahrbuch*, München 1961, S. 16, 18, 22.

22 F. Strich, *Deutsche Klassik und Romantik*, Bern 1949, S. 336.

23 a.a.O., S. 337.

24 ebd.

25 a.a.O., S. 364.

26 G. Lukács, *Literatursoziologie* (hrg. von P. Ludz), a.a.O., S. 173; vgl. auch G. Lukács, *Goethe und seine Zeit*, a.a.O., S. 103.

27 G. Lukács, *Goethe und seine Zeit*, a.a.O., S. 10.

28 a.a.O., S. 103.

29 In: H. Mayer, *Von Lessing bis Thomas Mann*, a.a.O., S. 180–198.

30 a.a.O., S. 184.

31 ebd.

32 a.a.O., S. 187.

33 a.a.O., S. 195.

34 a.a.O., S. 194.

35 a.a.O., S. 197.

36 ebd.

37 H. Mayer, *Zur deutschen Klassik und Romantik*, a.a.O., S. 111–116.

38 a.a.O., S. 112.

39 ebd.

40 a.a.O., S. 113.

41 a.a.O., S. 116.

42 a.a.O., S. 117.

43 G. Becking, *Der musikalische Rhythmus als Erkenntnisquelle*, 2. Aufl., Darmstadt 1958.

44 Staigers Interpretationen zeigen, daß er zwischen inhaltlich-gedanklich Postuliertem und stilistisch-ausdrucksmäßig Dargestelltem nicht sauber genug unterscheidet.

45 E. Staiger, *Die Zeit als Einbildungskraft des Dichters*, a.a.O., S. 9.

46 E. Staiger, *Grundbegriffe der Poetik*, a.a.O., S. 220; vgl. auch S. 209.

47 a.a.O., S. 9.

48 a.a.O., S. 217. Staiger hat in seiner Einleitung zur 7. Aufl. der *Grundbegriffe* die Charakterisierung eines lyrischen Daseins als «reißende Zeit» wieder verworfen.

49 E. Staiger, *Geist und Zeitgeist*, a.a.O., S. 13.

50 ebd.

51 E. Staiger, *Die Zeit als Einbildungskraft des Dichters*, a.a.O., S. 82.

52 E. Staiger, *Geist und Zeitgeist*, a.a.O., S. 18.

53 M. Frisch, *Tagebuch 1946–1949*, Frankfurt am Main 1962, S. 33f.

Literaturnachweise

Georg Lukács

I. *Goethe und seine Zeit*, Bern 1947.
Deutsche Realisten des 19. Jahrhunderts, Bern 1951.
Der historische Roman, Berlin 1955.
Deutsche Literatur in zwei Jahrhunderten (Bd. 7, G. L., *Werke*), Neuwied u. Berlin 1964.
Skizze einer Geschichte der neueren deutschen Literatur, Neuwied u. Berlin 1964.
Schriften zur Literatursoziologie, ausgewählt und eingeleitet von Peter Ludz, 3. Aufl., Neuwied u. Berlin 1968.

II. Althaus, Horst: *Georg Lukács*, Bern 1962.
Bahr, Erhard: *Georg Lukács* (Colloquium Reihe «Köpfe des XX. Jahrhunderts», Bd. 61), Berlin 1970.
Beyer, Wilhelm Raimund: *Vier Kritiker. Heidegger, Sartre, Adorno, Lukács*, Köln 1970.
Lichtheim, George: *Lukács* («Fontana Modern Masters»), London 1970.

Hans Mayer

I. *Von Lessing bis Thomas Mann*, Pfullingen 1959.
Zur deutschen Klassik und Romantik, Pfullingen 1963.
Deutsche Literaturkritik im zwanzigsten Jahrhundert, Stuttgart 1965.
Kritiker unserer Zeit. Texte und Dokumente. Hrg. von H. M., Pfullingen 1967. Bd. II: Von Paris bis Warschau (*The Critical Moment*, dt.) (1964).
Goethe im XX. Jahrhundert. Spiegelungen und Deutungen. Hrg. von H. M., Hamburg 1967.

Demetz, Peter: «Wandlungen der marxistischen Literaturkritik: Hans Mayer, Ernst Fischer, Lucien Goldmann», in: *Der Dichter und seine Zeit*, hrsg. von Wolfgang Paulsen, Heidelberg 1970, S. 13–33.

Emil Staiger

I. *Goethe*, Band I–III, Zürich u. Freiburg i. Br. 1952–1959.
Meisterwerke deutscher Sprache aus dem neunzehnten Jahrhundert,
3. Aufl., Zürich u. Freiburg i. Br. 1957.
Stilwandel. Studien zur Vorgeschichte der Goethezeit, Zürich u. Frei-
burg i. Br. 1963.
*Die Zeit als Einbildungskraft des Dichters. Untersuchungen zu Gedich-
ten von Brentano, Goethe und Keller*, 3. Aufl., Zürich 1963.
Musik und Dichtung, 3. Aufl., Zürich 1966.
*Die Kunst der Interpretation. Studien zur deutschen Literaturge-
schichte*, 5. Aufl., Zürich 1967.
Grundbegriffe der Poetik, 8. Aufl., Zürich u. Freiburg i. Br. 1968.
Geist und Zeitgeist, 2. Aufl., Zürich u. Freiburg i. Br. 1969.

II. Salm, Peter: *Drei Richtungen der Literaturwissenschaft. (Three Modes
of Criticism*, dt.) *Scherer, Walzel, Staiger*, Tübingen 1970.

Fritz Strich

I. *Die Mythologie in der deutschen Literatur von Klopstock bis Wagner*,
Halle a. d. Saale 1910. (Reprograf. Nachdruck Bern u. München
1970).
Der Dichter und die Zeit, Bern 1947.
Goethe und die Weltliteratur, 2. Aufl., Bern u. München 1957.
Kunst und Leben. Vorträge und Abhandlungen zur deutschen Literatur,
Bern u. München 1960.
*Deutsche Klassik und Romantik oder Vollendung und Unendlichkeit.
Ein Vergleich.* 5. Aufl., Bern u. München 1962.

II. Epstein, Hans: *Die Metaphysizierung in der literaturwissenschaftlichen
Begriffsbildung und ihre Folgen. Dargelegt an 3 Theorien über den
Literaturbarock.* (Nachdruck der Ausgabe Berlin 1929. [Germani-
sche Studien H. 73]). Nendeln/Liechtenstein 1967.

Allgemeine Literatur

The Critical Moment. Essays on the Nature of Literature, London 1964.

Eliot, T. S.: *Selected Essays*, London 1961.

Eliot, T. S.: *The Use of Poetry and the Use of Criticism*, London 1969.

Frisch, Max: *Tagebuch 1946–1949*, Frankfurt am Main 1962.

Hegel, G. W. F.: *Ästhetik*, hrg. von Friedrich Bassenge, Berlin u. Weimar 1965.

Heidegger, Martin: *Sein und Zeit*, Halle 1927 (11. Aufl., Tübingen 1967).

Jurgensen, Manfred: *Symbol als Idee. Studien zu Goethes Ästhetik*, Bern u. München 1968.

Leavis, F. R.: *The Common Pursuit* (Peregrine Books) Harmondsworth/ Middlesex 1962.

Maren-Grisebach, Manon: *Methoden der Literaturwissenschaft*, München 1970 (UTB Band 121, 2. Aufl. München 1972).

Erich Auerbach: Mimesis
Dargestellte Wirklichkeit in der abendländischen Literatur.
(Sammlung Dalp, Band 90) 4. Auflage. 525 Seiten. Leinen
DM 17.80

Bruno Berger: Der Essay
Form und Geschichte. (Sammlung Dalp, Band 95) 284 Seiten.
Leinen DM 13.80

Hildegard Emmel: Geschichte des deutschen Romans
Erster Band. (Sammlung Dalp, Band 103) 372 Seiten. Leinen
DM 22.–

Winfried Engler:
Der französische Roman von 1800 bis zur Gegenwart
(Sammlung Dalp, Band 97) 299 Seiten. Leinen DM 14.80

Rudolf Haller: Geschichte der deutschen Lyrik
vom Ausgang des Mittelalters bis zu Goethes Tod
(Sammlung Dalp, Band 101) 487 Seiten. Leinen DM 19.80

Hellmuth Himmel: Geschichte der deutschen Novelle
(Sammlung Dalp, Band 94) 547 Seiten. Leinen DM 18.80

Manfred Jurgensen: Max Frisch – Die Dramen
136 Seiten. Paperback DM 18.–

Manfred Jurgensen: Max Frisch – Die Romane
Interpretationen. 247 Seiten. Paperback DM 25.–

Manfred Jurgensen: Symbol als Idee
Studien zu Goethes Ästhetik. 151 Seiten. Gebunden DM 16.–

Wolfgang Kayser: Kleine deutsche Versschule
15. Auflage. 123 Seiten. Kart. DM 3.40

Wolfgang Kayser: Das sprachliche Kunstwerk
Eine Einführung in die Literaturwissenschaft. 15. Auflage.
460 Seiten. Leinen DM 22.–

Kleines literarisches Lexikon
4., neu bearbeitete und stark erweiterte Auflage herausgegeben
von Horst Rüdiger und Erwin Koppen.
1. Band: *Autoren I.* Von den Anfängen bis zum 19. Jahrhundert.
(Sammlung Dalp, Band 15) 840 Seiten. Leinen DM 28.80
2. Band: *Autoren II.* 20 Jahrhundert. (Sammlung Dalp,
Band 16a/b) Erster Teil: A–K. 449 Seiten. Leinen DM 25.–;
Zweiter Teil: L–Z im Druck.
3. Band: *Sachbegriffe.* (Sammlung Dalp, Band 17) 458 Seiten.
Leinen DM 13.80

Walter Muschg: Tragische Literaturgeschichte
4. Auflage. 639 Seiten. Leinen DM 38.–

W. J. Schwarz: Der Erzähler Uwe Johnson
2., erweiterte Auflage. 113 Seiten. Paperback DM 9.80

W. J. Schwarz: Der Erzähler Martin Walser
Mit einem Beitrag «Der Dramatiker Martin Walser» von Hellmuth
Karasek. 136 Seiten. Paperback DM 9.80

Fritz Strich: Deutsche Klassik und Romantik
oder Vollendung und Unendlichkeit. Ein Vergleich. 5. Auflage.
374 Seiten. Leinen DM 22.–

UTB

Uni-Taschenbücher GmbH
Stuttgart

Eine Kooperation von 16 wissenschaftlichen Verlagen. Der Francke Verlag ist an dieser Arbeitsgemeinschaft beteiligt.
Aus unserem Beitrag zum UTB-Programm:

Band 4
Wolfgang Kayser: Geschichte des deutschen Verses
2. Auflage 1971. 156 Seiten. (ISBN 3-7720-0003-7) DM 5.80

Band 32
Walter Porzig: Das Wunder der Sprache
5., durchgesehene Auflage 1971. Herausgegeben von Andrea Jecklin und Heinz Rupp. 431 Seiten. (ISBN 3-7720-0007-X) DM 18.80

Band 121
Manon Maren-Grisebach: Methoden der Literaturwissenschaft
2., veränderte und erweiterte Auflage 1972. 117 Seiten. (ISBN 3-7720-0686-8) DM 4.80

Band 171
Friedrich Gaede: Realismus von Brant bis Brecht
1972. 83 Seiten. (ISBN 3-7720-0916-6) DM 6.80

Das UTB-Gesamtverzeichnis erhalten Sie bei Ihrem Buchhändler oder direkt von der UTB, 7 Stuttgart 80, Am Wallgraben 129